新编21世纪高等职业教育精品教材
公共基础课系列

U0874024

新形态
一体化教材

# 信息技术

■ 主　编　刘中军　颜增显
■ 副主编　张淑敏　王昕灿　栾　天　耿　坤　白素丽

中国人民大学出版社
·北京·

**图书在版编目（CIP）数据**

信息技术 / 刘中军，颜增显主编. -- 北京 : 中国人民大学出版社，2023.7
新编 21 世纪高等职业教育精品教材. 公共基础课系列
ISBN 978-7-300-31758-8

Ⅰ. ①信… Ⅱ. ①刘… ②颜… Ⅲ. ①电子计算机－高等职业教育－教材 Ⅳ. ① TP3

中国国家版本馆 CIP 数据核字（2023）第 096795 号

新编 21 世纪高等职业教育精品教材 · 公共基础课系列

**信息技术**

主　编　刘中军　颜增显

副主编　张淑敏　王昕灿　栾　天　耿　坤　白素丽

Xinxi Jishu

---

**出版发行**　中国人民大学出版社

**社　　址**　北京中关村大街 31 号　　**邮政编码**　100080

**电　　话**　010－62511242（总编室）　010－62511770（质管部）

010－82501766（邮购部）　010－62514148（门市部）

010－62515195（发行公司）　010－62515275（盗版举报）

**网　　址**　http://www.crup.com.cn

**经　　销**　新华书店

**印　　刷**　中煤（北京）印务有限公司

**开　　本**　787 mm × 1092 mm　1/16　　**版　　次**　2023 年 7 月第 1 版

**印　　张**　14.75　　**印　　次**　2023 年 7 月第 1 次印刷

**字　　数**　336 000　　**定　　价**　59.00 元

---

P R E F A C E

# 前言

党的二十大报告指出，我们加快推进科技自立自强，“一些关键核心技术实现突破，战略性新兴产业发展壮大，载人航天、探月探火、深海深地探测、超级计算机、卫星导航、量子信息、核电技术、新能源技术、大飞机制造、生物医药等取得重大成果，进入创新型国家行列”。新一代信息技术的高速发展，不仅为我国加快推进制造强国、网络强国和数字中国建设提供了坚实有力的支撑，而且将促进百行千业升级蝶变，成为推动我国经济高质量发展的新动能。新一代信息技术是国务院确定的七个战略性新兴产业之一，将被重点推进。新一代信息技术主要包括云计算、大数据、物联网、人工智能、区块链、5G 等。

本书主要介绍了 Office 办公软件的使用方法和技巧，新一代信息技术的核心技术、应用案例和发展方向，以及高等职业教育在新一代信息技术领域的人才培养模式。同时，结合新一代信息技术的特点挖掘思政元素，结合专业谈思想、说素养、讲故事。通过本书的学习，学生可以掌握基本的信息化办公方法和技巧，了解新一代信息技术的内容和发展方向，养成良好的信息技术文化素质，为今后快速融入社会各方面工作奠定基础。

本书内容丰富，知识面广，理论和实践紧密结合，注重实用性和可操作性；实例丰富，内容深入浅出、图文并茂、形象直观、简明易懂。每个项目中的案例结合各行各业的实际应用，对知识点尽可能覆盖，实现知识传授、能力培养与价值引领的融合。

本书采用活页式方式编写，主要特点体现在以下几个方面：

（1）内容鲜活生动。本书采用活页方式装订，师生可以灵活方便地对内容进行组合，充分体现了教材建设以使用者为中心的理念。编写团队持续跟踪行业的前沿理论与技术发展，动态开发与教材内容有机融合的数字资源，随时补充生动鲜活的事例和实践内容，实现教材内容的动态更新。学生可在线阅读最新的教材内容，也可下载打印单独装订，这有利于学生技术技能素养的不断发展。

（2）能力培养无缝衔接。本书遵循工作式手册教材的建设理念。编写团队深入践行“产教融合、校企合作”的职教改革理念。

（3）素养提升，润物无声。在教材的各个项目以及各个任务中巧妙融入课程思政目标，每个项目单独设置“素养目标”栏目，着力培养学生的工匠精神、爱国情怀和民族自豪感。

由于编者水平有限，时间仓促，书中难免有疏漏之处，敬请广大读者指正，以期更加完善。

编者

C O N T E N T S 目录

# 项目一 文档处理

文档处理是信息化办公的重要组成部分，广泛应用于人们日常生活、学习和工作的方方面面。本主题包含文档的基本编辑、图片的插入和编辑、表格的插入和编辑、样式与模板的创建和使用、多人协同编辑文档等内容。

## 能力目标

（1）掌握文档的基本操作，如打开、复制、保存等，熟悉自动保存文档、联机文档、保护文档、检查文档、将文档发布为 PDF 格式、加密发布 PDF 格式文档等操作；

（2）掌握文本编辑、文本查找和替换、段落的格式设置等操作；

（3）掌握图片、图形、艺术字等对象的插入、编辑和美化等操作；

（4）掌握在文档中插入和编辑表格、对表格进行美化、灵活应用公式对表格中数据进行处理等操作；

（5）熟悉分页符和分节符的插入，掌握页眉、页脚、页码的插入和编辑等操作；

（6）掌握样式与模板的创建和使用，掌握目录的制作和编辑操作；

（7）熟悉文档不同视图和导航任务窗格的使用，掌握页面设置操作；

（8）掌握打印预览和打印操作的相关设置；

（9）掌握多人协同编辑文档的方法和技巧。

## 素养目标

（1）汉字是我国特有的语言符号，学习计算机的汉字处理基础，从另一个角度解读我们的语言文字在全世界通用的计算机中是怎样工作和传递信息的，在提升学生学习兴趣的同时也反向推动学生的专业学习；

（2）Word 是经典的文字处理办公软件。学生在使用 Word 的过程中体会其各种功能的综合影响，通过“所见即所得”迅速掌握文字处理技能，取得获得感；了解要应用的软件界面，通过做任务更快理解知识点，全面掌握操作要求并结合实际应用了解各种功能的作用，在完成实训任务的过程中收获成就感。

## 知识导图

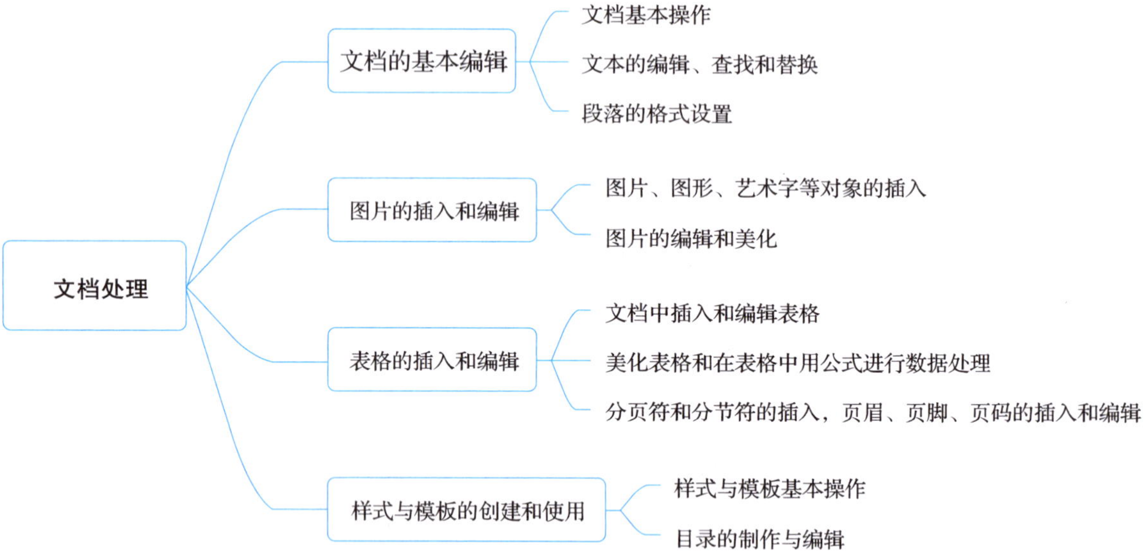

# 工作任务一　文档的基本编辑

## 任务目标

（1）掌握文档的基本操作，如打开、复制、保存等；熟悉自动保存文档、联机文档、保护文档、检查文档、将文档发布为 PDF 格式、加密发布 PDF 格式文档等的操作。

（2）掌握文本编辑、文本查找和替换、段落的格式设置等操作。

## 任务描述

（1）文档的创建、编辑与保存。

（2）文档的字符格式化。

（3）文档的段落格式化。

## 训练 1　Word 的基本操作

### 一、认识 Word 2016 窗口

Word 2016 是 Microsoft Office 2016 套件中的一个组件，也是最为流行的文字处理软件之一。它可以使用户方便、高效地在计算机中创建、编辑和修改文档，并在文档中插入公式、表格和图形。Word 2016 充分利用 Windows 的图形界面，让用户轻松地处理文字、图形和数据，创建图文并茂、赏心悦目的文档，实现“所见即所得”的编辑效果。

#### 1. 启动 Word 2016 程序

单击“开始”按钮，在程序列表或开始屏幕中，选择“Word 2016”选项（如图 1－1－1 所示），打开 Word 的开始页面，窗口中显示一些常用的模板和最近使用过的文档，如图 1－1－2 所示。单击“空白文档”图标打开 Word 工作窗口，并自动创建一个名为“文档 1”的空白文档。

图 1－1－1　Word 2016 的启动

提示：

如果任务栏上有 Word 2016 的快捷图标，可单击它启动程序。也可以在资源管理器中双击某个 Word 文档，启动 Word 2016 程序并打开该文档。

#### 2. 了解 Word 2016 窗口结构

启动 Word 2016 并新建文档后，会显示 Word 2016 的工作窗口，其中包括标题栏、快速访问工具栏、功能区、编辑区和状态栏等，如图 1－1－3 所示。

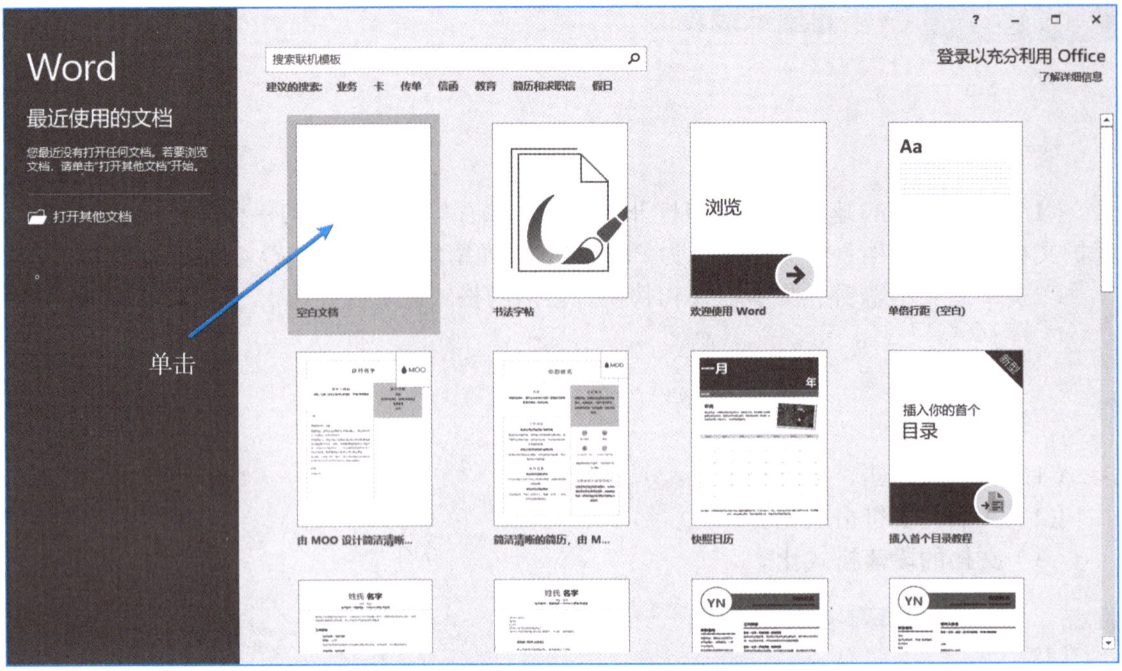


图 1－1－2　Word 2016 的初始状态

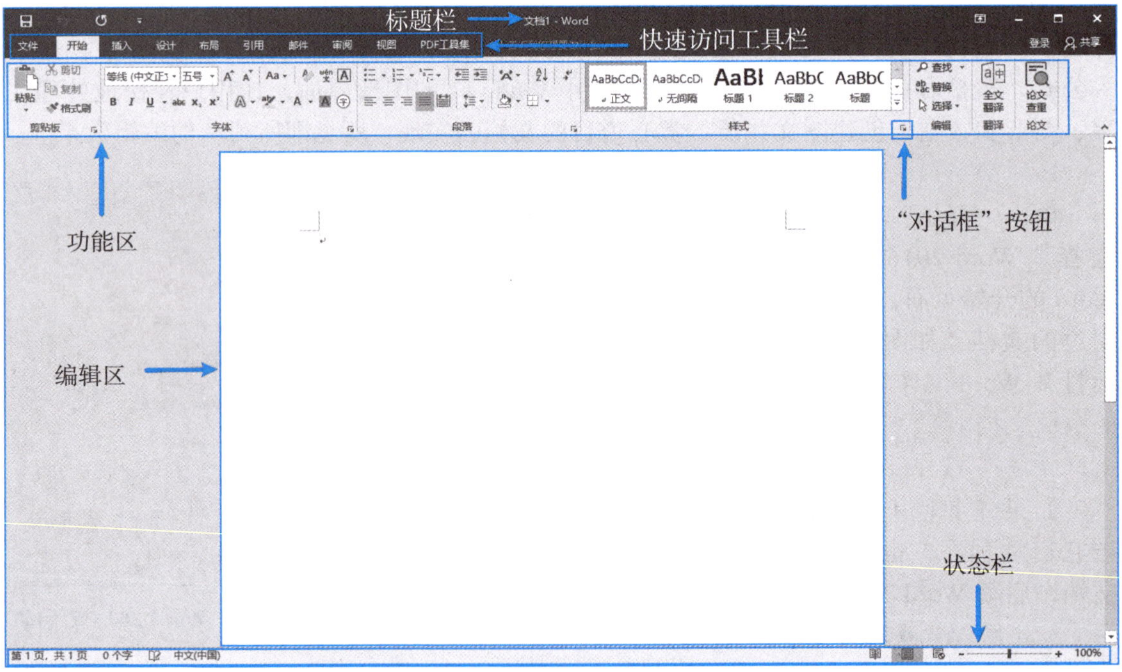


图 1－1－3　Word 2016 的窗口结构

（1）标题栏。

标题栏位于窗口的最上方，其中显示了文档名、"功能区显示选项"按钮（单击该按钮，可从列表中选择隐藏功能区或显示功能区选项卡）和“窗口控制”按钮。

（2）快速访问工具栏。

快速访问工具栏用于放置一些使用频率较高的工具。默认情况下，快速访问工具栏包含“保存”按钮、“撤销”按钮和“重复粘贴”按钮。若要添加更多按钮，可单击“自定义快速访问工具栏”按钮，从列表中选择要添加的选项，使选项左侧带标志。

（3）功能区。

功能区以选项卡的形式分类存放编排文档时所需要的命令按钮。单击选项卡标签可以切换到不同的选项卡，每个选项卡中包含几组功能相似的命令按钮组。某些组的右下角有一个“对话框启动器”按钮，单击该按钮即可打开与该组命令相关的对话框或窗格，显示更多的命令和选项。

（4）编辑区。

编辑区用于输入和编排文档内容。在编辑区的左上角有一个不停闪烁的光标，称为插入符，用于定位当前的编辑位置。在编辑区中每输入一个字符，插入符会自动向右移动一个占位符。

（5）状态栏。

状态栏位于窗口的底部，其左侧显示了当前文档的状态和相关信息，右侧显示的是Word视图切换按钮和显示比例滑块。右击状态栏空白处，在弹出的“自定义状态栏”菜单中可以选择让哪些信息显示在状态栏中。

在Word提供的各种视图中，最常用的是页面视图，如图1－1－4所示。

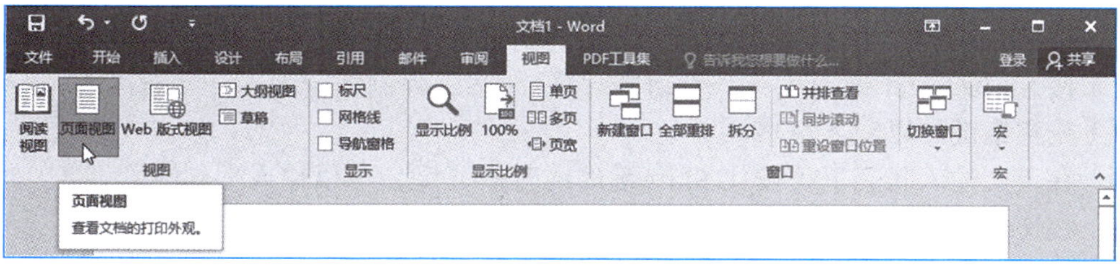


图1－1－4　页面视图

## 二、文档的创建、编辑与保存

启动Word 2016程序后，可以创建一个空白文档，然后进行文档的编辑操作。文档编辑是指对文档内容进行插入、修改、复制、移动和删除等基本操作，一般需要先选定对象再进行这些操作。

### 1. 选定文本

对文本进行复制、移动或设置格式等操作时，需要先选中要操作的文本。下面是选择文本的几种形式及方法。

（1）选取连续的文本：将鼠标移到要选定文本的开始处，拖动鼠标至要选定文本的结尾处。当要选择的文本区域跨度较大时，可以先单击要选择的文本的开始位置，按住

Shift 键的同时再单击要选取的文本的结束位置。

（2）选取不连续的多处文本：选取一处文本后，按住 Ctrl 键再选取其他文本。

（3）选取一个词语：在要选的词语中双击鼠标。

（4）选取一个句子：按住 Ctrl 键，在要选的句子中单击鼠标左键。

（5）选取一行：将鼠标移到窗口左侧选定栏，单击鼠标左键可选定光标右侧的行。

**提示：**

选定栏是指页面左边界到文档内容左边界之间的空白区域，将光标放在此处时，光标将变为“”形状。

（6）选取一段：在要选取段落中三击鼠标，或者在要选取段落左侧的选定栏中双击鼠标。

（7）选取全文：按 Ctrl+A 组合键，或者在选定栏三击鼠标。

（8）选定一个矩形区域：将鼠标移到要选区域的一角，按住 Alt 键，拖动鼠标至要选区域的对角，松开鼠标。

（9）取消选取：在文档内任意位置单击。

### 2. 编辑文本

选定文本后，用户可以使用“开始”选项卡“剪贴板”组中的按钮或者快捷键对选定的文本进行移动、复制、粘贴和删除等操作。

（1）插入文本。

选择一种输入法后，便可以在 Word 文档中输入文本，输入的文本自动出现在插入点所在位置。输入内容满行后会自动换到下一行开始，满页后会自动产生一个新的页面，并将插入点移到新的页面中。输入文本的一些常用操作及方法如下：

1）按 Enter 键输入一个段落标记“↵”，将插入点移动到下一行开始一个新的段落。

2）按 Shift+Enter 键输入一个手动换行符“↓”，强制换行而不开始新段落。

3）按空格键可以输入空格。

4）在英文输入状态下，按住 Shift 键的同时按 – 键，可以输入下划线。

5）在文档页面空白区域的任意位置双击鼠标，可以将插入点置于该处。

**提示：**

默认情况下，新输入的字符插入文本中时，插入点右侧的字符往右侧移动。按一次 Insert 键，状态栏的“插入”变为“改写”，此时输入的字符会覆盖插入点右侧的字符。

（2）移动文本。

移动文本是指把文本从一个位置移动到另一个位置。常见的操作方法有以下几种。

方法 1：选定文本后，拖动选定的文本到目标位置。

方法 2：选定文本后，右击选定文本，在快捷菜单中选择“剪切”命令，然后在目标位置右击，在快捷菜单中选择“粘贴”命令。

方法 3：选定文本后，按 Ctrl+X 组合键，将插入点定位到目标位置，按 Ctrl+V 组合键。

（3）复制文本。

复制文本可以创建重复出现的文本，提高工作效率。常见的操作方法有以下几种。

方法 1：选定文本后，按住 Ctrl 键，拖动选定的文本到目标位置。

方法 2：选定文本后，右击选定文本，在快捷菜单中选择“复制”命令，然后在目标位置右击，在快捷菜单中选择“粘贴”命令。

方法 3：选定文本后，按 Ctrl+C 组合键，将插入点定位到目标位置，按 Ctrl+V 组合键。

提示：

移动文本是将文本从原位置移动到新的位置，移动后文本从原位置消失；复制文本是在新位置创建一个副本，复制后，原位置和新位置上有相同的文本。

（4）删除文本。

按一次 BackSpace 键可以删除光标左侧的一个字符，按一次 Delete 键可以删除光标右侧的一个字符。如果要批量删除文本，可以批量选定文本后，按 BackSpace 键或 Delete 键。

### 3. 文档保存

单击快速访问工具栏上的“保存”按钮，然后单击“浏览”按钮，打开“另存为”对话框，在左侧导航栏中选择保存路径，在“文件名”文本框中输入文件名“电脑发展简史”，单击“保存”按钮，如图 1－1－5 所示。

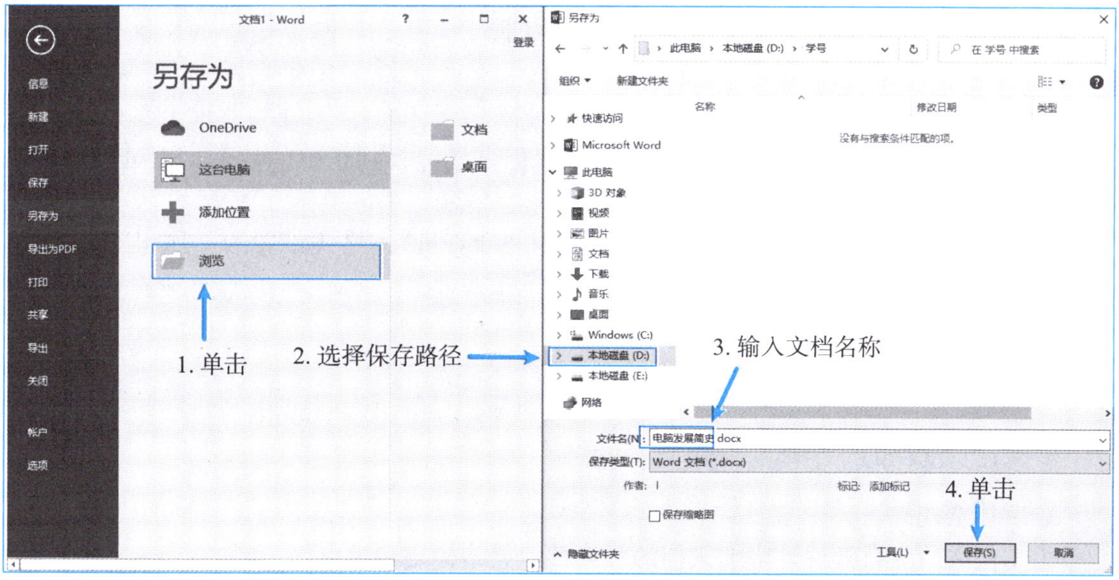


图 1－1－5　Word 2016“另存为”对话框

提示：

只有第一次保存新建的文档时才会打开“另存为”对话框，如果当前文档已经保存过，或者是从磁盘上打开的文档，单击“保存”按钮时就直接以现有文件名保存对文档的修改，不会再打开“另存为”对话框。在编辑过程中可以随时按 Ctrl+S 组合键保存文档。如果要将文档以另外的文件名保存，可以选择“文件”中的“另存为”命令。

此外，经过编辑修改后未保存的文档，在关闭时会弹出警告信息，询问用户是否保存对文档的修改，单击“保存”按钮即可保存。

### 4. 应用示例

示例文档内容见图 1－1－6。

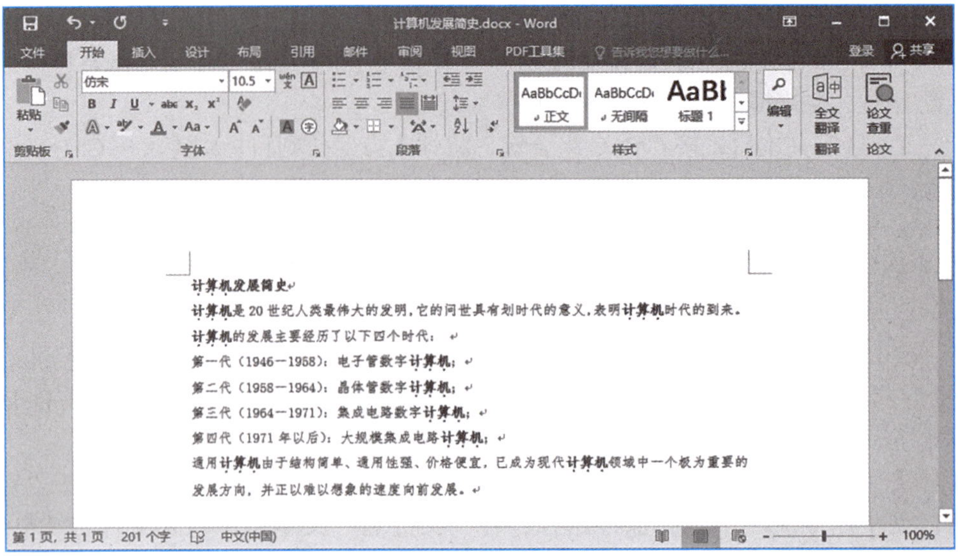


图 1－1－6　示例文档

（1）将第二段的第一句话之后的部分另分一段。

方法：定位光标，键入回车键即可分段。

（2）将“四代”按正确的顺序调整排列好。

方法：选定要调整的文字部分，可以用鼠标直接拖动到正确的位置，也可以用“开始”菜单中的“剪切”“粘贴”命令。

（3）将文章中的“电脑”一词全部替换为“计算机”，格式设置为“加粗”、加“着重号”。

方法：用“开始”菜单中的“替换”功能。

## 训练 2　文档的设置

### 一、设置文档的“字体”格式

#### 1. 字体格式

为了使文档版面美观，增加文档的可读性，突出标题和重点等，经常需要为文档中的文本设置字符格式，包含字体、字号、字形、颜色、删除线、下划线、着重号、上标、下标、文本效果等。Word 中的字号可以用中文字号“八号～初号”或英文磅值“5 磅～ 72 磅”表示。中文字号的数字越大，文本越小；阿拉伯数字字号以磅为单位，数字越大，文本越大。可以通过功能区工具、浮动工具栏和“字体”对话框等方式设置字体格式。

文字格式练习 1

（1）功能区工具。

在“开始”选项卡的“字体”组中包含最基本、最常用的设置文本格式的工具，如图 1－1－7 所示。在“字体”或“字号”组合框中选择或输入所需的字体和字号，即可快速设置文本的字体和字号，在选择过程中可以实时预览效果。

提示：

如果不知道功能区中某个命令按钮的作用，将光标移至该命令按钮上停留片刻，即可显示该命令的名称和作用。

（2）浮动工具栏。

选中文本后会出现浮动工具栏，如图 1－1－8 所示。浮动工具栏具有“字体”选项组的一些常用的文本格式工具，但不能实时预览效果。

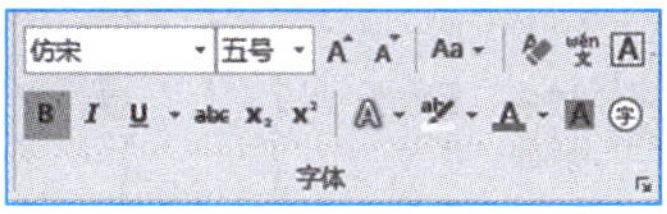


图 1－1－7　功能区中的“字体”组

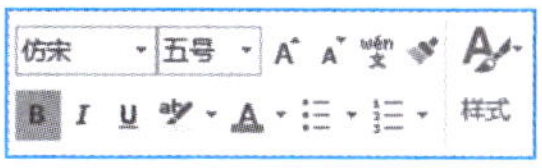


图 1－1－8　浮动工具栏

（3）“字体”对话框。

在“开始”选项卡“字体”组中，单击“对话框启动器”，打开“字体”对话框，如图 1－1－9 所示。从中可进行字体、字形、字号、颜色等效果的设置，在高级选项卡中可设置字符间距与位置等。

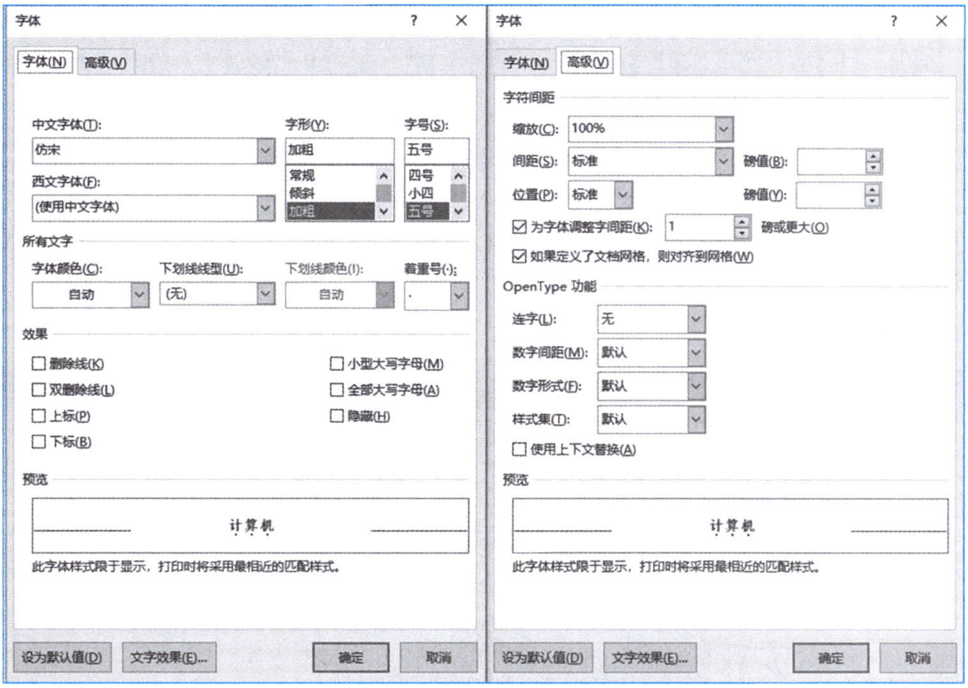


图 1－1－9　“字体”对话框

（4）文本效果。

除了对字体进行基本的格式设置外，还可以设置文本效果，包括设置文本的轮廓、阴影、映像和发光效果等，设置文本效果的方法如下：

单击“开始”选项卡“字体”组中的“文本效果”按钮，打开“文本效果”列表，如图 1－1－10 所示。如果对预设的文本效果不满意，可以在“字体”对话框中单击“文字效果”按钮，打开“设置文本效果格式”对话框进行自定义设置，如图 1－1－11 所示。

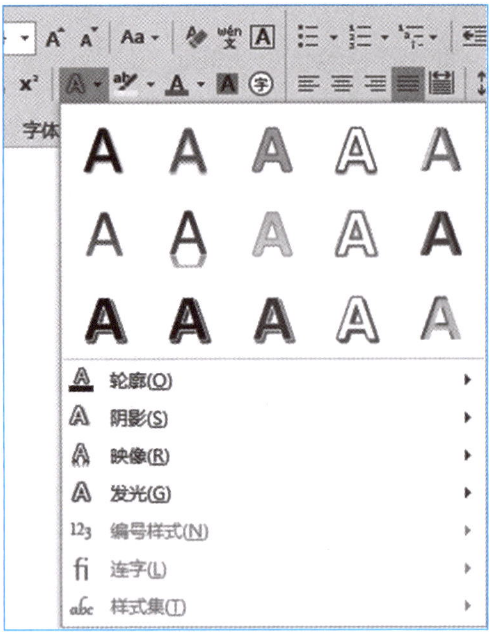


图 1-1-10 “文本效果”列表

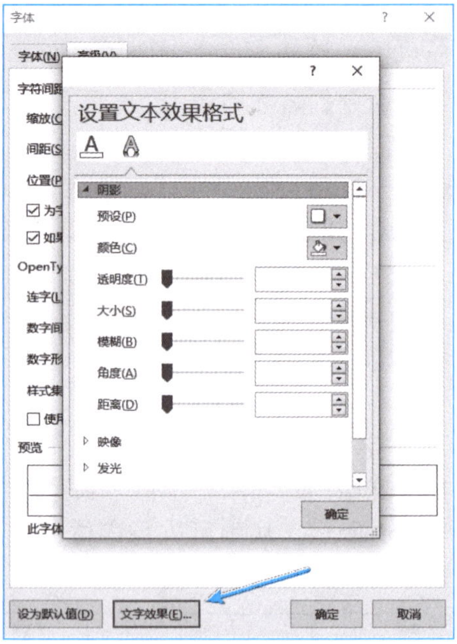


图 1-1-11 “设置文本效果格式”对话框

## 2. 设置“字体”格式

（1）将文档第一段作为标题，字体格式设置为：“四号”“黑体”“蓝色”“加粗”“字符间距缩放 80%”“字符间距加宽 5 磅”“位置提升 3 磅”。

（2）将文档正文字体格式设置为：“楷体”“小四号”。

（3）将正文第一个字设置为“首字下沉”。

最终效果如图 1-1-12 所示。

文字格式练习 2

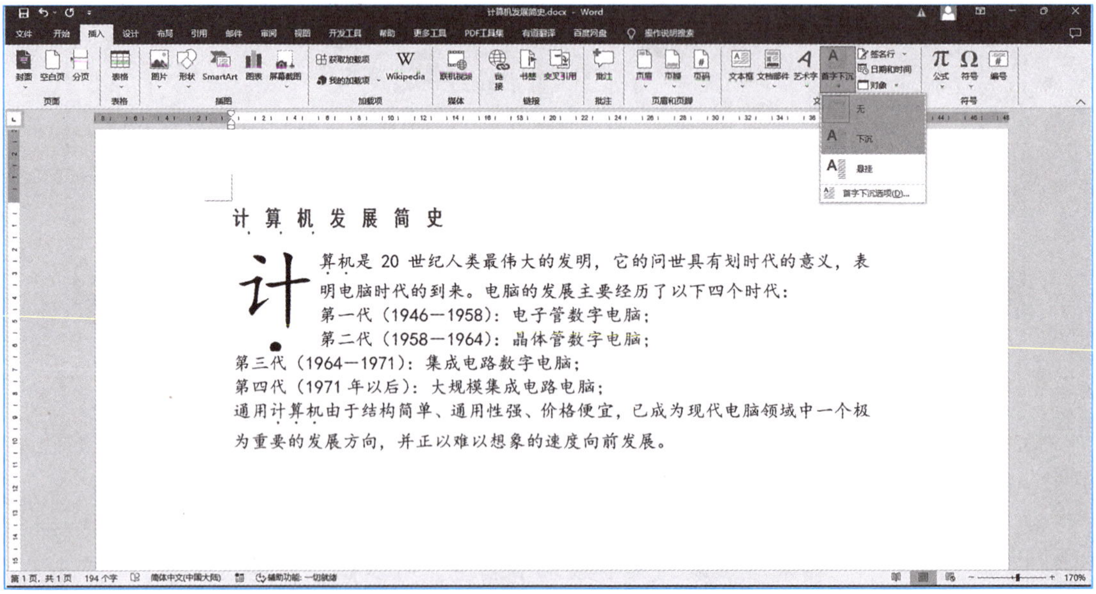


图 1-1-12 文档的“字体”格式效果

## 二、设置文档的“段落”格式

### 1. 段落格式

在 Word 文档中，段落是文本、图形、对象及其他项目的集合，各段落之间以段落标记“↵”分隔。设置段落格式是指设置整个段落的外观，包括段落对齐方式、缩进、间距、行距、项目符号、边框和底纹等。在 Word 2016 中，可以使用“开始”选项卡“段落”组中的命令按钮和“段落”对话框设置段落格式。

（1）“段落”对话框。

单击“开始”选项卡“段落”组中的“对话框启动器”，打开“段落”对话框，如图 1－1－13 所示。在“段落”对话框中可以设置段落的对齐方式、缩进、间距与行距等常规段落格式，还可以在“换行和分页”选项卡和“中文版式”选项卡中进行高级段落格式设置。

段落格式练习 1

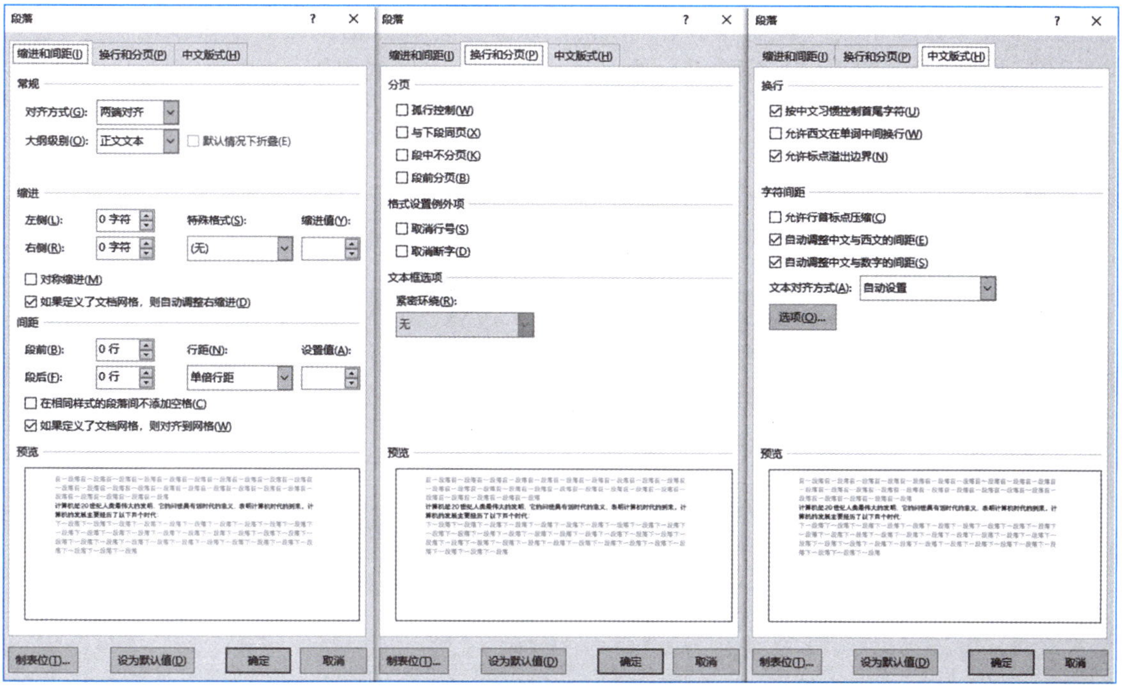


图 1－1－13 “段落”对话框

（2）使用水平标尺。

在“视图”选项卡“显示”组中选中“标尺”复选框，可以在文档的上方和左侧分别显示水平标尺和垂直标尺。水平标尺上有“首行缩进”“悬挂缩进”“左缩进”“右缩进”四个缩进标记，如图 1－1－14 所示，其作用相当于“段落”对话框“缩进”栏中的相应选项，可以直接拖动这些标记设置段落的缩进格式。

**技巧：**

拖动缩进标记时按住 Alt 键，Word 会显示测量尺寸，以便更准确地定位；将光标移

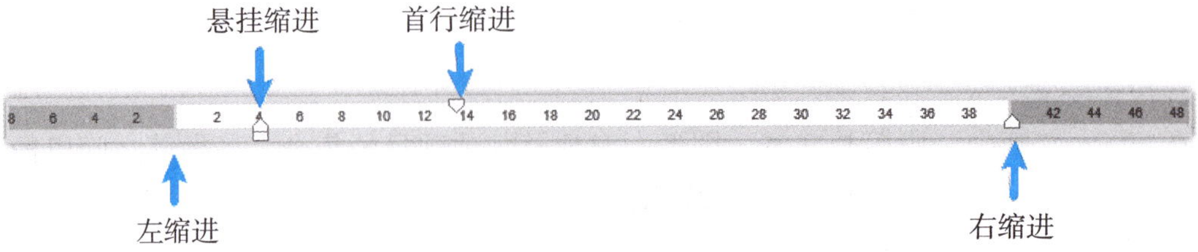


图 1－1－14　水平标尺上的段落缩进标记

到标尺上“左缩进”和“右缩进”标记处的灰 / 白色分隔线上，光标变成双向箭头时左右拖动即可以调整页面边距。

**2. 设置“段落”格式**

（1）将标题行所在段落“左缩进”和“右缩进”设为 0；“对齐方式”设为居中对齐；“段后”设为 0.5 行。

操作方法：单击“开始”选项卡“段落”组中“行和段落间距”下拉按钮，选择“行距选项”命令，打开“段落”对话框，在“段落”对话框中进行相关的段落格式设置。

（2）将标题以外的段落设为：“首行缩进”2 字符；“行距”固定值 20 磅；“段前”0.5 行；“段后”0.5 行。

操作方法同上。

（3）将标题段加上边框和底纹效果，如图 1－1－15 所示。

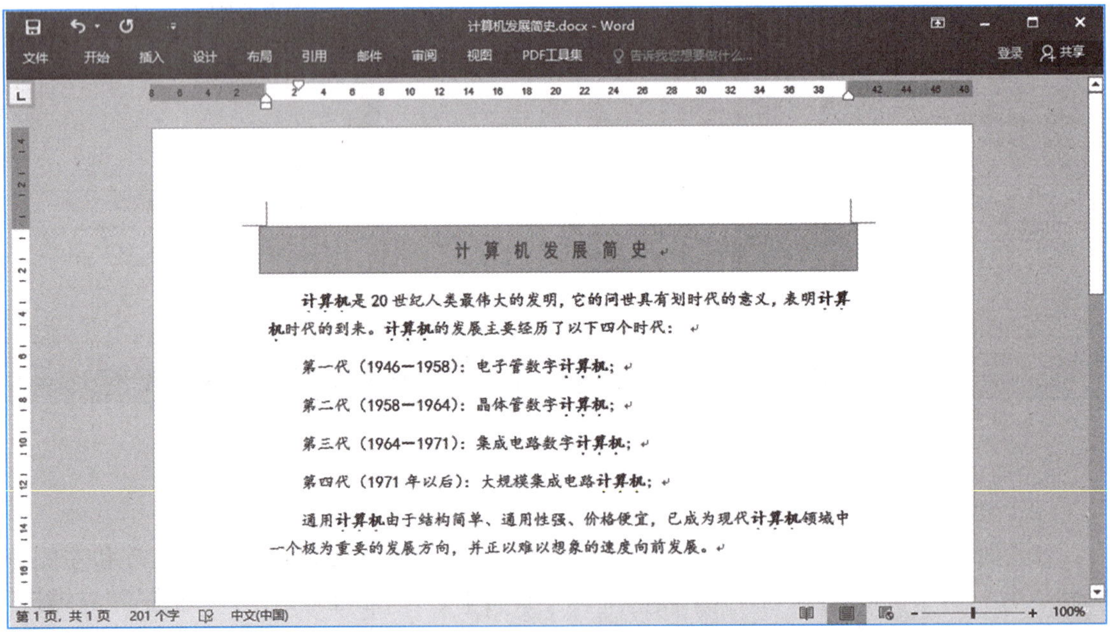


图 1－1－15　文档的“段落”格式效果

操作方法：选定第一自然段，单击“开始”选项卡“段落”组中“边框”下拉按钮，选择“边框和底纹”命令，打开“边框和底纹”对话框，设置相应的底纹效果。

## 三、撤销和恢复操作

在编辑文档时难免会出现错误的操作。例如，不小心删除、替换或移动了某些文本内容等。此时可利用 Word 2016 的撤销和恢复功能，迅速纠正错误。

### 1. 撤销操作

要撤销错误的操作，可使用以下方法。

方法 1：按 Ctrl+Z 组合键，或单击快速访问工具栏中的“撤销”按钮；连续按 Ctrl+Z 组合键或连续单击“撤销”按钮可撤销多步操作。

方法 2：单击“撤销”下拉按钮，打开历史操作记录，从中选择要撤销的操作，则该操作及以后的所有操作都将被撤销。

### 2. 恢复操作

如果执行了错误的撤销操作，可以利用恢复功能将其恢复，为此，可按 Ctrl+Y 组合键，或单击快速访问工具栏中的“恢复”按钮，恢复上一次撤销的操作；连续按 Ctrl+Y 组合键或连续单击“恢复”按钮可恢复多步被撤销的操作。

## 四、文档的分栏排版

以两栏为例，在“布局”选项卡“页面设置”组中单击“栏”按钮，从列表中选择“更多分栏”选项，打开“分栏”对话框，在“预设”选项中选择“两栏”选项，如图 1－1－16 所示，选中“栏宽相等”和“分隔线”复选框，调整“栏宽”为“18 字符”，单击“确定”。文档的分栏排版示例如图 1－1－17 所示。

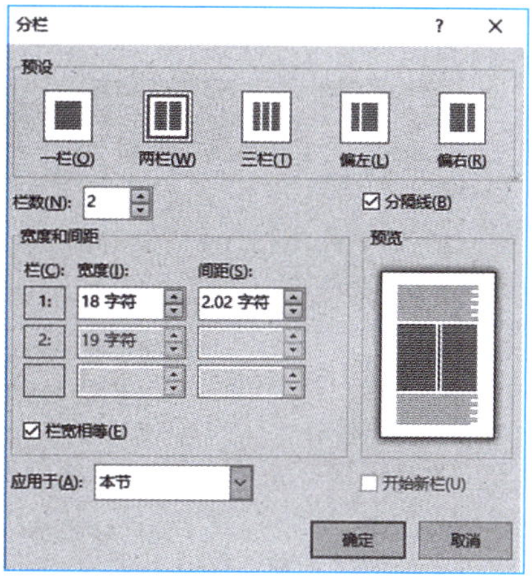


图 1－1－16　设置分栏

提示：

分栏设置完成后，Word 会自动把选定的段落分为两栏，如果对自动分栏的位置不满意，可以将插入点定位在要分栏的位置，在“布局”选项卡“页面设置”组中单击“分隔符”下拉按钮，在列表中选择“分栏符”命令，将插入点后的内容调整到下一栏。

## 五、项目符号和编号

项目符号和编号的使用可使文档内容更加层次分明，Word 2016 可在输入文本时自动创建项目符号和编号，也可在输入文本完成后再添加，具体操作如下：

（1）单击“开始”选项卡“段落”组“项目符号”下拉按钮，选择某一类型的项目符号，如图 1－1－18 所示；如果选择“定义新项目符号”，打开其对话框，则可以根据自己的实际需要对符号、字体和图片进行设置。

段落格式练习 2

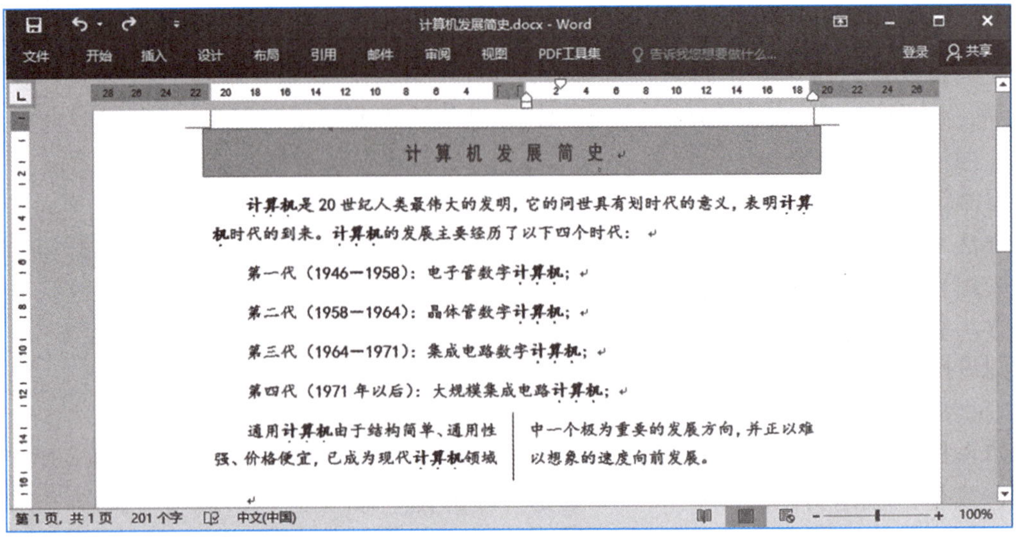


图 1－1－17　分栏排版示例

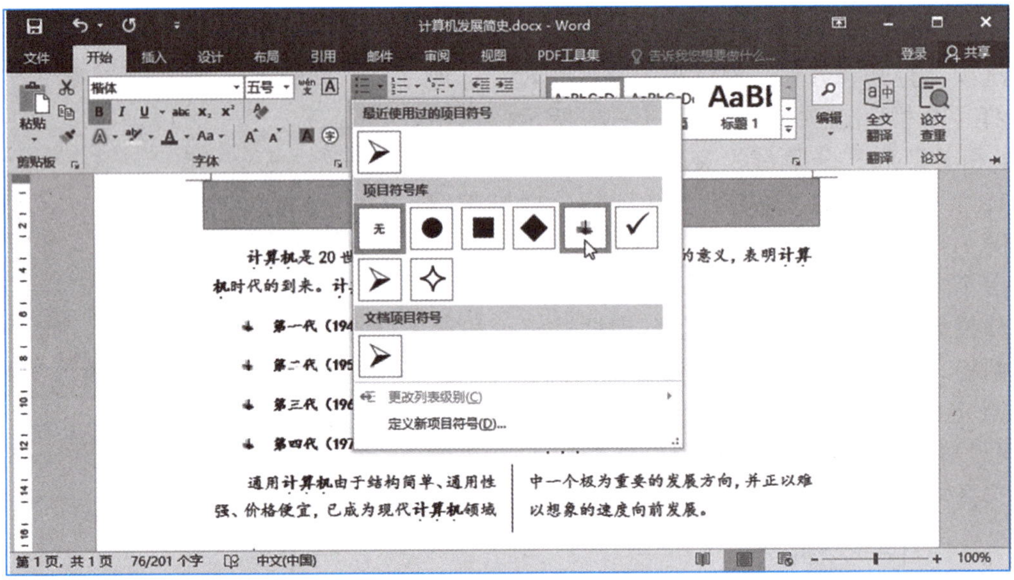


图 1－1－18　添加项目符号

（2）将“四代”的段落文字设为“五号字”“加粗”，并设置项目符号。

（3）最后将文档以文件名“高级排版 .docx”另存在“D：\学号”文件夹中，关闭窗口，退出 Word 程序。

## 训练 3　制作讲座宣传海报

### 一、设置海报页面

首先建立一个新文档，并用直观清晰的文件名保存。然后，根据印刷需求设置页面大小、页边距和页面背景等页面参数。

**1. 新建和保存文档**

新建一个文档，并以“讲座宣传海报 .docx”为文件名进行保存，操作步骤如下：

（1）在 Word 窗口中，选择“文件”选项卡，在窗口中单击“空白文档”图标，或者按 Ctrl+N 组合键创建一个名为“文档 1”的空白文档。

**提示：**

如果没有启动 Word，可以单击“开始”按钮，在开始界面中选择“ Word 2016”选项，进入 Word 界面，然后单击“空白文档”图标打开 Word 工作窗口，并创建一个名为“文档 1”的空白文档。

（2）单击快速访问工具栏上的“保存”按钮，然后单击“浏览”按钮，打开“另存为”对话框，在左侧导航栏中选择保存路径，在“文件名”文本框中输入文件名“讲座宣传海报”，单击“保存”按钮，如图 1－1－19 所示。

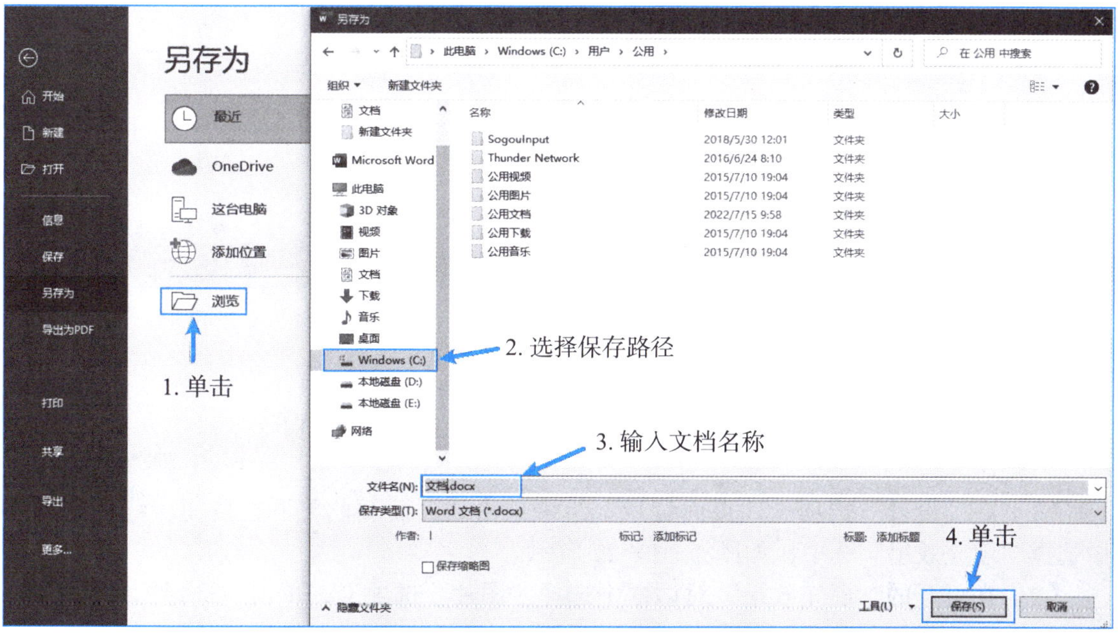


图 1－1－19　“另存为”对话框

**2. 设置文档的纸张和页边距**

将文档的纸张大小设置为“A4”，上、下页边距均设置为“3 厘米”，左、右页边距均设置为“2.54 厘米”，操作步骤如下：

（1）单击“布局”选项卡“页面设置”组中的“对话框启动器”，打开“页面设置”对话框。

（2）在“纸张”选项卡“纸张大小”列表中选择“A4”，如图 1－1－20 所示。

（3）在“页边距”选项卡中，设置上、下页边距为“3 厘米”，左、右页边距为“2.54 厘米”，纸张方向为“纵向”，单击“确定”按钮，如图 1－1－21 所示。

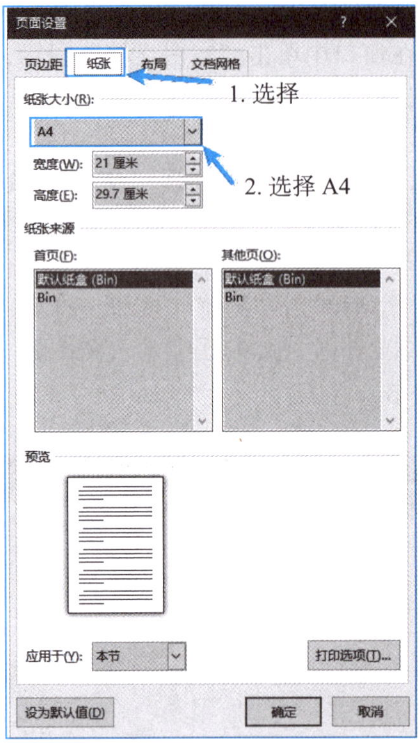


图 1－1－20　设置纸张

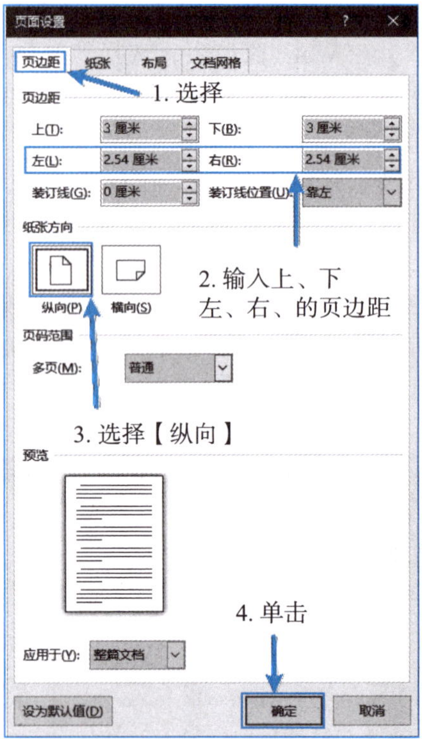


图 1－1－21　设置页边距

### 3. 设置页面背景

设置文档背景为素材图片“海报背景图片 .jpg”，操作步骤如下：

（1）在“设计”选项卡“页面背景”组中单击“页面颜色”下拉按钮 ，在列表中选择“填充效果”选项，如图 1－1－22 所示。

（2）在打开的“填充效果”对话框中选择“图片”选项卡，单击“选择图片”按钮，然后单击“从文件”选项，如图 1－1－23 所示。

（3）在打开的“选择图片”对话框导航窗口中打开图片所在的文件夹，选择“海报背景图片 .jpg”，单击“插入”按钮，如图 1－1－24 所示。回到“填充效果”对话框，单击“确定”按钮。

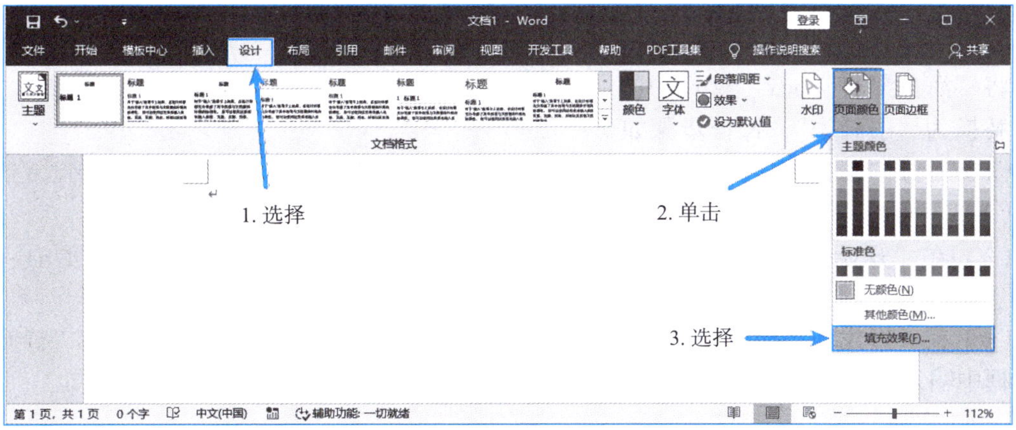


图 1－1－22　设置页面颜色

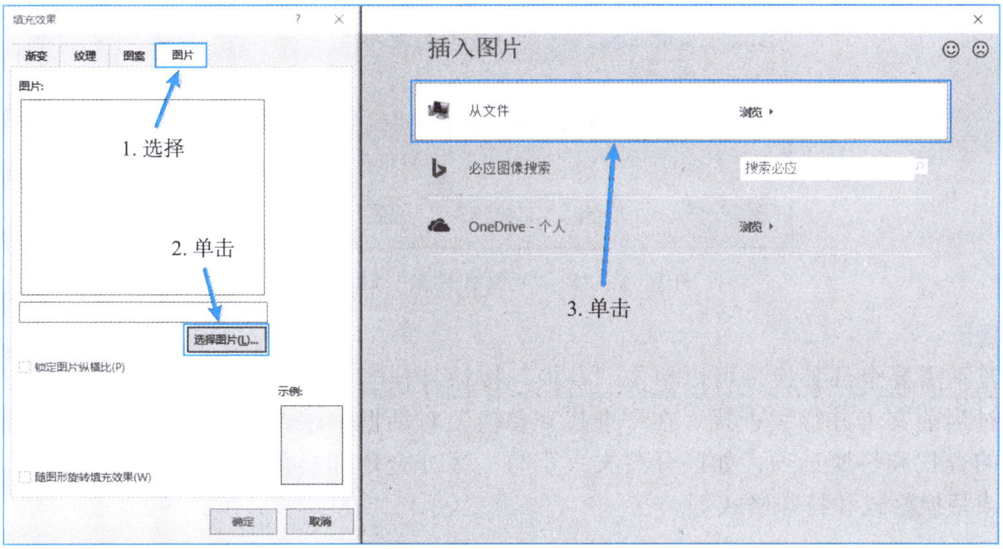


图 1－1－23　设置页面背景

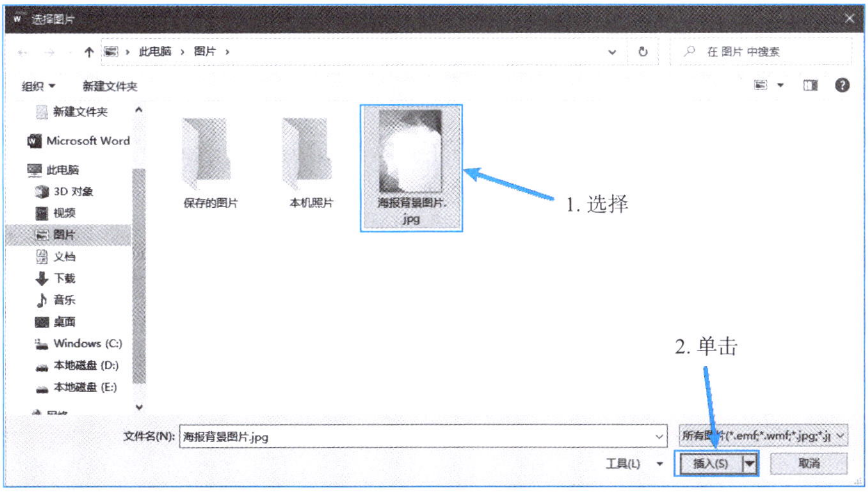


图 1－1－24　插入背景图片

## 二、编辑海报文本

将“海报素材 .docx”文件中的文字插入“讲座宣传海报”文档，并将文本中“书法家”替换为“书画家”，操作步骤如下：

（1）打开“海报素材 .docx”文件，按 Ctrl+A 组合键全选，按 Ctrl+C 组合键复制。

（2）切换到“讲座宣传海报”文档窗口，按 Ctrl+V 组合键粘贴文本。

（3）在“开始”选项卡“编辑”组中单击“替换”按钮 ab→ac 替换，或者按 Ctrl+H 组合键。

（4）在“查找和替换”对话框的“查找内容”组合框中输入“书法家”，在“替换为”组合框中输入“书画家”。单击“全部替换”按钮，如图 1－1－25 所示。

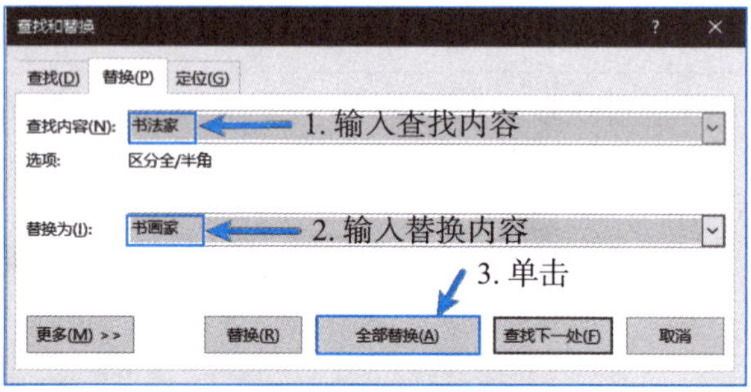


图 1－1－25 “查找和替换”对话框

提示：

若不需要全部替换，可以单击“替换”按钮替换当前文本，单击“查找下一处”按钮跳过当前文本并继续查找。在“查找和替换”对话框中单击“更多”按钮，可以设置更多的查找和替换选项，如区分英文大小写、区分全角和半角符号、使用通配符，以及查找或替换格式和特殊格式等。

## 三、设置字体格式

字体格式包含字体、字号、字形、颜色、删除线、下划线、着重号、上标、下标、文本效果、拼音指南、字符边框、带圈字符等。

### 1. 设置标题字体

设置文档标题“领慧讲堂就业讲座”的字体格式为“微软雅黑”“红色（红色 255、绿色 0、蓝色 0）”“加粗”“44 磅”，操作步骤如下：

（1）选择文本“领慧讲堂就业讲座”。

（2）在“开始”选项卡“字体”组中的“字体”组合框中选择“微软雅黑”选项。

（3）单击“字体颜色”下拉按钮 A，在列表中选择“其他颜色”选项，打开“颜色”对话框。在对话框中选择“自定义”选项卡，设置红色为 255、绿色为 0、蓝色为 0，单击“确定”按钮，如图 1－1－26 所示。

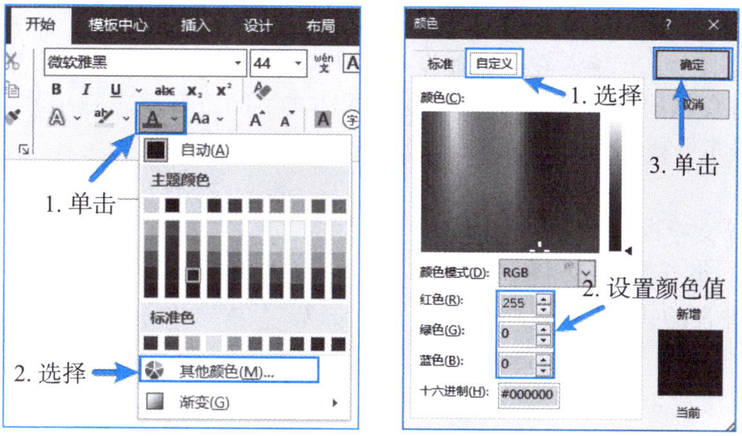


图 1-1-26　设置字体自定义颜色

（4）单击“加粗”按钮 B，或者按 Ctrl+B 组合键设置加粗效果。

（5）在“字号”组合框中输入“44”，按 Enter 键。

根据上述方法，设置其他文本的字体格式如下：

（1）设置“报告题目：”至“校国际会议中心”和“主办：校学工处”段落的字体格式为“微软雅黑”“小一”“加粗”“深蓝（标准色）”，其中冒号后的文字颜色为“白色”“背景 1”。

（2）设置“欢迎大家踊跃参加！”字体格式为“华文行楷”“56 磅”“加粗”“白色”。

（3）设置“领慧讲堂就业讲座之大学生人生规划活动细则”字体格式为“微软雅黑”“20 磅”“加粗”“红色（标准色）”。

（4）设置“日程安排”“报名流程”“报告人介绍”字体格式为“微软雅黑”“小二”“加粗”“深蓝”。

（5）设置“领慧讲堂就业讲座之大学生人生规划日程安排”字体格式为“微软雅黑”“四号”“加粗”“深蓝”。

（6）设置“报告人介绍”正文字体格式为“微软雅黑”“四号”“白色”“背景 1”。

**技巧：**

设置多处不连续的文本为相同格式时，可以按住 Ctrl 键选中需要设置相同格式的所有文本，再进行格式设置。也可以先设置其中一处文本的格式后将其选中，然后单击“开始”选项卡“剪贴板”组中的“格式刷”按钮 格式刷 复制被选文本的格式，此时指针变成带刷子的形状“ ”，选择要粘贴格式的文本即可将格式粘贴过来。如需多次使用格式刷，则应双击“格式刷”按钮进行复制，粘贴完格式后再次单击“格式刷”按钮取消格式刷的应用。

### 2. 制作加拼音文字

在计算机中安装了微软拼音输入法后，可以在 Word 文档中为一些汉字加上拼音，以便于阅读。例如，将赵蕈的蕈（xùn）字加上拼音，操作步骤如下：

（1）选择文本“蕈”字，在“开始”选项卡“字体”组中单击“拼音指南”按钮。

（2）在“拼音指南”对话框中自动显示所选文字的拼音，在“字号”组合框中输入“18”，单击“确定”按钮，如图 1－1－27 所示。

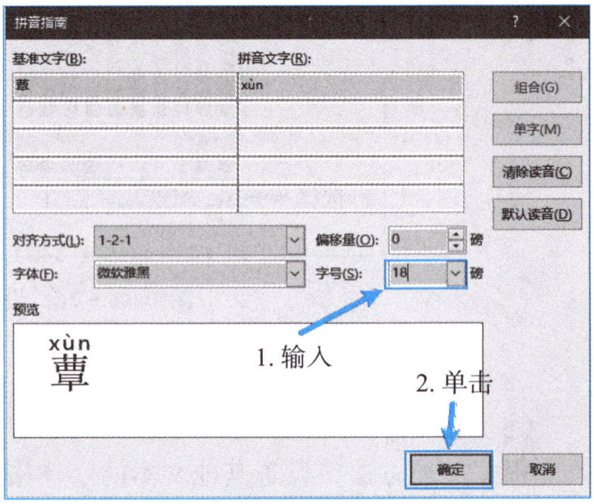


图 1－1－27 “拼音指南”对话框

**提示：**

制作加拼音文字时，在拼音指南中的“对齐方式”组合框中选择“居中”选项，能够让拼音的排列更有次序；在“字号”组合框中将字号的磅值调大，可以更清晰地显示拼音。

### 3. 设置字符边框和底纹

设置“领慧讲堂就业讲座之大学生人生规划活动细则”的边框宽度为 2.25 磅、颜色为红色，底纹颜色填充为浅绿、样式为 5%，操作步骤如下：

（1）选中文本“领慧讲堂就业讲座之大学生人生规划活动细则”。

（2）在“开始”选项卡“段落”组中单击“边框”下拉按钮，从列表中选择“边框和底纹”选项。

（3）在“边框和底纹”对话框“设置”栏中选择“方框”选项，在“颜色”组合框中选择“红色”选项，在“宽度”组合框中选择“2.25 磅”选项，在“应用于”组合框中选择“文字”选项。选择“底纹”选项卡，在“填充”组合框中选择“浅绿”选项，在“图案”的“样式”组合框中选择“5%”选项，在“应用于”组合框中选择“文字”选项，单击“确定”按钮，如图 1－1－28 所示。

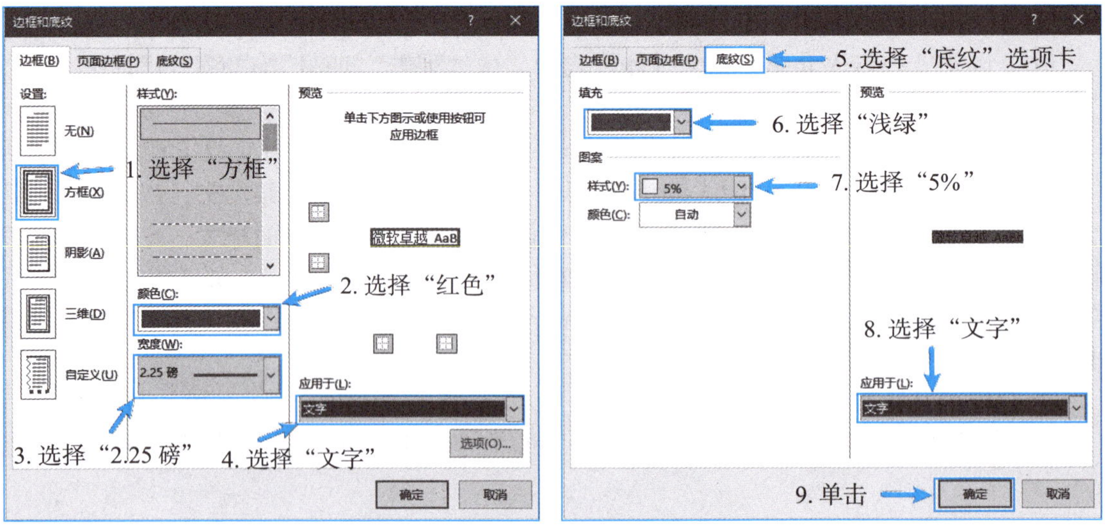


图 1－1－28 设置边框和底纹

提示：

将边框和底纹应用于文字和应用于段落的效果是不同的，请尝试选择多段文字，分别将边框和底纹应用于文字和段落，然后观察文档格式的变化。另外还可以通过“页面边框”选项卡设置页面边框，观察其格式的不同之处。

## 四、设置段落格式

段落格式包括对齐方式、缩进、间距与行距、项目符号和编号、边框和底纹等。可以使用“开始”选项卡“段落”组中的命令按钮或单击“对话框启动器”按钮打开“段落”对话框设置段落格式。

### 1. 设置段落对齐方式

Word 提供了左对齐、居中对齐、右对齐、两端对齐和分散对齐五种段落对齐方式，默认为两端对齐。

将“领慧讲堂就业讲座”和“领慧讲堂就业讲座之大学生人生规划活动细则”居中对齐，将“主办：校学工处”右对齐，操作步骤如下：

（1）选择文本“领慧讲堂就业讲座”和“领慧讲堂就业讲座之大学生人生规划活动细则”。

（2）单击“开始”选项卡“段落”组中的“居中对齐”按钮。

（3）选择文本“主办：校学工处”，单击“开始”选项卡“段落”组中的“右对齐”按钮。

提示：

在设置段落对齐方式时，要注意区分左对齐、两端对齐和分散对齐。只有在段落最后一行不满行时，分散对齐与两端对齐的最后一行才会有区别。

### 2. 设置段落缩进

将“报告人介绍”中的正文内容设置为首行缩进 2 字符，操作步骤如下：

（1）选定“报告人介绍”中的正文内容。

（2）单击“开始”选项卡“段落”组中的“对话框启动器”，打开“段落”对话框。

（3）在“缩进”选项组“特殊”组合框中选择“首行”选项，调整“缩进值”数值框的值为“2 字符”，单击“确定”按钮，如图 1－1－29 所示。

提示：

如果缩进值微调框中的单位为厘米，可以直接输入“2 字符”，然后按 Enter 键。同理，间距微调框中的度量单位也可以直接输入微调框，如“6 磅”“0.5 行”等。

### 3. 设置段落间距与行距

将“报告题目”至“主办：校学工处”的段落间距设置为段前 1 行、段后 1 行、行距 1.5 倍。操作步骤如下：

（1）选中“报告题目”至“主办：校学工处”。

（2）单击“开始”选项卡“段落”组中的“对话框启动器”，打开“段落”对话框。

（3）在“间距”选项组中，调整“段前”和“段后”的值为“1 行”，在“行距”组合框中选择“1.5 倍行距”选项，单击“确定”按钮，如图 1－1－30 所示。

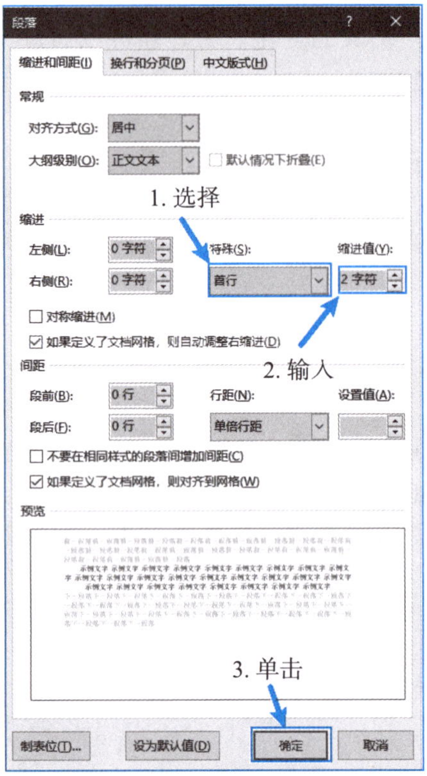


图 1－1－29　设置段落缩进

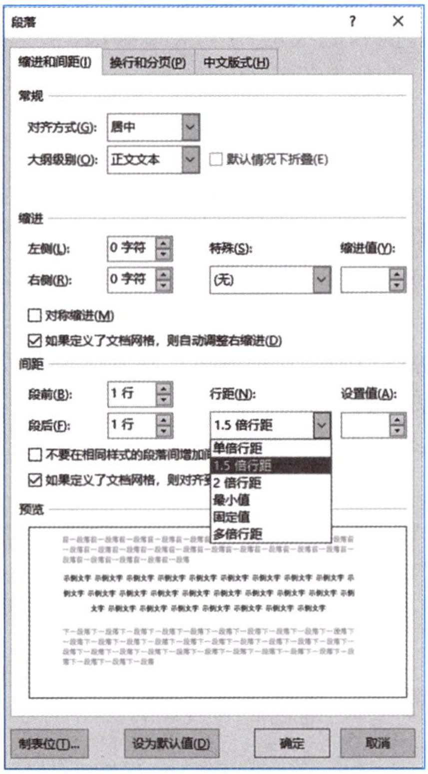


图 1－1－30　设置段间距和行间距

按照上述方法将“日程安排”“报名流程”“报告人介绍”设置为段前 1 行、段后 1 行、单倍行距；将“报告人介绍”下的正文段落设置为 1.5 倍行距。

**提示：**

如果要将行距设置为 1.2 倍，应该在“行距”组合框中选择“多倍行距”选项，然后在“设置值”微调框中输入“1.2”；如果要将行距设置为 20 磅，应该在“行距”组合框中选择“固定值”选项，然后在“设置值”微调框中输入“20 磅”。

### 4. 设置自动编号

将“日程安排”“报名流程”“报告人介绍”设置自动编号，操作步骤如下：

（1）选中段落“日程安排”“报名流程”“报告人介绍”。

（2）在“开始”选项卡“段落”组中，单击“编号”下拉按钮，在列表中选择文档编号格式为“一、二、三、”样式，如图 1－1－31 所示。

**提示：**

在输入文本时，如果当前段落以某一编号（如“1.”或“一、”）开头，按 Enter 键开始新的段落时，会自动编号。如果不需要自动编号，可以按 Ctrl+Z 组合键撤销当次自动编号，也可以单击“自动更正选项”按钮，在列表中选择“撤销自动编号”选项。

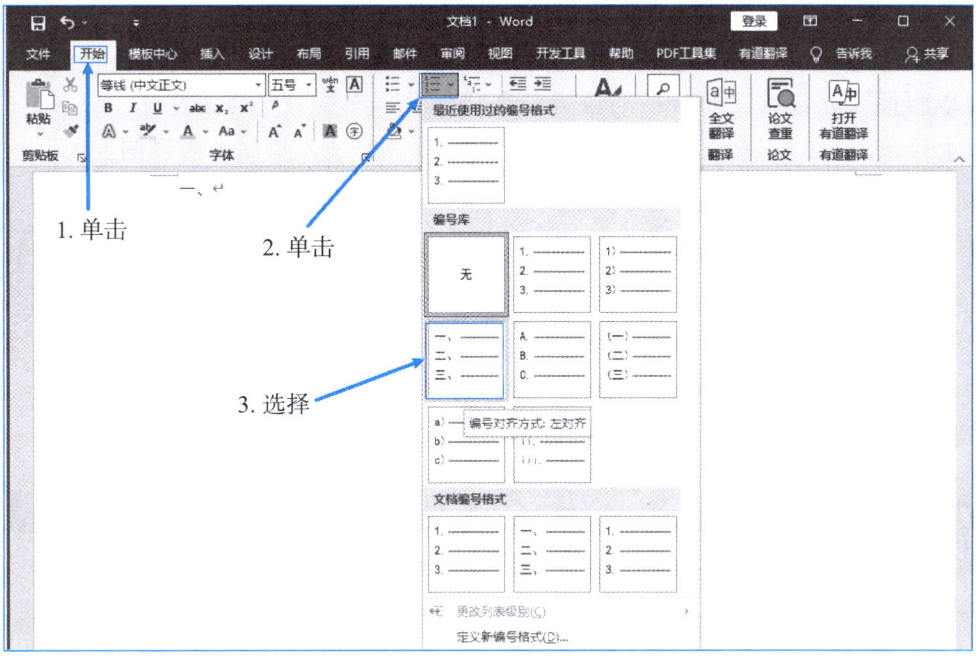


图 1－1－31　设置段落编号

## 5. 设置分栏

将“报告人介绍”正文段落分为等宽的两栏，栏宽为 18 字符，栏间加分隔线。操作步骤如下：

（1）选中“报告人介绍”正文段落。

（2）在“布局”选项卡“页面设置”组中单击“栏”按钮，从列表中选择“更多栏”选项，打开“栏”对话框，在“预设”选项中选择“两栏”选项，选中“栏宽相等”和“分隔线”复选框，调整“栏宽”为“18 字符”，单击“确定”按钮，如图 1－1－32 所示。

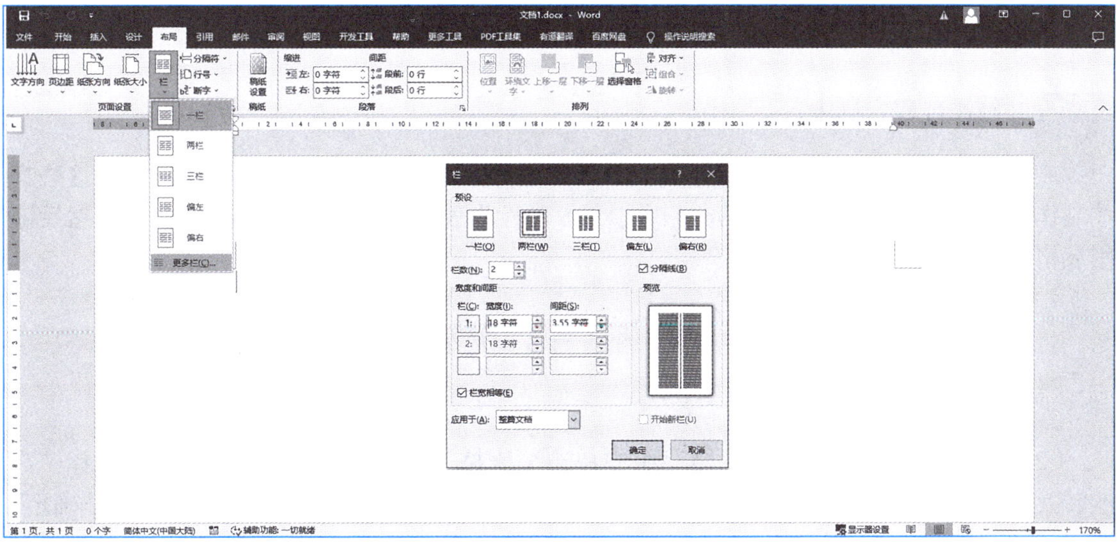

图 1－1－32　设置分栏

提示：

分栏设置完成后，Word 会自动把选定的段落分为两栏，如果对自动分栏的位置不满意，可以将插入点定位在要分栏的位置，在“布局”选项卡“页面设置”组中单击“分隔符”下拉按钮，在列表中选择“分栏符”命令，将插入点后的内容调整到下一栏。

### 6. 设置首字下沉

将“报告人介绍”正文段落设置为首字下沉 2 行，操作步骤如下：

（1）将插入点定位在需要设置首字下沉的段落中。

（2）在“插入”选项卡“文本”组中单击“首字下沉”下拉按钮，从列表中选择“首字下沉选项”，在“首字下沉”对话框“位置”选项中选中“下沉”选项，在“下沉行数”数值框中输入“2”，单击“确定”按钮，如图 1－1－33 所示。

版面格式练习 1

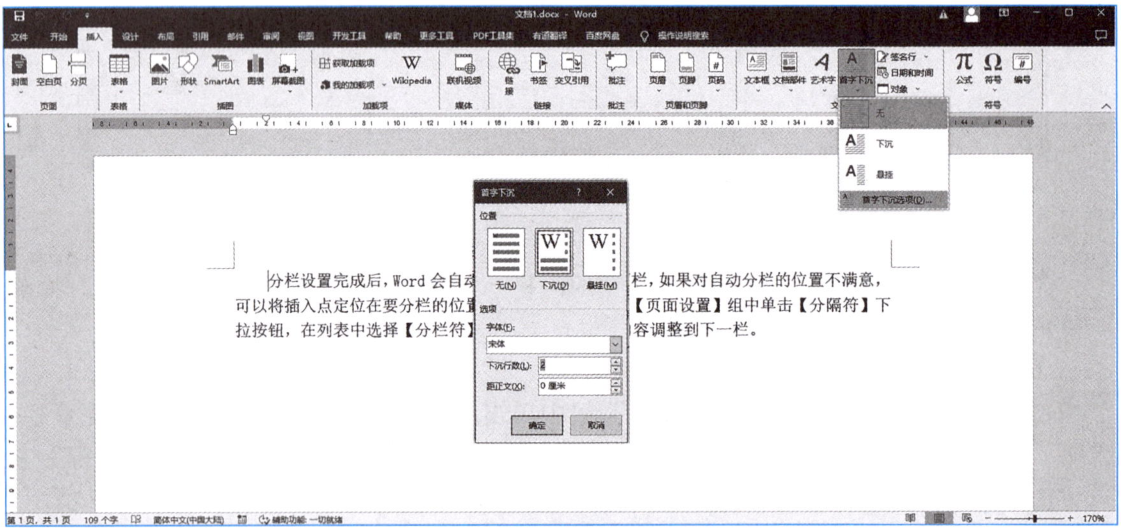


图 1－1－33　设置首字下沉

## 五、制作日程安排表

文档中已有日程安排的文本内容，各项内容之间用制作符（Tab）分隔，要用这些文本制作日程安排表，可以使用 Word 的“文本转换为表格”功能将其转换成表格，然后应用表格样式。

### 1. 文本转换为表格

将“日程安排”下的文字转换成一个 5 行 3 列的表格，操作步骤如下：

（1）选定要转换成表格的 5 行文本。

（2）在“插入”选项卡“表格”组中单击“表格”下拉按钮，从列表中选择“文本转换成表格”选项，打开“将文字转换成表格”对话框，保持默认设置，单击“确定”按钮，如图 1－1－34 所示。

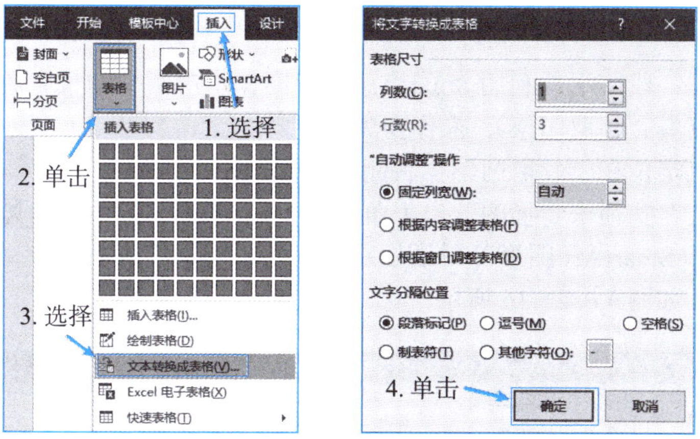


图 1－1－34　文本转换为表格

## 2. 设置表格样式

Word 2016 内置了很多表格样式，这些样式预设了表格的边框和底纹格式，可以根据需要选择使用，如图 1－1－35 所示。

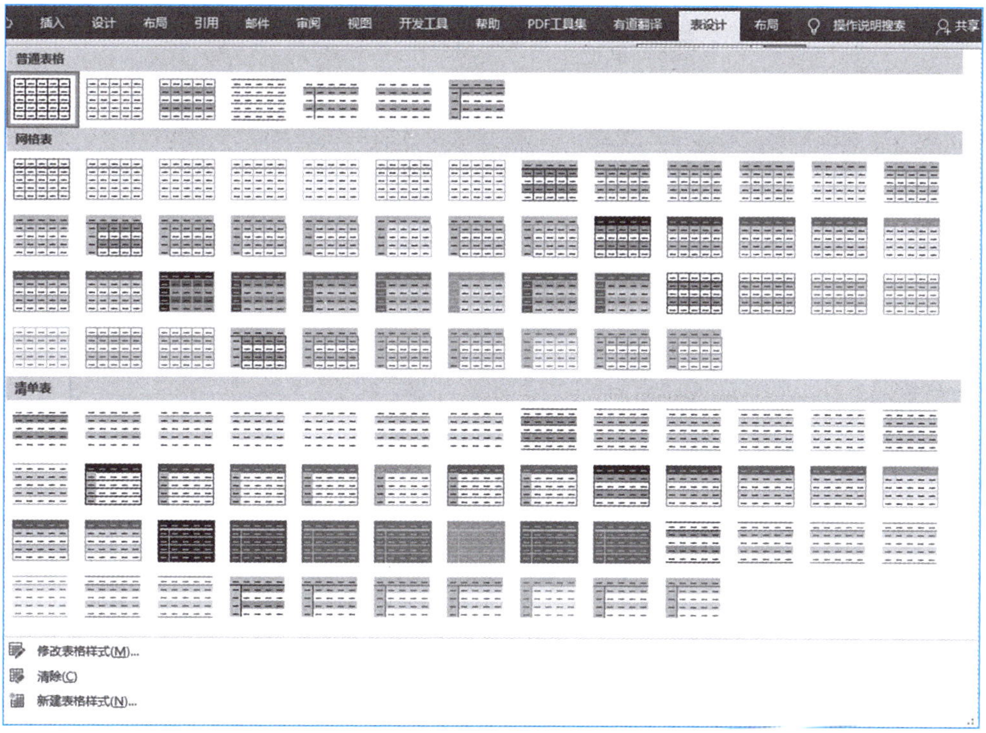


图 1－1－35　表格样式

将日程安排表的样式设置为“网格表 5 深色－着色 6”，操作方法如下：

（1）单击表格左上角的“表格选择”按钮 选中表格。

（2）在“表格工具”“表设计”选项卡“表格样式”组中单击“其他”按钮，在“样式”列表中选择“网格表 5 深色－着色 6”样式，取消选中“表格样式选项”组中的“第一列”复选框。

## 六、制作报名流程图

在“报名流程”段落下，利用 SmartArt 图形制作本次活动的报名流程（学工处报名、确认座席、领取资料、领取门票），操作步骤如下：

（1）将插入点定位在“领取门票”右侧，按 Enter 键插入一个空行。

（2）在“插入”选项卡“插图”组中单击“SmartArt”按钮 SmartArt。

（3）在“选择 SmartArt 图形”对话框中，选择“流程”中的“基本流程”选项，单击“确定”按钮，如图 1－1－36 所示。

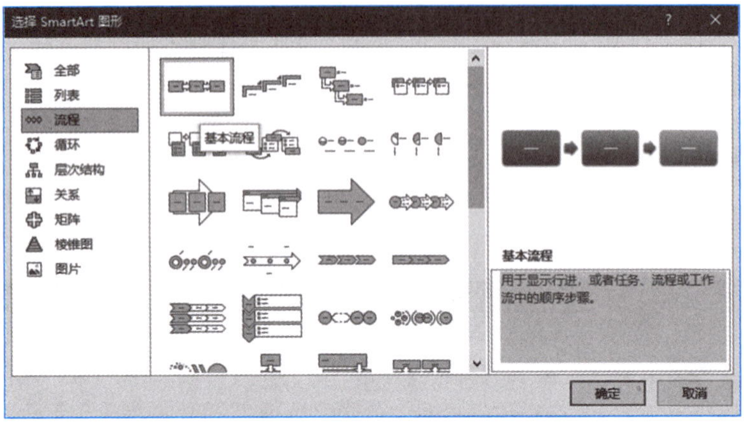


图 1－1－36　插入 SmartArt 图形

（4）选中“学工处报名”至“领取门票”段落，按 Ctrl+X 组合键剪切。

（5）单击 SmartArt 图形左侧的“文本窗格”按钮，打开文本窗格，单击文本窗格第一行，按 Ctrl+V 组合键粘贴。删除多余的行，如图 1－1－37 所示。

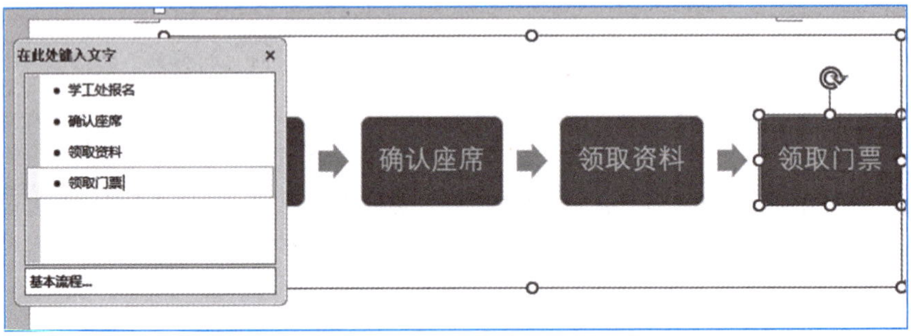


图 1－1－37　编辑 SmartArt 图形的文本

（6）在“SmartArt 工具”的“SmartArt 设计”选项卡“SmartArt 样式”组中，单击“更改颜色”下拉按钮，在“更改颜色”列表中选择“彩色”列表中的“彩色－个性色”选项，在 SmartArt 样式列表中选择“优雅”样式，如图 1－1－38 所示。

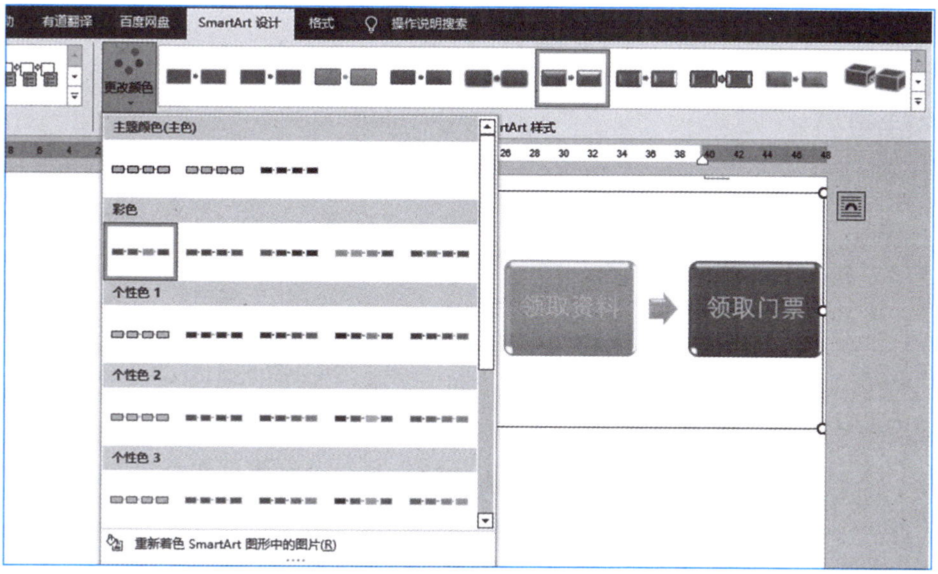


图 1-1-38　设置 SmartArt 颜色和样式

（7）将鼠标移到 SmartArt 流程图下边框中间的控制点处，当指针变成双向箭头“ ”时向上拖动，调整 SmartArt 流程图至合适的大小。

# 工作任务二 图片的插入和编辑

## 任务目标

（1）掌握插入、编辑图片的操作。

（2）掌握“插入”选项卡中按钮的使用方法，包括在文档中插入图片、形状、文本框、艺术字、SmartArt 图形等操作。

## 任务描述

婧雯是一名大学三年级学生，经多方面了解分析，她希望在暑期去一家公司实习。为了能获得实习机会，她打算利用 Word 2016 精心制作一份简洁而醒目的个人简历。

## 训练 1 图片、图形、艺术字等对象的插入

### 一、编辑和美化形状

在 Word 2016 中，可以在形状、文本框中插入文本和图片等，并作为一个整体排列在文档中的任意位置，不受段落行距和间距的影响。

**1. 插入形状、文本框和艺术字**

（1）插入形状。

在“插入”选项卡“插图”组中，单击“形状”下拉按钮 形状，在列表中选择矩形，如图 1－2－1 所示，然后在文档中拖动光标，释放后即可绘制出矩形。如果要在形状中插入文本，可以右击形状后在快捷菜单中选择“添加文字”命令，然后输入文本。

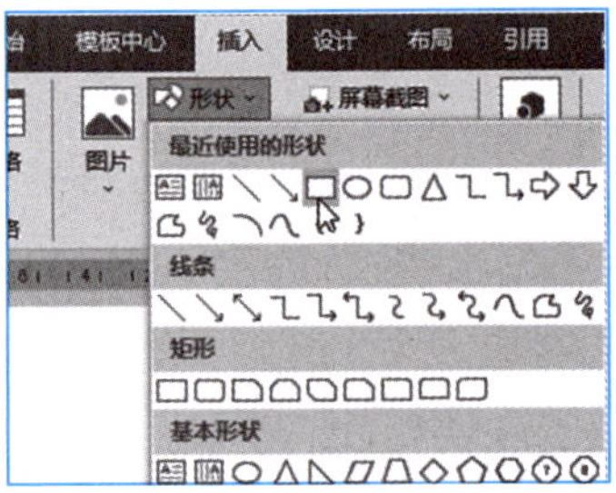


图 1－2－1 插入矩形

**提示：**

绘制图形时，按住 Shift 键拖动光标可绘制规则图形。例如，按住 Shift 键，绘制矩形时可画出正方形；绘制椭圆时，可画出正圆。如果要将多个图形集中排列，可以在“形状”列表底部选择“新建画布”选项，创建一张画布，然后在画布中绘制形状。

（2）插入文本框。

除了采用“形状”列表中的“文本框”按钮和“竖排文本框”按钮绘制文本框之外，还可以在“插入”选项卡“文本”组中单击“文本框”下拉按钮 文本框，在“内置”列表中选择合适的文本框样式，即可在文档中插入该样式的文本框，然后根据需要改变文本框中的内容。

（3）插入艺术字。

在“插入”选项卡“文本”组中单击“艺术字”下拉按钮 艺术字，在“艺术字”列表中

有 15 种预设的艺术字样式，选择合适的样式，即可插入艺术字占位符，然后根据需要输入艺术字文本内容。

### 2. 编辑形状

插入形状、文本框和艺术字后，可以通过光标、功能区命令和“设置形状格式”窗格对形状进行编辑和美化。

（1）通过光标编辑形状。

选择形状后，形状周围会出现 8 个白色控制点、1 个旋钮和 1 个或多个黄色控制点，拖动白色控制点可以改变形状大小，拖动旋钮可以旋转形状，拖动黄色控制点可以改变形状，如图 1－2－2 所示。把光标移到形状的边缘，当光标变成四向箭头时，拖动光标即可移动形状的位置。

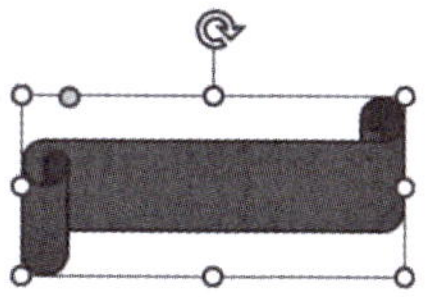

图 1－2－2　用光标操作形状

（2）通过功能区命令编辑形状。

选择形状后，功能区自动显示“绘图工具”的“形状格式”选项卡，如图 1－2－3 所示。

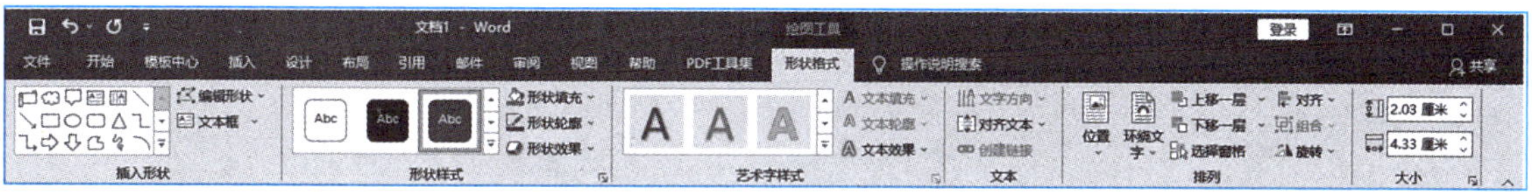


图 1－2－3　“形状格式”选项卡

选项卡中各分组的作用如下：

“插入形状”组：选择某个形状，可在编辑区拖动光标绘制该形状；单击“编辑形状”下拉按钮，从列表中选择“编辑顶点”选项后，拖动形状边框和顶点可以改变形状的外形。

“形状样式”组：提供很多系统内置的形状样式，从中选择相应样式可快速美化所选形状；也可利用“形状填充”按钮、“形状轮廓”按钮和“形状效果”按钮自定义所选形状的填充、轮廓和三维效果等。

“艺术字样式”组：如果所选形状中有文本，可利用该组中的选项设置形状内文本的艺术字效果，也可利用“文本填充”按钮、“文本轮廓”按钮、“文本效果”按钮设置所选形状内文本的格式。

“文本”组：设置所选形状内文字的对齐方式和方向等。

“排列”组：设置所选形状的位置、文字环绕方式、叠放次序、对齐方式、组合和旋转等。

“大小”组：设置所选形状的大小。

**技巧：**

当需要将多个形状作为一个整体，统一调整其位置、大小、线条和填充效果时，可以按住 Shift 键，依次选择图形，单击“排列”组中的“组合”下拉按钮，在列表中选择“组合”命令将它们组合为一个图形单元。

（3）通过“设置形状格式”窗格编辑形状。

对形状的编辑和美化操作大多可以通过“绘图工具”“形状格式”选项卡中的工具来

完成。但也有例外情况，如设置形状内文字的边距，此时可以通过“设置形状格式”窗格中的选项来完成。

单击“绘图工具”的“形状格式”选项卡“形状样式”组中的“对话框启动器”，打开“设置形状格式”窗格，如图 1-2-4 所示。其中包含“形状选项”和“文本选项”两个选项卡，每个选项卡包含“填充与线条”“效果”“布局”选项。

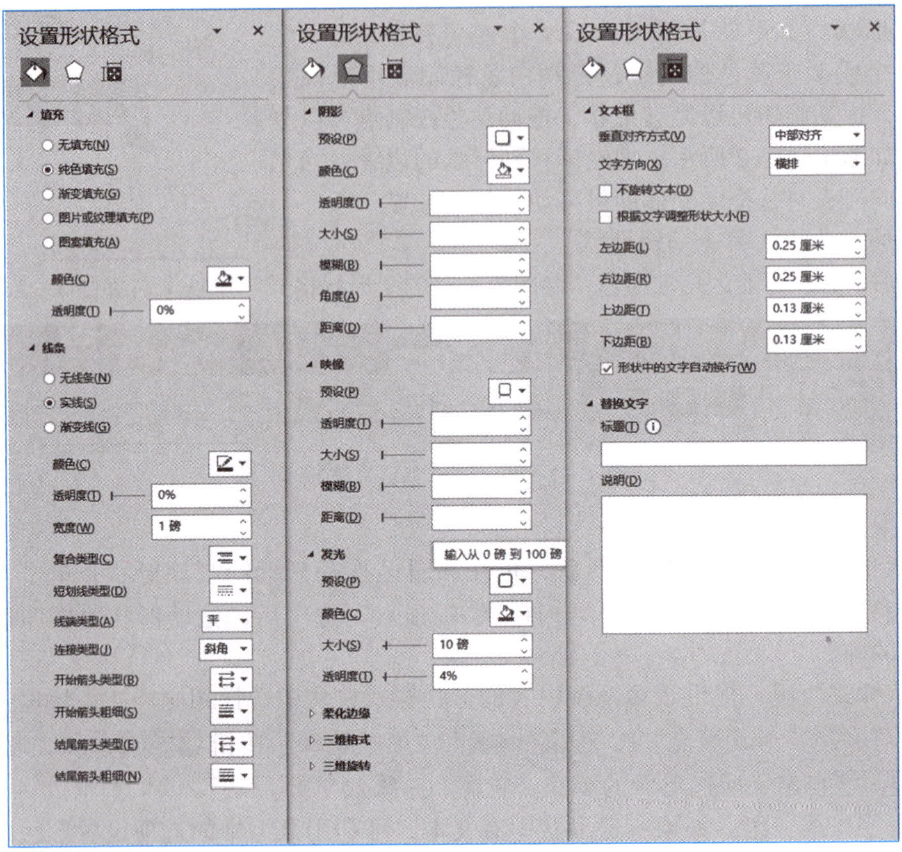

图 1-2-4 “设置形状格式”窗格

## 二、编辑和美化图片

在编排文档时，可根据需要插入符合主题的图片，从而使文档更加生动形象。图片和形状相似，不同之处是图片中不可以直接插入文本，如果要在图片中插入文本，需要借助文本框。

### 1. 插入图片

在“插入”选项卡“插图”组中，单击“图片”按钮 图片，打开“插入图片”对话框，如图 1-2-5 所示。选择需要插入的图片，单击“插入”按钮即可将选择的图片插入文档相应位置。

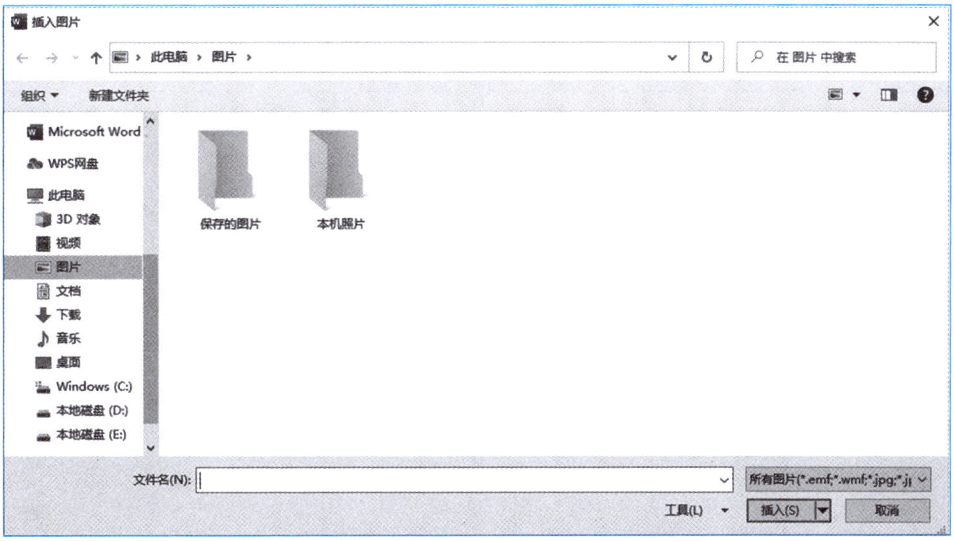


图 1-2-5 “插入图片”对话框

单击“屏幕截图”按钮，在“可用的视窗”列表中列出了除当前窗口外所有窗口的图片，如图 1-2-6 所示。单击任一图片可以将其插入文档。

图 1-2-6 插入屏幕截图

提示：

在“可用的视窗”列表中，单击“屏幕剪辑”按钮后快速激活要截图的窗口，待屏幕变淡后，光标会变成十字形，拖动光标选择屏幕区域即可将选择的区域插入文档。

### 2. 编辑图片

选中图片后，功能区自动显示“图片工具”中的“图片格式”选项卡，利用该选项卡可以对选中的图片进行各种编辑和美化操作。图片有很多与形状相同的格式，如排列、大小和边框等，操作方法也完全相同。此外，图片还多了图片调整、图片效果、图片版式和图片裁剪功能。

（1）设置文字环绕方式和位置。

环绕方式是指文档中的图片与周围文字的位置关系。Word 2016 中共有 7 种环绕方式，分别为嵌入型、四周型、紧密型、穿越型、上下型、衬于文字下方和浮于文字上方。设置图片文字环绕方式和位置的方法如下：

选中图片后，在“图片工具”的“图片格式”选项卡“排列”组中，单击“环绕文字”按钮，在列表中选择需要的文字环绕格式即可。

提示：

如果要设置更多的布局选项，可以在列表中选择“其他布局选项”命令，打开“布局”对话框，在其中的“文字环绕”和“位置”选项卡中进行设置，如图 1-2-7 所示。

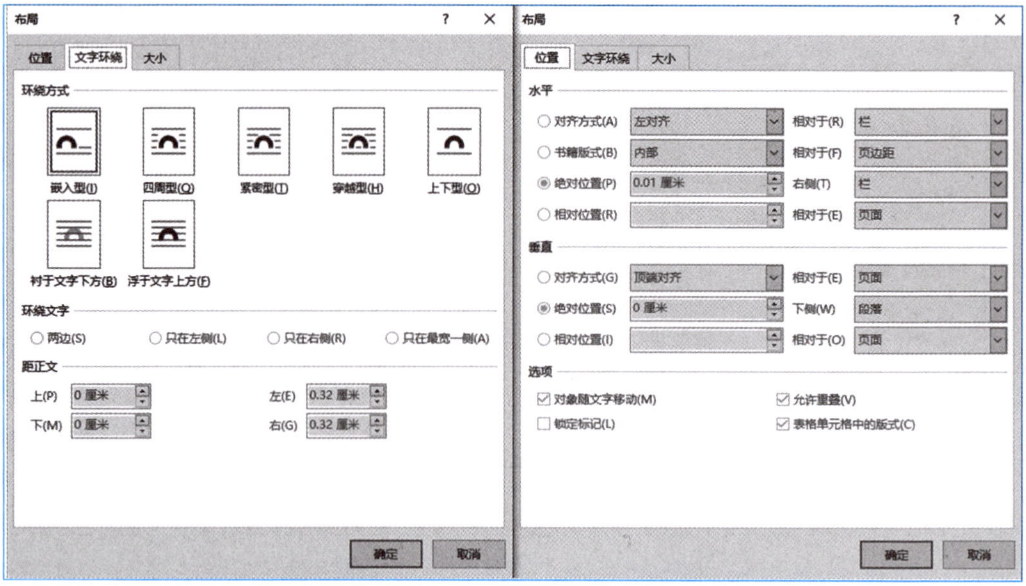


(a)"文字环绕"选项卡　　　　　　(b)"位置"选项卡

图 1-2-7　设置文字环绕方式和位置

（2）调整图片。

选中图片后，在"图片工具"的"图片格式"选项卡"调整"组中，单击对应的按钮，可以对图片进行删除背景、颜色调整、艺术效果和压缩等设置，如图 1-2-8 所示。如果对设置不满意可以单击"重置图片"按钮 重置图片 还原图片。

图 1-2-8　"调整"组

（3）裁剪图片。

选中图片后，在"图片工具"的"图片格式"选项卡"大小"组中单击"裁剪"按钮，图片四周会显示黑色加粗裁剪线，拖动裁剪线到合适的位置完成裁剪。单击"裁剪"下拉按钮，可以在列表中选择"按指定纵横比裁剪"或"裁剪为形状"。

**提示：**

裁剪图片后，被剪掉的部分依然保存在图片中，只是不显示。如果需要显示，可以再次单击"裁剪"按钮，调整裁剪线。如果要彻底删除剪掉的区域，可以单击"压缩图片"按钮，在"压缩图片"对话框中选中"删除图片的剪裁区域"复选框，单击"确定"按钮，如图 1-2-9 所示。

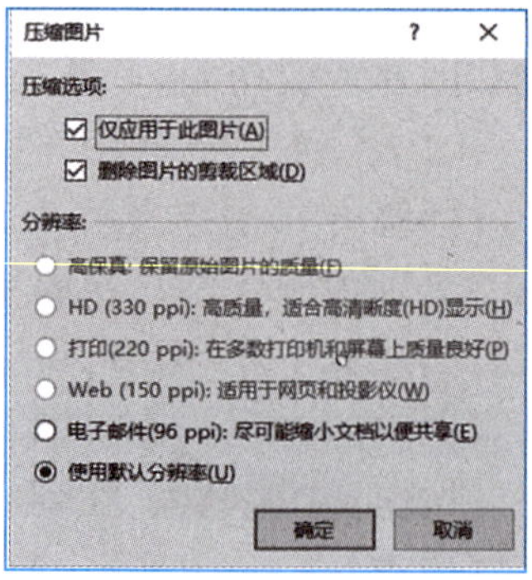


图 1-2-9　"压缩图片"对话框

## 三、编辑和美化 SmartArt 图形

SmartArt 图形是信息和观点的视觉表示形式，主要用于在文档中列示项目、演示流程、表达层次结构或关系，并通过图形结构和文字说明快速、轻松、有效地传达作者的观点和信息。

### 1. 插入 SmartArt 图形

Word 2016 提供了多种样式的 SmartArt 图形。在“插入”选项卡“插图”组中，单击“SmartArt”按钮，打开“选择 SmartArt 图形”对话框，选择需要的图形，单击“确定”按钮即可将其插入文档，如图 1－2－10 所示。

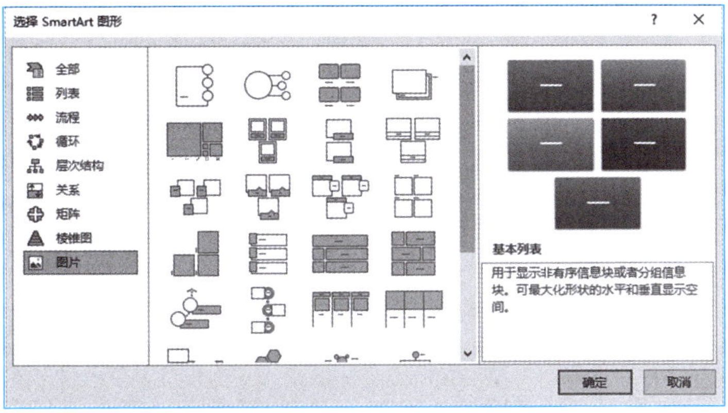


图 1－2－10 “选择 SmartArt 图形”对话框

### 2. 编辑 SmartArt 图形

选择 SmartArt 图形后，功能区中自动显示“SmartArt 工具”的“SmartArt 设计”选项卡和“格式”选项卡。“格式”选项卡的功能与形状的“绘图工具”“形状格式”选项卡类似。利用“SmartArt 工具”的“SmartArt 设计”选项卡中的按钮可以对 SmartArt 图形的版式、颜色、样式进行设置，还可添加形状，设置形状的层级关系，如图 1－2－11 所示。

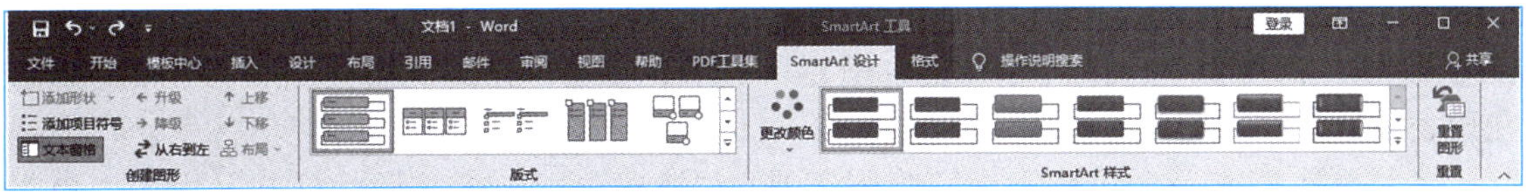


图 1－2－11 “SmartArt 工具”的“SmartArt 设计”选项卡

单击“SmartArt 工具”的“SmartArt 设计”选项卡“创建图形”组中的“文本窗格”按钮 文本窗格，可以打开文本窗格，如图 1－2－12 所示。在文本窗格中按 Enter 键可以增加一行文本，并在 SmartArt 图形的对应位置增加一个形状。同理，删除一行文本就删除一个形状。将光标定位在行首，按 Tab 键可以降低对应形状的层级，按 Backspace 键可以提高对应形状的层级。

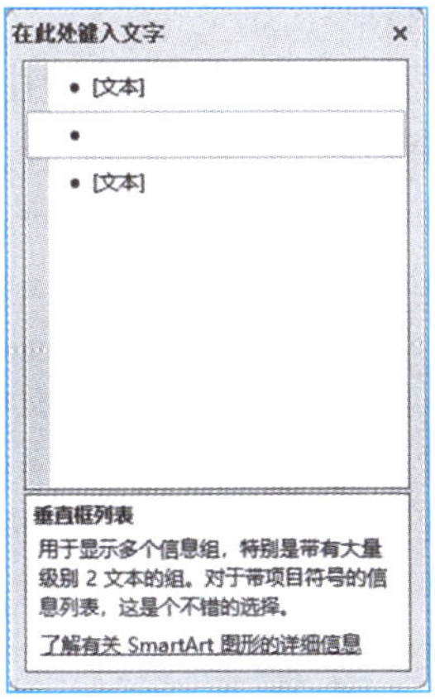


图 1－2－12 SmartArt 文本窗格

## 训练 2 制作求职简历

### 一、设置简历版式

根据页面布局需要，插入填充色为橙色和白色的两个矩形，其中橙色矩形作为简历的背景占满 A4 幅面，文字环绕方式设为浮于文字上方，操作步骤如下：

（1）新建一个空白文档，在“插入”选项卡“插图”组中单击“形状”下拉按钮，在列表中选择“矩形”形状，如图 1-2-13 所示，在文档中拖动鼠标绘制一个矩形。

（2）选中矩形，单击矩形右上角的“布局选项”按钮，在“文字环绕”组中选择“浮于文字上方”样式，如图 1-2-14 所示。

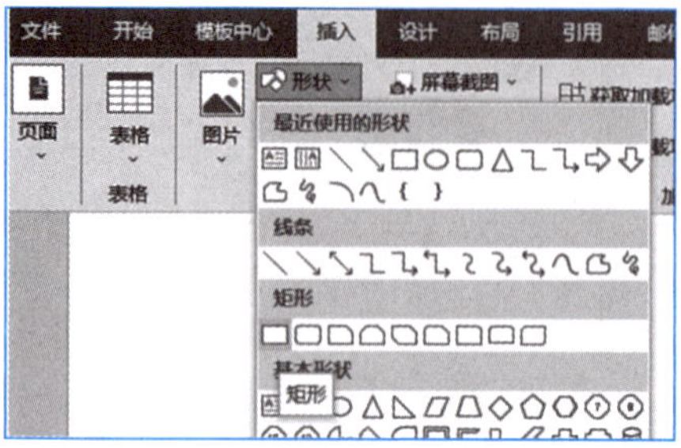

图 1-2-13　插入矩形

图 1-2-14　设置形状布局

（3）选中矩形，在“绘图工具”的“形状格式”选项卡“大小”组的“高度”和“宽度”框中分别输入“29.7 厘米”和“21 厘米”，如图 1-2-15 所示，使矩形尺寸与 A4 纸的尺寸相同。单击“排列”组中的“对齐”下拉按钮，在列表中选择“水平居中”和“垂直居中”命令，使矩形覆盖页面。

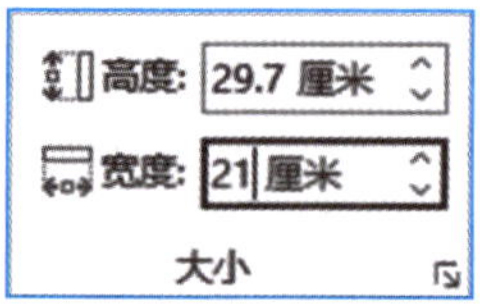

图 1-2-15　设置形状大小

（4）在“形状样式”组中单击“形状填充”下拉按钮，在列表中选择“标准色 – 橙色”选项；单击“形状轮廓”下拉按钮，在列表中选择“无轮廓”选项，如图 1-2-16 所示。

（5）再次插入一个矩形，在“绘图工具”“格式”选项卡“形状样式”组中，单击“形状填充”下拉按钮，在“颜色”列表中选择“标准色 – 白色”选项。单击“形状轮廓”下拉按钮，在列表中选择“无轮廓”命令。拖动矩形到合适的位置。

技巧：

在拖动形状的过程中，当移到页面的水平或垂直居中位置时，页面会显示位置参考线，如图 1-2-17 所示，此时松开鼠标将会使图形水平或垂直居中。

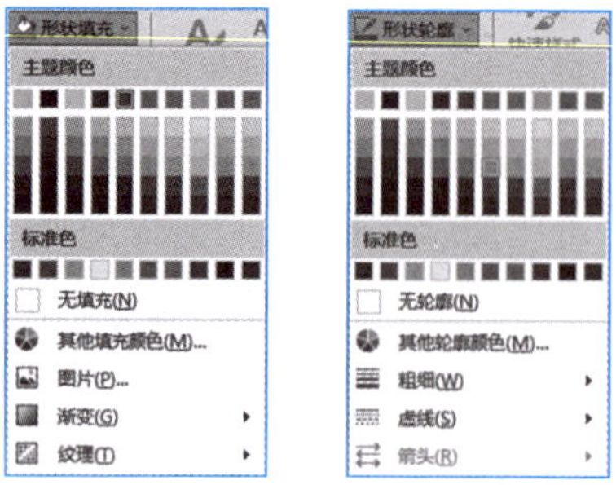

图 1-2-16　设置形状填充和形状轮廓

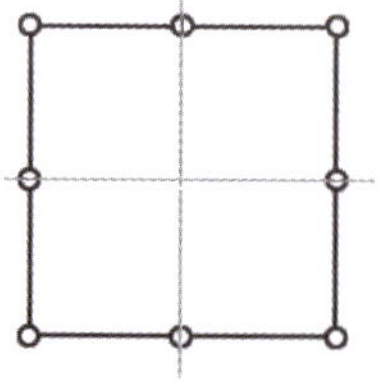
图 1-2-17　移动形状时显示位置参考线

## 二、编辑简历基本信息

### 1. 插入和编辑艺术字

将“婧雯”和“希望从事能够发挥自己潜能和专长的工作，实现人生价值！”设置为“橙色”“艺术字”，其中“希望从事能够发挥自己潜能和专长的工作，实现人生价值！”的文本效果为跟随“路径－拱形”，操作步骤如下：

（1）在“插入”选项卡“文本”组中单击“艺术字”下拉按钮，在列表中选择“填充－橙色－主题色2”样式，如图1－2－18所示。在艺术字文本框中输入“婧雯”，拖动艺术字到合适位置。

（2）选中艺术字，在“开始”选项卡“字体”组中选择字体格式为“楷体”。切换到“绘图工具”的“形状格式”选项卡，在“艺术字样式”组中单击“文本填充”下拉按钮，在列表中选择“橙色，个性色2，淡色25%”选项，如图1－2－19所示。

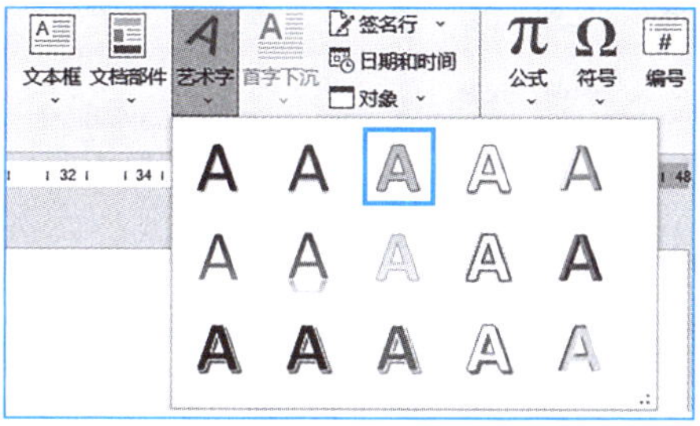


图1－2－18　插入艺术字

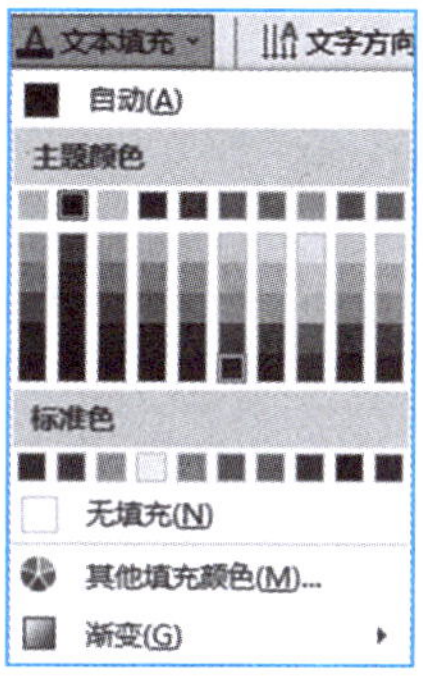


图1－2－19　设置艺术字文本填充色

（3）插入艺术字“希望从事能够发挥自己潜能和专长的工作，实现人生价值！”并设置文本填充颜色。在“绘图工具”的“形状格式”选项卡“艺术字样式”组中单击“文本效果”下拉按钮，从列表中选择“转换”选项“跟随路径”中的“拱形”图标，如图1－2－20所示。根据需要调整艺术字的位置和大小。

### 2. 插入和编辑个人信息

为了方便调整文字在文档中的位置，可将基本信息置于文本框中，操作步骤如下：

（1）在“插入”选项卡“文本”组中单击“文本框”下拉按钮，在列表中选择“绘制横排文本框”选项，绘制两个文本框，并在文本框中输入文字。

（2）选中文本框，在“开始”选项卡中，设置字体格式为“华文楷体”“加粗”“14磅”。单击“段落”组中的“对话框启动器”，在打开的“段落”对话框中设置段落左右缩进为“0”，特殊缩进为“无”，如图1－2－21所示。

（3）在“绘图工具”的“形状格式”选项卡“形状样式”组中单击“形状填充”下拉按钮，在列表中选择“白色，背景1”选项；单击“形状轮廓”下拉按钮，在列表中选择“无轮廓”选项，如图1－2－22所示。

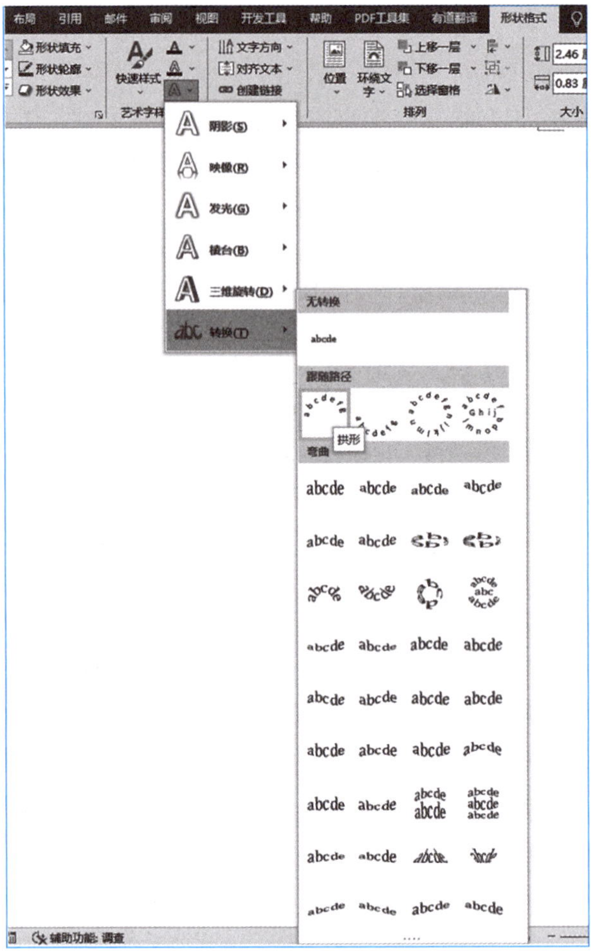


图 1－2－20　设置艺术字文本效果

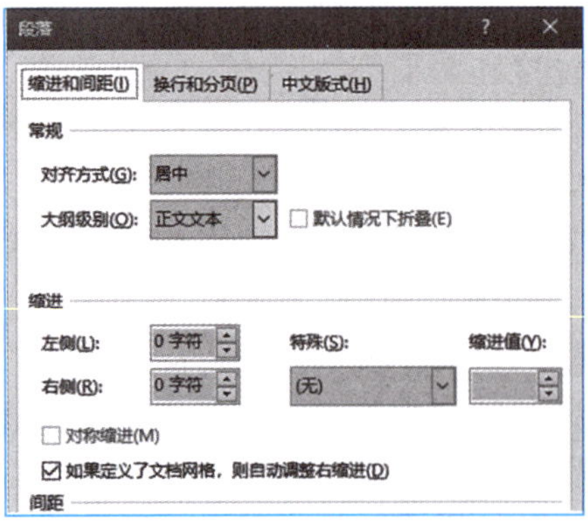


图 1－2－21　设置文本框段落格式

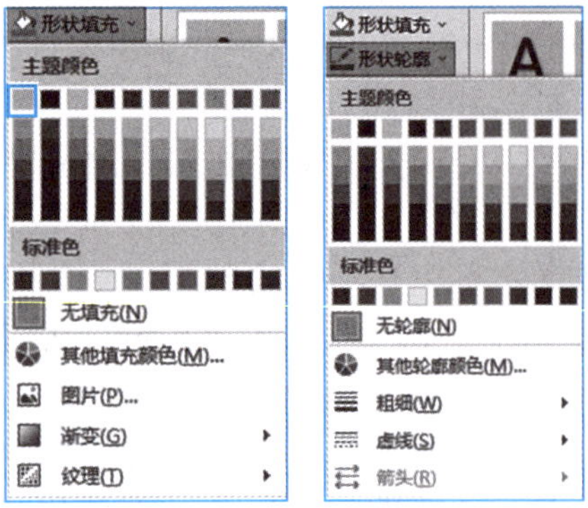


图 1－2－22　设置文本框的填充和轮廓

（4）调整文本框的大小和位置。

### 3. 插入和编辑照片

插入素材文件中的图片“插图.jpg”，并进行裁剪和编辑，操作步骤如下：

（1）在“插入”选项卡“插图”组中单击“图片”按钮，在打开的“插入图片”对话框中，选择“插图.jpg”，单击“插入”按钮，如图 1－2－23 所示。

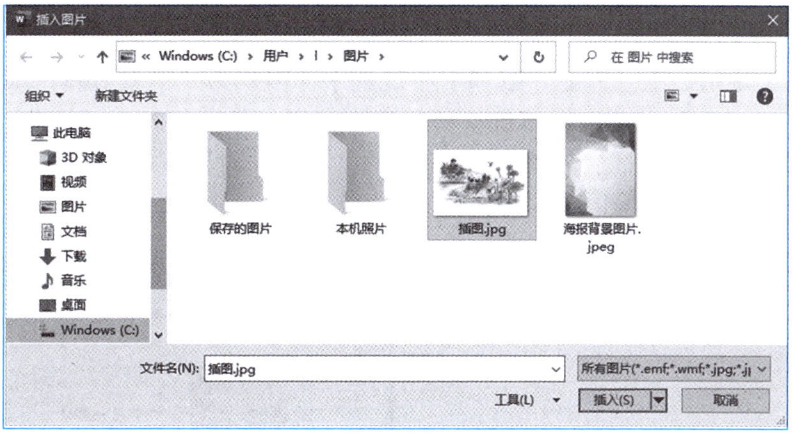


图 1－2－23　插入图片

（2）在“图片工具”的“图片格式”选项卡“排列”组中单击“环绕文字”下拉按钮，在列表中选择“四周型”选项。

（3）在“大小”组中单击“裁剪”按钮，图片四周显示黑色加粗裁剪线，拖动黑色裁剪线到所需的位置，完成图片的裁减。

（4）在“图片样式”组中选择“简单框架，白色”样式，如图 1－2－24 所示。

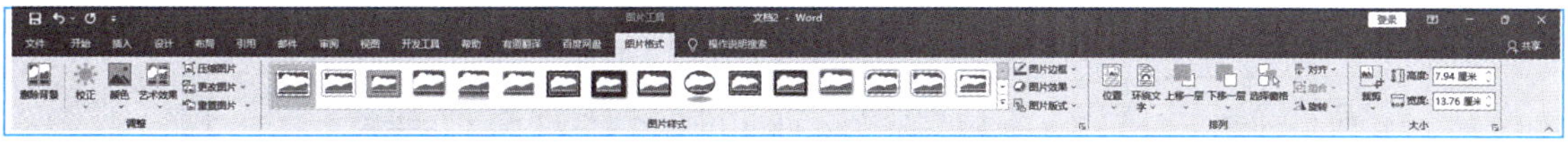

图 1－2－24　设置图片样式

## 三、编辑实习经验

### 1. 制作实习经验标题和边框

插入一个填充色为橙色的圆角矩形，并添加文字“实习经验”，插入一个轮廓为短划线虚线的圆角矩形框，操作步骤如下：

（1）绘制一个圆角矩形，设置形状填充颜色为“橙色（标准色）”，形状轮廓为“无轮廓”。

（2）右击圆角矩形，在快捷菜单中选择“添加文字”命令，然后在圆角矩形中输入“实习经验”。设置字体格式为“18 磅”“黑体”“加粗”，段落对齐方式为“居中”，左右缩进为“0”，特殊缩进为“无”。

（3）插入一个圆角矩形，设置形状填充为无填充，形状轮廓粗细为“1.5 磅”，线型为“虚线－短划线”，轮廓颜色为“金色，个性色 4，淡色 40%”。

（4）右击虚线圆角矩形，在快捷菜单中选择“置于底层”中的“下移一层”命令，使其不遮挡“实习经验”形状。根据需要调整形状的大小和位置。

**2. 制作实习内容文本**

（1）在“插入”选项卡“文本”组中单击“文本框”下拉按钮，在列表中选择“绘制横排文本框”命令，在虚线矩形框中合适的位置插入一个文本框，并输入文字“分析销售数据，辅助生产经营活动”。

（2）选中文本框，在“开始”选项卡中设置字体格式为“华文新魏”“14 磅”。

（3）在“段落”组中单击“项目符号”下拉按钮，从项目符号库中选择“☑”；单击“段落”组中的“对话框启动器”，在打开的“段落”对话框中设置段落的左右缩进为“0”，行距为“25 磅”，如图 1－2－25 所示。

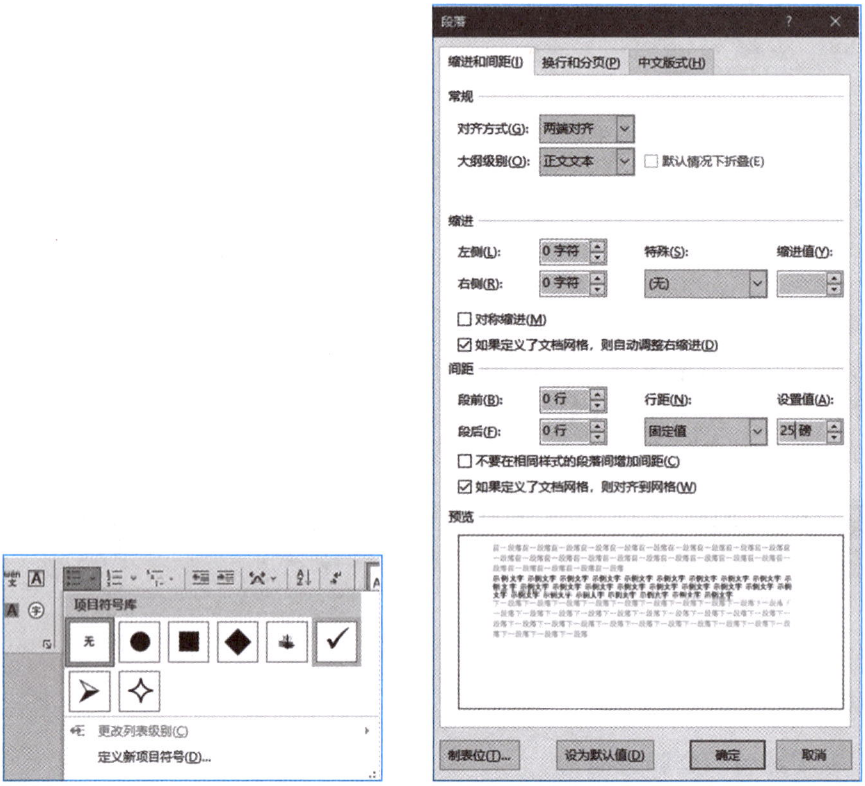


图 1－2－25　设置项目符号和段落格式

（4）选中文本框，在“绘图工具”的“形状格式”选项卡“形状样式”组中，单击“形状轮廓”下拉按钮，在列表中选择“无轮廓”选项。单击“形状填充”下拉按钮，在列表中选择“白色，背景 1”样式。

（5）选中文本框，按 Ctrl+D 组合键两次，复制出两个相同的文本框。

（6）拖动其中一个文本框至页面右侧，按住 Shift 键，同时选中 3 个文本框。在“绘图工具”的“形状格式”选项卡“排列”组中，单击“对齐”下拉按钮，在列表中选择“垂直居中”和“横向分布”命令。

### 3. 制作实习时间轴

（1）在“插入”选项卡“插图”组中单击“形状”下拉按钮，在列表中选择“线条”组中的“箭头”选项，按住 Shift 键，在合适的位置绘制水平长箭头。设置“形状轮廓”颜色为“橙色”，粗细为“6 磅”。

（2）绘制一个“上箭头”，设置“形状填充”为“橙色”，“形状轮廓”为“无轮廓”。

（3）选中上箭头，按 Ctrl+D 组合键两次，复制出两个相同的上箭头。

（4）设置 3 个上箭头的对齐方式为“垂直居中”和“横向分布”。

（5）插入 3 个实习时间段文本框，设置文本框的字体格式为“宋体”“10 磅”“加粗”，段落对齐方式为“居中”，段落左右缩进为“0”，特殊缩进为“无”。根据需要调整文本框大小和位置。

（6）插入实习单位 Logo 图片文件“2.jpg”“3.jpg”“4.jpg”，设置图片文字环绕方式为“四周型”，根据需要调整图片大小和位置。

## 四、编辑个人风采

利用 SmartArt 图形制作个人风采，操作步骤如下：

（1）在“插入”选项卡“插图”组中单击“SmartArt”按钮，在“选择 SmartArt 图形”对话框中，选择“流程”选项卡中的“步骤上移流程”选项，单击“确定”按钮，如图 1－2－26 所示。

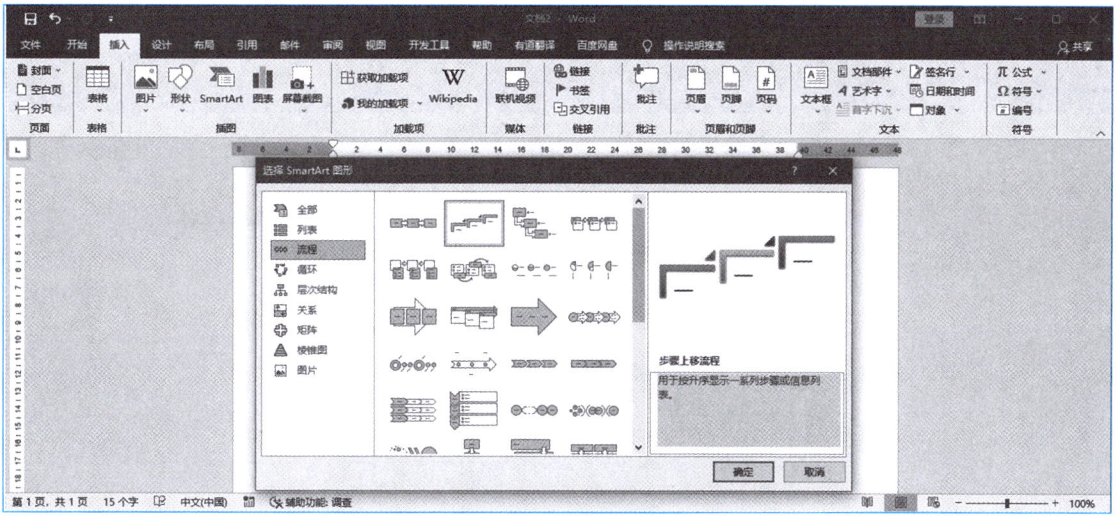


图 1－2－26　插入 SmartArt 图形

（2）在“SmartArt 工具”的“格式”选项卡“排列”组中单击“环绕文字”下拉按钮，在列表中选择“四周型”选项。

（3）在“SmartArt 工具”的“SmartArt 设计”选项卡“创建图形”组中单击“添加形状”下拉按钮 添加形状，为 SmartArt 图形添加一个形状。

（4）在“SmartArt 样式”组中单击“更改颜色”下拉按钮，在列表的“个性色 2”组中选择“渐变范围－个性色 2”颜色，如图 1－2－27 所示。

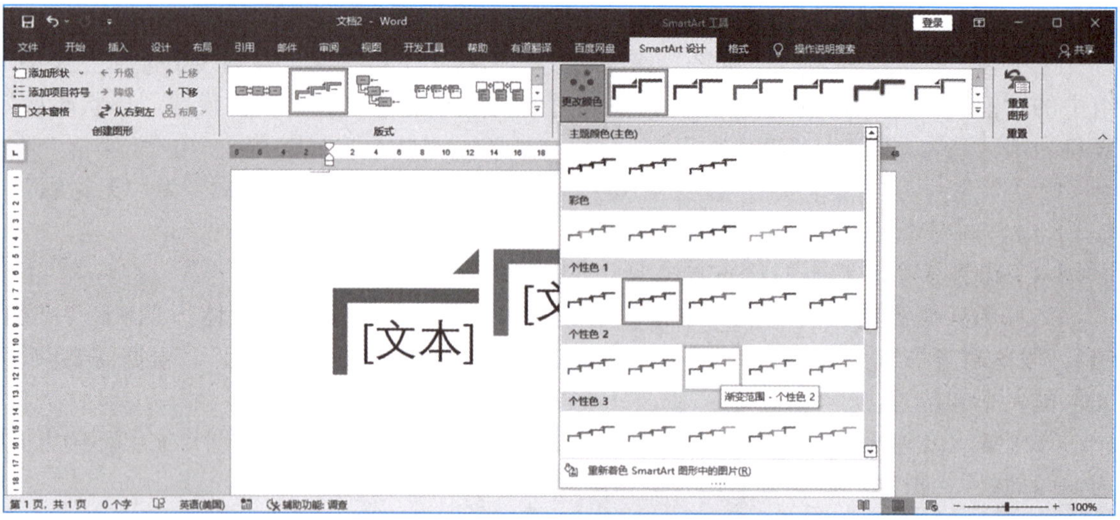

图 1－2－27　更改 SmartArt 图形颜色

（5）在 SmartArt 图形各文本框中输入文字，设置字体为“微软雅黑”，字号为“12 磅”。

（6）将光标定位在其中一个文本框的第一个字前，在“插入”选项卡“符号”组中单击“符号”下拉按钮 Ω 符号，在列表中选择“其他符号”命令，打开“符号”对话框，在“子集”列表中选择“其他符号”选项，在符号栏中选择“★”，单击“插入”按钮，如图 1－2－28 所示。

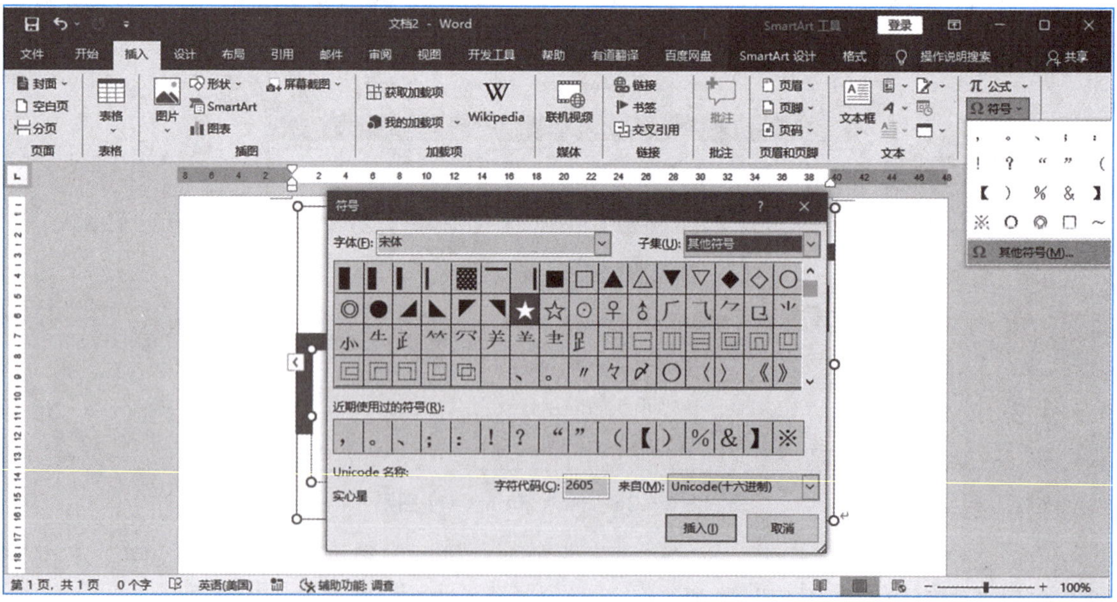

图 1－2－28　插入符号

（7）选中插入的“★”，在“开始”选项卡“字体”组中设置字体颜色为“标准色－红色”。然后将“★”复制到其余文本框的第一个字符位置。

（8）根据需要调整图形的大小和位置。

# 工作任务三 表格的插入和编辑

## 任务目标

（1）掌握创建表格及编辑表格的方法。
（2）掌握美化表格（单元格合并 / 拆分）的方法。
（3）掌握在表格中进行简单运算的方法。

## 任务描述

期中考试结束，班主任找小洋帮忙制作家长会通知单，要求根据提供的资料及示例，完成通知单的制作。通知单中除了要制作通知正文，还需要制作每个同学的成绩单和参会回执表。

## 训练 1 表格的插入

### 一、创建和编辑表格

表格是由水平的行和垂直的列组成的，行与列交叉形成的方框称为单元格，可以在单元格中输入文字、插入图形等。表格在文档处理中有十分重要的地位。在日常办公中常常需要制作各式各样的表格，如日程表、课程表和申请表等。

#### 1. 创建表格

在 Word 2016 中，可以插入表格，也可以将用特定分隔符分隔的文本转换为表格。

（1）插入表格。

单击“插入”选项卡“表格”组中的“表格”下拉按钮，在列表中选择“插入表格”选项，打开“插入表格”对话框，分别在“列数”和“行数”编辑框中输入列数和行数，单击“确定”按钮即可按照设置的行数和列数创建表格，如图 1－3－1 所示。

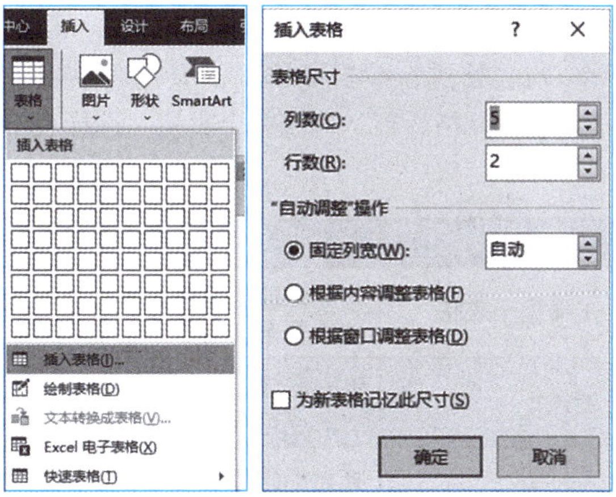


图 1－3－1 插入表格

**提示：**

选中“固定列宽”单选按钮后，可在其后的编辑框中指定表格的列宽。选中“根据内容调整表格”单选按钮，表格各列的列宽将会根据输入的内容自动调整。选中“根据窗口调整表格”单选按钮，表格的宽度与文档正文的宽度一致。

**技巧：**

在“表格”列表所显示的网格中滑动光标确定表格的列数和行数，然后单击鼠标左键即可插入指定列数和行数的表格，如图 1－3－2 所示。将光标移到“表格”列表中的“快速表格”选项，在“内置”表格列表中选择需要的模板可以快速插入表格模板。

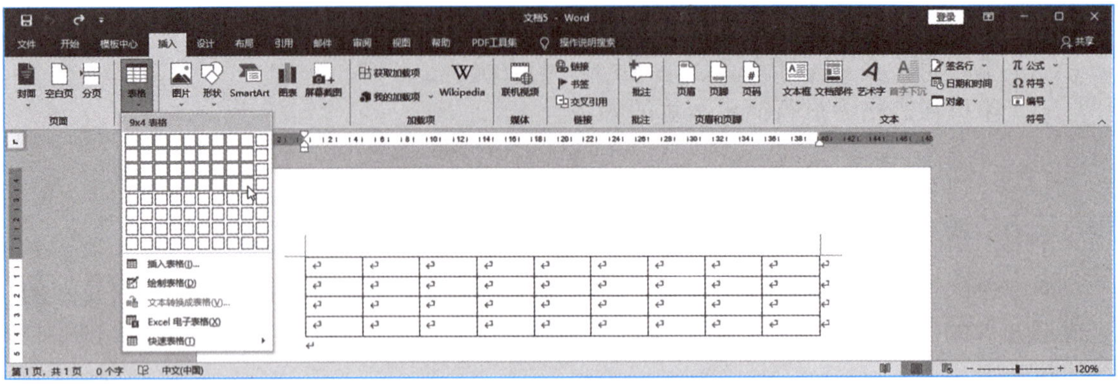


图 1－3－2　插入表格

（2）文本转换为表格。

选定用特定分隔符（如制表符、空格、逗号等）分隔的文本，在“插入”选项卡“表格”组中单击“表格”下拉按钮，在“表格”列表中选择“文本转换成表格”选项，在“将文字转换成表格”对话框中选择“文字分隔位置”，单击“确定”按钮即可将选定文本转换成表格，如图 1－3－3 所示。

表格练习 1

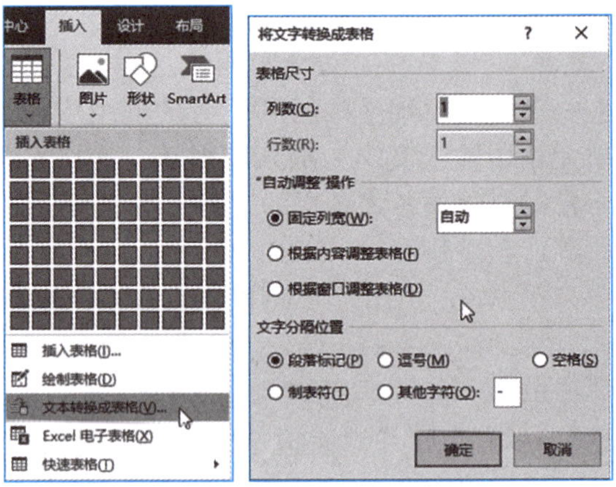


图 1－3－3　将文本转换成表格

**2. 选定表格和单元格**

对表格进行编辑操作前，应先选中要编辑的单元格、行、列或整个表格。选择表格、行、列与单元格的方法见表 1－3－1。

表 1－3－1　选择表格、行、列与单元格的方法

| 选择对象 | 操作方法 |
| --- | --- |
| 选择整个表格 | 将光标移至表格区域，此时表格左上角将显示“⊞”控制柄，单击该控制柄即可选中整个表格。 |
| 选择行 | 将光标移至待选行的左侧，待光标变成“↗”形状后，单击选择当前行。上下拖动鼠标可选择连续的多行。 |
| 选择列 | 将光标移至待选列的顶端，待光标变成“⬇”形状后，单击选择当前列。左右拖动光标可选择连续的多列。 |
| 选择单个单元格 | 光标移至待选单元格左边框，待光标变成“⬈”形状时，单击选中该单元格。 |

续表

| 选择对象 | 操作方法 |
|---|---|
| 选择连续的单元格区域 | 将光标移至待选区域的第 1 个单元格中，拖动光标至对角单元格；或选择第 1 个单元格后，按住 Shift 键再选择对角单元格。 |
| 选择不连续的单元格或区域 | 选择第 1 个单元格或单元格区域后，按住 Ctrl 键，然后依次选择其他单元格或单元格区域。 |

### 3. 调整表格结构

插入表格后可以调整表格结构。例如，插入行、列、单元格，删除行、列、单元格或表格，合并或拆分单元格以及拆分表格等。

创建表格后，将插入符放置在表格的任意一个单元格中，功能区中会自动显示“表格工具”。利用“表格工具”的“布局”选项卡中的按钮，可以对表格、行、列或单元格进行插入、删除、拆分、合并、设置单元格大小和对齐方式等操作，如图 1-3-4 所示。除了表格工具中的命令按钮外，还可以通过右键菜单中的命令和表格中的标志完成表格编辑。

表格练习 2

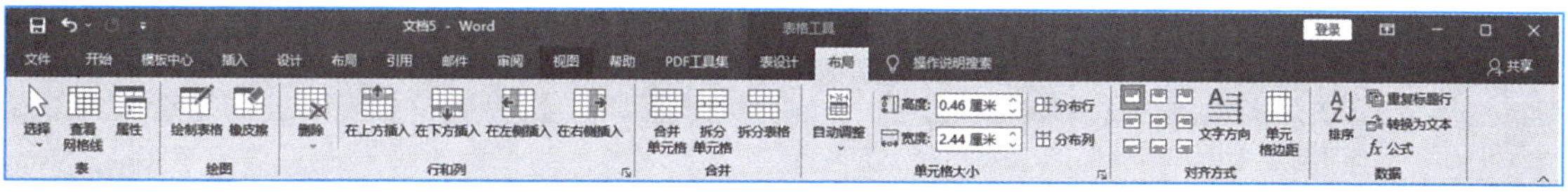

图 1-3-4　“表格工具”的“布局”选项卡

（1）插入行和列。

将光标移到表格左边框要插入行的分隔线上，会显示插入按钮，单击该按钮即可在当前位置插入行。将光标移到表格行尾的段落标记前，按 Enter 键在当前行下方插入一行。将光标移到表格上边框要插入列的分隔线上，会显示插入按钮，单击该按钮即可在当前位置插入列。

**技巧：**

选中多行或多列再执行插入操作，可以快速插入与选中行或列相同数量的行或列。

（2）插入单元格。

右击要插入单元格的位置，在快捷菜单中选择“插入”选项“插入单元格”命令，打开“插入单元格”对话框，选择活动单元格的移动方向，单击“确定”按钮，如图 1-3-5 所示。

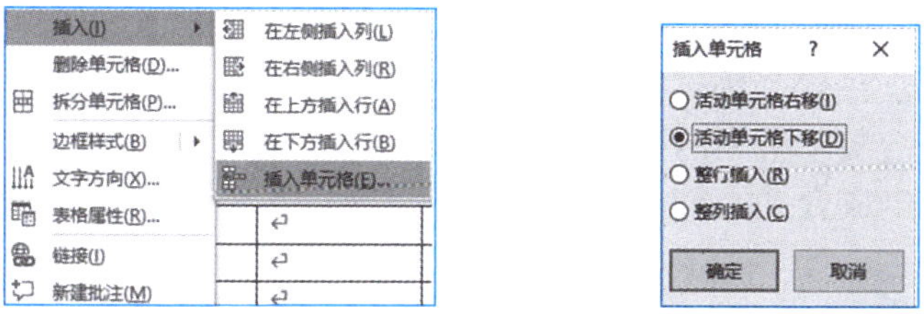

（a）“插入”列表　　（b）“插入单元格”对话框

图 1-3-5　插入单元格

（3）删除行、列、单元格或表格。

选择要删除的行、列或单元格，在“表格工具”的“布局”选项卡“行和列”组中，单击“删除”按钮，在列表中选择对应的命令，即可删除选中的行列或单元格。

（4）拆分单元格。

右击要拆分的单元格，在快捷菜单中选择“拆分单元格”命令，打开“拆分单元格”对话框，设置拆分后的行数和列数，单击“确定”按钮，如图 1－3－6 所示。

（a）选择“拆分单元格”命令　　（b）“拆分单元格”对话框

图 1－3－6　拆分单元格

#### 4. 设置表格边框和底纹

设置表格边框和底纹的方法主要有以下两种。

方法 1：选择表格对象后，利用“表格工具”的“表设计”选项卡中的按钮，设置表格的边框和底纹，应用表格样式，如图 1－1－7 所示。

表格练习 3

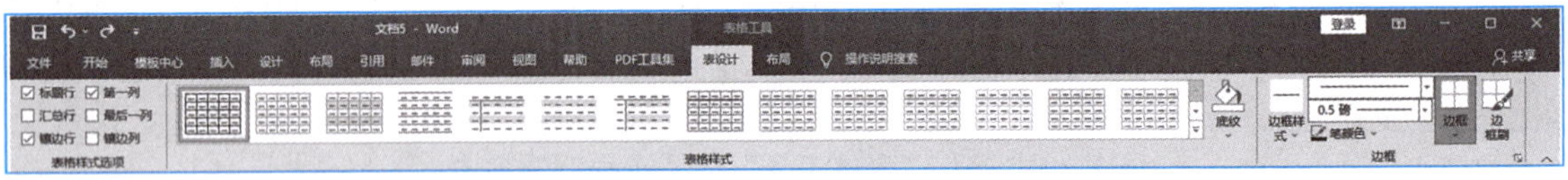

图 1－3－7　“表格工具”的“表设计”选项卡

方法 2：单击“开始”选项卡“段落”组中的“边框”下拉按钮，在列表中选择相应的命令设置表格的边框和底纹。

### 二、邮件合并

邮件合并可以在编辑好的模板文档（主文档）中插入一组不同的数据，合并成格式相同的多份文档。插入的数据可以来自 Word 表格、Excel 表格、Access 数据表等数据源，从而大幅提高工作效率。邮件合并功能经常用于制作风格统一的学生证、借书证、成绩单、信函、标签和邀请函等。进行邮件合并的一般步骤如下：

（1）创建主文档，即制作文档中不变的部分。

（2）创建数据源表格，即制作文档中变化的部分。

（3）通过“邮件”选项卡中的“选择收件人”按钮，建立主文档与数据源的关联。

（4）通过“插入合并域”按钮将数据源中的列插入主文档中指定的位置。

（5）通过“预览结果”组中的按钮预览合并后的页面效果。

（6）完成合并，生成合并文档或直接合并到打印机进行打印。

## 训练 2　制作家长会通知单

### 一、设置字体和段落格式

#### 1. 设置文档页面

打开“家长会通知素材 .docx”文档，另存为“家长会通知单模板 .docx”，设置文档页面纸张为“A4”，上、下页边距为 2.5 厘米，左、右页边距为 3 厘米。

### 2. 设置字体格式

将标题“家长会通知”的字体格式设置为“二号”“楷体”“加粗”“字符间距加宽 2 磅”，段落对齐方式为“居中”，操作步骤如下：

（1）选中标题“家长会通知”，单击“开始”选项卡“字体”组中的“对话框启动器”。

（2）在“字体”对话框的“字体”选项卡“中文字体”组合框中选择“楷体”选项，在“字形”列表中选择“加粗”，在“字号”列表中选择“二号”；单击“高级”选项卡，在“间距”组合框中选择“加宽”选项，在“磅值”数值框中输入“2 磅”，单击“确定”按钮，如图 1－3－8 所示。

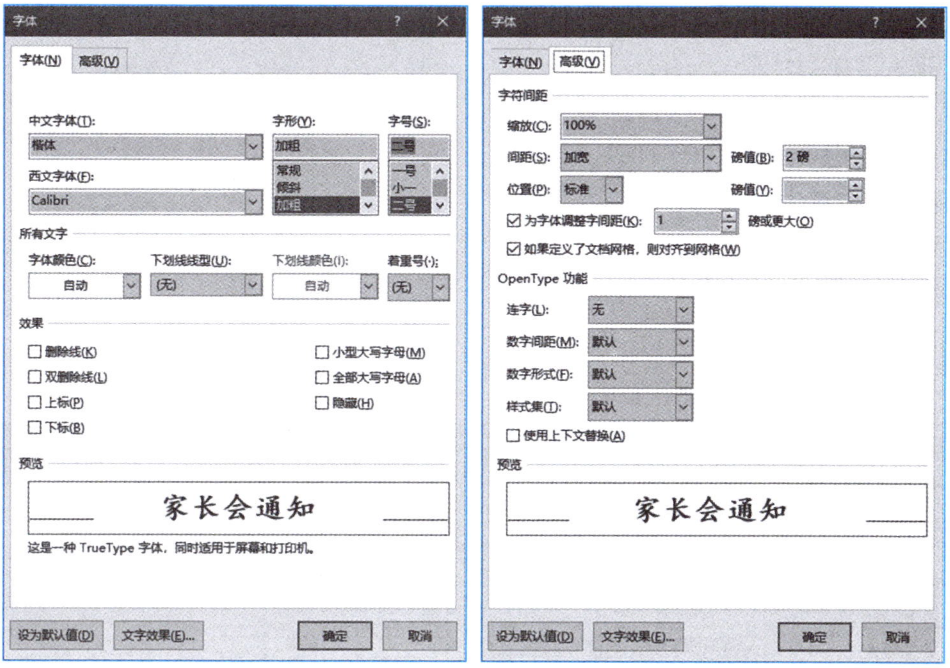

图 1－3－8　设置字体格式

### 3. 设置段落格式

将“家长会通知”的段落格式设置为“居中对齐”“段前间距 0 行”“段后间距 0.5 行”；将“时光荏苒……万事如意！”的段落格式设置为“首行缩进 2 字符”；将“向阳路中学”和日期两段文字的段落格式设置为“居中对齐”“首行缩进 24 字符”；将“期中考试成绩报告单”的段落格式设置为“居中对齐”，操作步骤如下：

（1）选中段落“家长会通知”，单击“开始”选项卡“段落”组中的“对话框启动器”，在“段落”对话框中，设置“对齐方式”为“居中”、“段前间距”为“0 行”、“段后间距”为“0.5 行”，设置完成后单击“确定”按钮。

（2）选中段落“时光荏苒……万事如意！”，在“段落”对话框中，设置“特殊缩进”为“首行”，“缩进值”为“2 字符”，设置完成后单击“确定”按钮。

（3）选中段落“向阳路中学”和日期，在“开始”选项卡“段落”组中，单击“居中”按钮，按住 Alt 键，从水平标尺上拖动“首行缩进”滑块至 24 字符的位置。

（4）选中段落“期中考试成绩报告单”，单击“开始”选项卡“段落”组中的“居中”按钮。

## 二、编辑成绩报告单

编辑成绩报告单时，可以先插入一个 4 行 7 列的表格，再调整表格结构，输入表格内容并设置格式，为表格添加边框和底纹。

### 1. 插入成绩报告单

插入一个 4 行 7 列的表格，操作步骤如下：

（1）将插入点定位在“期中考试成绩报告单”下面的空行处。

（2）单击“插入”选项卡“表格”组中的“表格”下拉按钮，在列表中选择“插入表格”选项，在打开的“插入表格”对话框中输入表格列数为 7，行数为 4，单击“确定”按钮，如图 1－3－9 所示。

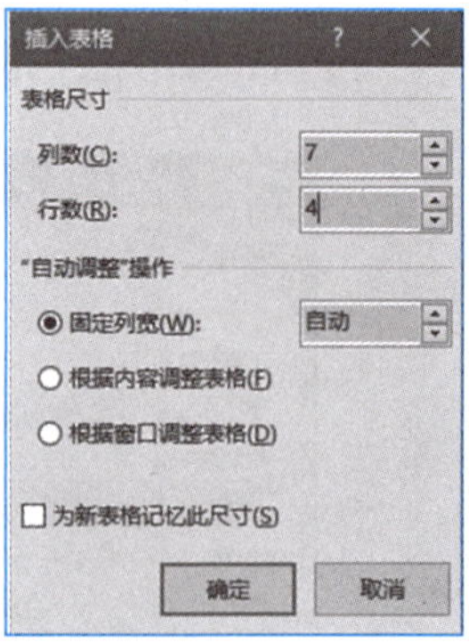


图 1－3－9　插入表格

### 2. 编辑期中考试成绩报告单

调整表格第 1 行为 4 列并设置各列的列宽相等，设置表格各行行高为 0.8 厘米，操作步骤如下：

（1）选中表格第 1 行中的第 1 列～第 4 列单元格，在“表格工具”的“布局”选项卡“合并”组中，单击“合并单元格”按钮，如图 1－3－10 所示。

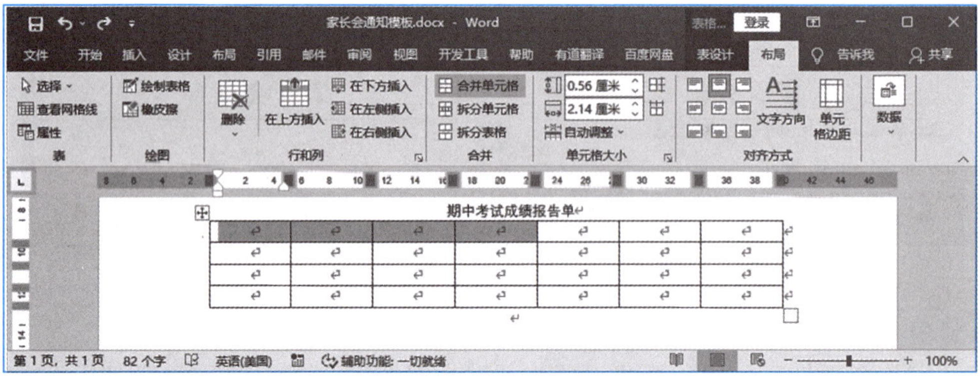


图 1－3－10　合并单元格

**提示：**

单击“表格工具”的“布局”选项卡“绘图”组中的“橡皮擦”按钮，然后在要删除的分隔线上单击鼠标即可擦除线条；按 Esc 键或再次单击“橡皮擦”按钮可取消该按钮的选择。此外，单击“绘制表格”按钮，可通过在表格中拖动鼠标来绘制行线、列线或斜线。

（2）选中表格第 1 行，在“表格工具”的“布局”选项卡“单元格大小”组中，单击“分布列”按钮，使各列的列宽相等，如图 1－3－11 所示。

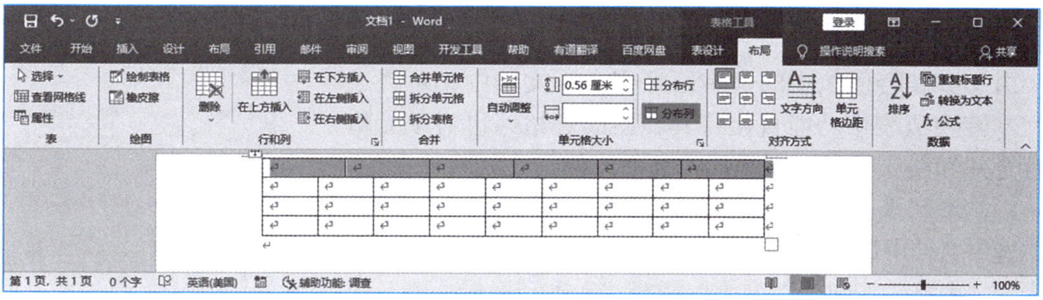


图 1－3－11　平均分布各列

（3）在表格中输入文字。

提示：

输入文字时可以用鼠标单击定位插入点位置，按 Tab 键可以跳到右侧单元格。也可以用键盘上的 4 个方向键←、→、↑、↓来移动插入点位置。

（4）拖动表格第 1 列第 2 行～第 4 行单元格的右侧框线或水平标尺中的滑块调整单元格宽度，使文字“班级平均分”能容纳在一行中，如图 1－3－12 所示。

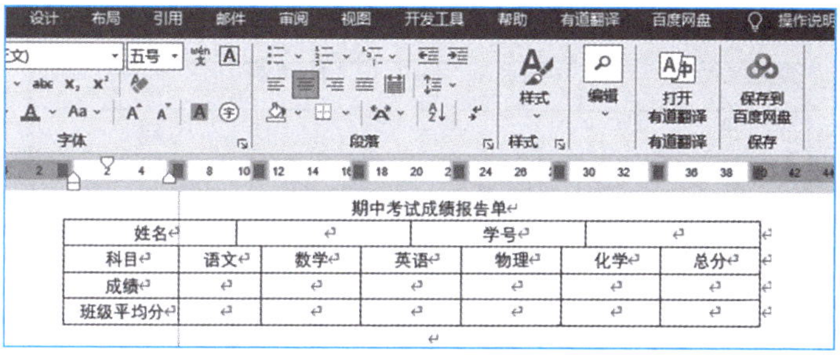


图 1－3－12　拖动改变列宽

（5）选中整个表格，在“表格工具”的“布局”选项卡“单元格大小”组中的“行高”数值框中输入“0.8 厘米”，按 Enter 键确认，如图 1－3－13 所示。

（6）选中表格中从“语文”到“总分”的 6 列 3 行单元格区域，在“表格工具”的“布局”选项卡“单元格大小”组中单击“分布列”按钮，使这 6 列的列宽相等。

（7）选中整个表格，在“表格工具”的“布局”选项卡“对齐方式”组中，单击“水平居中”按钮，如图 1－3－14 所示，使单元格中的文字居中，效果如图 1－3－15 所示。

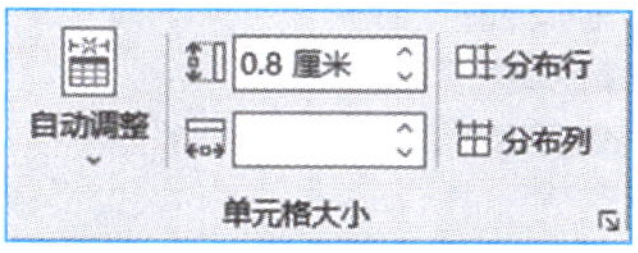


图 1－3－13　直接输入行高

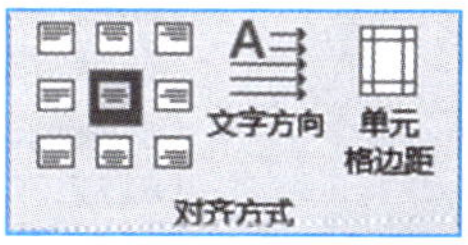


图 1－3－14　设置单元格对齐

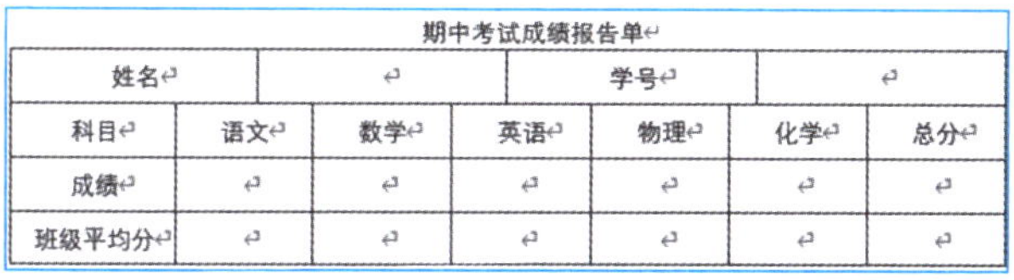


图 1－3－15　成绩报告单效果

## 三、编辑家长会通知回执

由于家长会回执中的文本已经存在于文档中，可以通过文本转换成表格功能直接将其转换成表格，再对单元格进行合并和格式设置，完成回执表的制作。

### 1. 文本转换为表格

选中文档中最后6行文字，单击“插入”选项卡“表格”组中的“表格”按钮，在列表中选择“文本转换成表格”选项。在“将文字转换成表格”对话框中设置“文字分隔位置”为“制表符”，单击“确定”按钮，如图1-3-16所示。

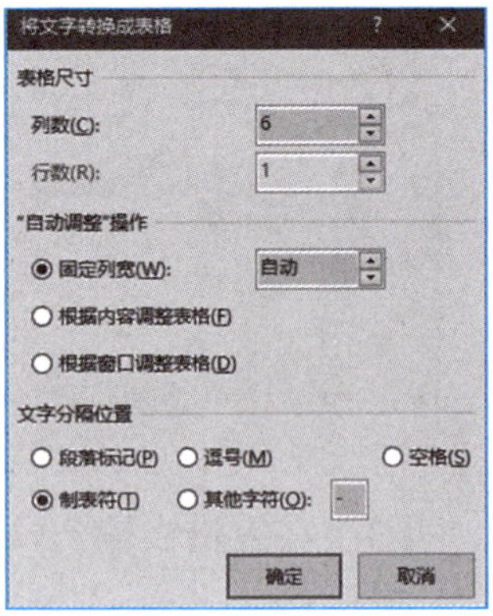


图1-3-16 “将文字转换成表格”对话框

### 2. 编辑表格

参照效果图，对表格中的单元格进行合并，调整表格列宽和行高，设置单元格对齐方式和文字方向，操作步骤如下：

（1）参照图1-3-17的效果，对表格中的单元格进行合并。

| 家长会通知回执 | | | | | |
|---|---|---|---|---|---|
| 学生姓名 | | 所在的班级 | | | |
| 家长签名 | | 与学生关系 | | 联系电话 | |
| 是否参加　　　是（　）　　　否（　） | | | | | |
| 家长签名：____________　　　年　　月　　日 | | | | | |
| 意见及建议 | | | | | |

图1-3-17 合并单元格的效果

（2）选中表格第1行～第5行，在“表格工具”的“布局”选项卡“单元格大小”组中，设置行高为1厘米，如图1-3-18所示。选中表格第6行，设置行高为3厘米。

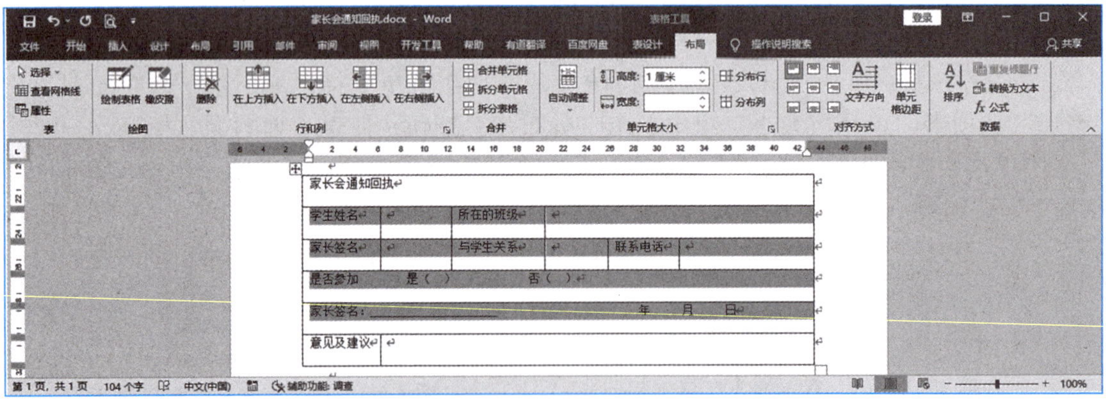


图1-3-18 设置行高

（3）选中表格第1行，切换到“开始”选项卡，在“字体”组中设置字体格式为“四号”“黑体”“加粗”。

（4）选中整个表格，在“表格工具”的“布局”选项卡“对齐方式”组中单击“水平居中”按钮。

（5）选中“意见及建议”单元格，拖动单元格右边框改变单元格列宽。在“表格工具”的“布局”选项卡“对齐方式”组中单击“文字方向”按钮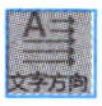，使文字垂直排列，如图 1-3-19 所示。

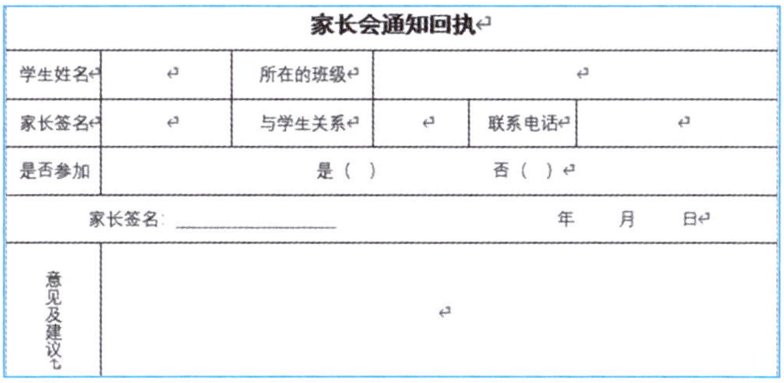

| 家长会通知回执 | | | | | |
|---|---|---|---|---|---|
| 学生姓名 | | 所在的班级 | | | |
| 家长签名 | | 与学生关系 | | 联系电话 | |
| 是否参加 | 是（ ）　　否（ ） | | | | |
| 家长签名：＿＿＿＿＿＿＿＿　　年　月　日 | | | | | |
| 意见及建议 | | | | | |

图 1-3-19　文字竖排

### 3. 设置表格边框与底纹

参照效果图，设置表格边框，操作步骤如下：

（1）选中表格第 1 行，在“表格工具”的“表设计”选项卡“边框”组中单击“边框”下拉按钮，从列表中选择“无框线”选项。

（2）仍选中表格第 1 行，在“边框”组“边框样式”列表中选择“点画线”选项，在“笔画粗细”列表中选择“1.5 磅”选项，在“笔颜色”列表中选择“黑色”选项，单击“边框”下拉按钮，从列表中选择“上框线”选项，如图 1-3-20 所示。

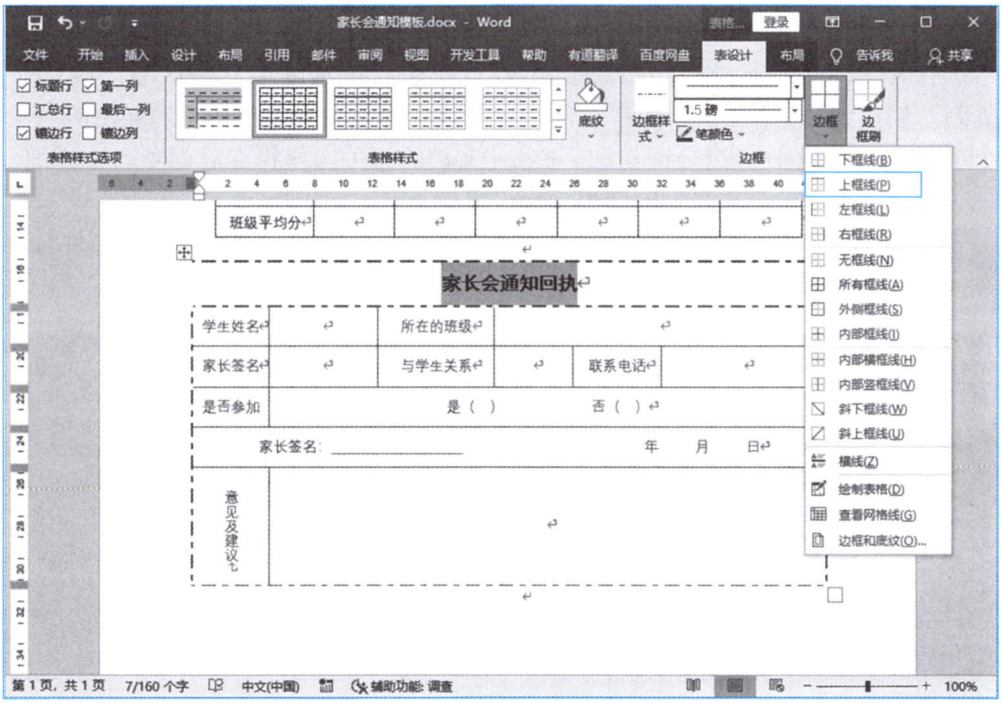


图 1-3-20　设置表格边框

（3）选中表格第 2 行～第 6 行，用步骤（2）同样方法，在“边框”组“笔样式”列表中选择与效果图表格外框线相同的线型，在“笔颜色”列表中选择“标准色 – 紫色”选项，单击“边框”组中的“边框”下拉按钮，从列表中选择“外侧框线”选项。在“笔样式”中选择“单实线”选项，在“笔画粗细”列表中选择“1.0 磅”选项，在“笔颜色”列表中选择“标准色 – 紫色”选项，单击“边框”组中的“边框”下拉按钮，从列表中选择“内部框线”选项，效果如图 1 – 3 – 21 所示。

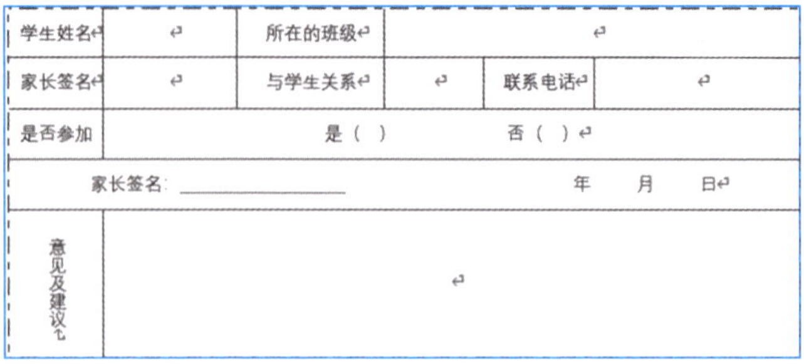


图 1 – 3 – 21　家长会通知回执边框效果

**提示：**

在设置表格边框时，如单击“内部框线”按钮后表格内部框线消失，再次单击“内部框线”按钮即可显示内部框线。

## 四、批量生成家长会通知单

在“尊敬的”和“学生家长”之间插入学生姓名，在“期中考试成绩报告单”的相应单元格中分别插入学生姓名、学号、各科成绩、总分和班级平均分，操作步骤如下：

（1）打开 Excel 文档“学生成绩表 .xlsx”，选中 C46:H46 单元格区域，按 Ctrl+C 组合键复制。切换到 Word 文档，选中“期中考试成绩报告单”表格第 4 行第 2 列～第 7 列的 6 个单元格，按 Ctrl+V 组合键粘贴。Excel 文档的相关操作将在后面项目中详细介绍。

（2）关闭 Excel 文档“学生成绩表 .xlsx”。

（3）在 Word 窗口“邮件”选项卡“开始邮件合并”组中，单击“开始邮件合并”按钮，从列表中选择“信函”选项，如图 1 – 3 – 22 所示。

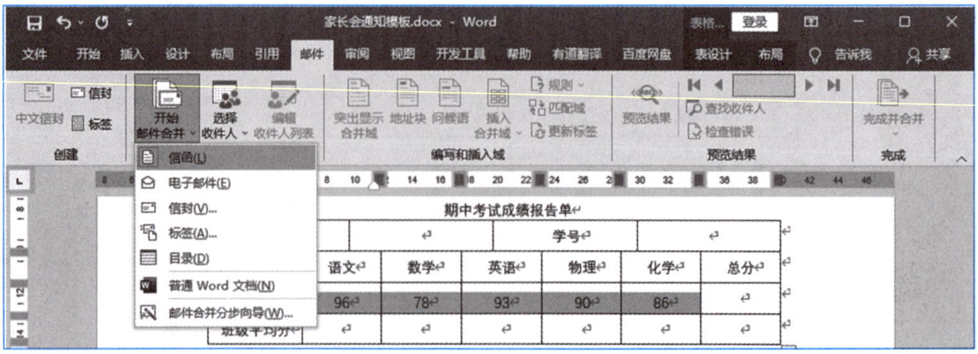


图 1 – 3 – 22　指定邮件类别

（4）单击“选择收件人”按钮，从列表中选择“使用现有列表”选项，打开“选择数据源”对话框，选择素材文件中的“学生成绩表.xlsx”文件，单击“打开”按钮。在“选择表格”对话框中选择工作表后单击“确定”按钮，如图1-3-23所示。

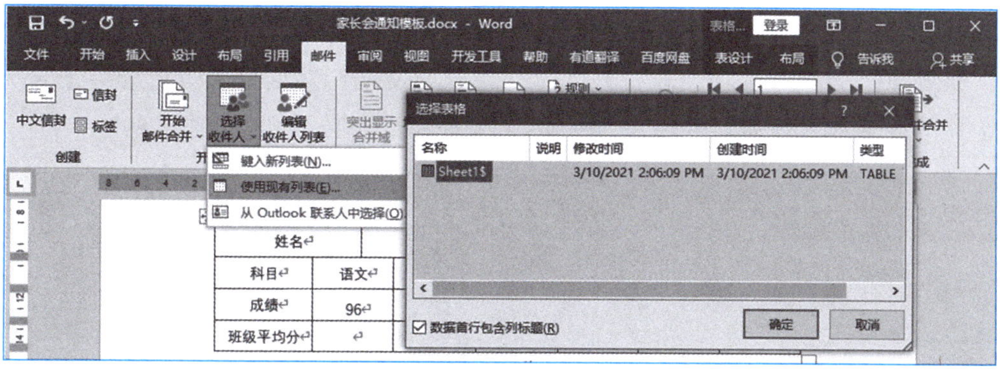


图1-3-23 选择工作表

（5）将插入点定位在“尊敬的”和“学生家长”之间，在“邮件”选项卡“编写和插入域”组中，单击“插入合并域”下拉按钮，从列表中选择“姓名”，如图1-3-24所示。重复该操作，在成绩报告单的对应单元格中分别插入“姓名”、“学号”、各科目和“总分”合并域。完成效果如图1-3-25所示。

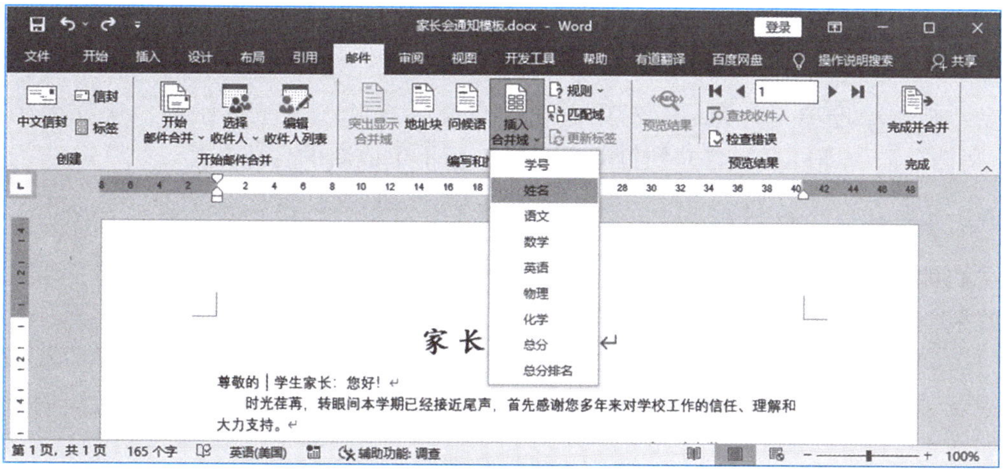


图1-3-24 插入合并域

期中考试成绩报告单

| 姓名 | «姓名» | | 学号 | | «学号» | |
|---|---|---|---|---|---|---|
| 科目 | 语文 | 数学 | 英语 | 物理 | 化学 | 总分 |
| 成绩 | «语文» | «数学» | «英语» | «物理» | «化学» | «总分» |
| 班级平均分 | | | | | | |

图1-3-25 插入合并域后的效果

（6）在“邮件”选项卡“预览结果”组中单击“预览结果”按钮，可以看到合并效果，单击导航栏中的按钮，可以预览第一条、上一条、下一条和最后一条。

（7）在“邮件”选项卡“完成”组中单击“完成并合并”下拉按钮，从列表中选择“编辑单个文档”选项，在打开的“合并到新文档”对话框中设置合并记录为从 1 到 44，单击“确定”按钮，如图 1－3－26 所示。此时生成一个“信函 1.doc”文档。

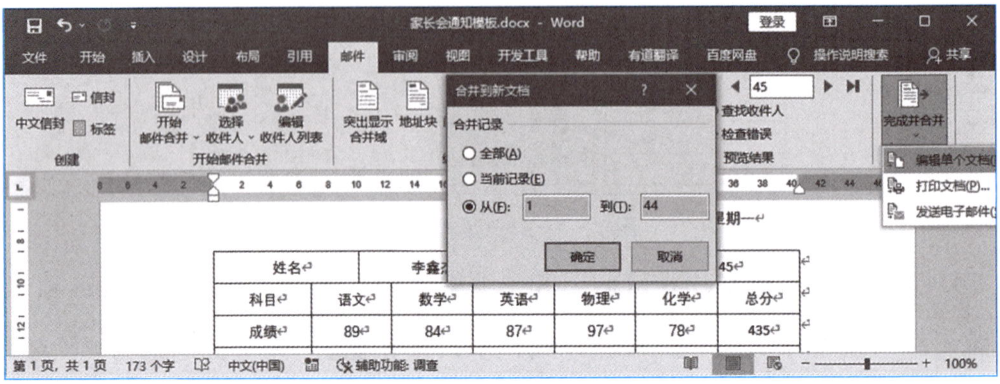


图 1－3－26　合并到新文档

（8）新生成的“信函 1.docx”文档末尾可能会有一个空页，选中空页中的段落标记，设置段落格式行间距为 1 磅，即可删除空白页。

**提示：**

在“邮件”选项卡“完成”组中单击“完成并合并”下拉按钮后，从列表中选择“打印文档”命令即可直接合并到打印机打印，而不生成新的合并文档。

## 五、预览和打印通知单

文档编辑完成后可以将其打印出来。为防止出错，一般在打印文档之前，要先预览打印效果，以便及时改正错误。

（1）切换到“信函 1.docx”文档，选择“文件”选项卡，在界面中选择“打印”命令，或者单击“快速访问工具栏”中的“打印预览和打印”按钮，进入文档的打印界面，如图 1－3－27 所示。

（2）在界面的右侧预览打印效果。如果文档有多页，单击界面下方的“上一页”按钮和“下一页”按钮，可查看前一页或后一页的预览效果。在页码编辑框中输入页码，按 Enter 键，可快速查看指定页的预览效果。

（3）在“份数”数值框中输入打印份数。

（4）在“打印机”列表框中选择要使用的打印机名称。

（5）在“打印所有页”列表框中可以选择要打印的页面范围，如“打印当前页面”“打印所有页”“打印选定区域”等。在“页数”编辑框中输入页码范围，例如，输入

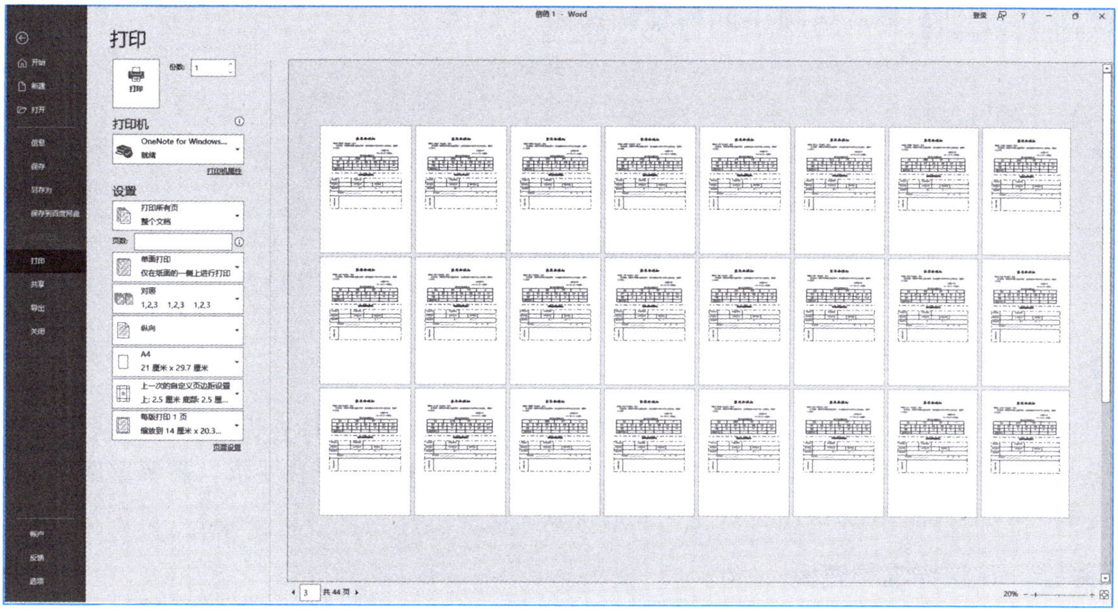


图 1－3－27　打印和打印预览界面

“5–8”表示打印第 5 页～第 8 页的内容；输入“8，9，11”表示只打印第 8 页、第 9 页和第 11 页。

（6）设置完毕，单击“打印”按钮，即可打印文档。

提示：

由于“信函 1.docx”文档是通过邮件合并生成的，其中的每一页都是一个单独的节，不能直接指定页数打印，要打印指定页数，需要在数字前面加字母 s，如 s5–s8 表示第 5 节～第 8 节，也就是第 5 页～第 8 页。

# 工作任务四 样式与模板的创建和使用

## 任务目标

（1）了解样式和模板的概念。
（2）掌握应用、新建、修改样式和保存模板的操作。

## 任务描述

肖钢马上大学毕业了，他在章老师的指导下完成了自己的毕业设计，并根据自己的毕业设计作品写出了论文。但章老师说，肖钢的论文排版不符合要求，需要重新调整。肖钢在好朋友晓莉的指导下完成了论文的排版工作。

## 训练 1 认识样式和模板

### 一、导航窗格

为了能快速浏览长文档，用户可先按前面的内容，设置大纲级别，即“标题 1”“标题 2”“标题 3”“正文文本”等，然后开始使用导航窗格。

Word 2016 中新增的文档导航方式有四种：标题导航、页面导航、关键词导航和特定对象导航。这可以让用户轻松查找段落，快速定位到想查阅的或特定的对象处。

#### 1. 标题导航

标题导航是可以看到文档结构图的导航方式。在标题导航中，用户既可以看到文档各层次的标题，又可以看到相应的文档内容。只要单击标题，就会自动定位到相关内容上。

打开导航窗格的方法是先单击“视图”选项卡，在“显示”选项组中选中“导航窗格”复选框。这时，在文档窗口左侧出现“导航”窗格，在打开的“导航”窗格中，单击“标题”按钮，会显示文档结构图。只要用户单击导航的标题，就会切换到相关段落上。

在标题导航中，可以显示指定级别标题。如果用户只要显示文档中的一级和二级标题，则可在标题导航窗格中右击，在快捷菜单中选择“显示标题级别”选项，在其下拉列表中选择“显示至标题 2”。

在标题导航中，可以调整文档的结构，改变大纲级别或标题层次。方法是在标题导航窗格中右击，在快捷菜单中选择“升级”选项或“降级”选项。

使用标题导航时要注意必须先设置标题。如果没有设置标题，就无法用文档标题进行导航。如果文档先设置了多级标题，导航就会很准确。

#### 2. 页面导航

页面导航是指根据页面缩略图进行导航。方法是单击“导航”窗格上的“页面”按钮，将导航方式切换到“页面导航”。这时，在“导航”窗格上以页面缩略图形式列出文档分页。用户单击“页面缩略图”，就能快速定位到相关页面进行查阅。

### 3. 关键词导航

关键词导航是指使用关键词进行全文搜索，并把搜索结果显示在“导航”窗格中。方法是单击“导航”窗格上的“结果”按钮，然后在文本框中输入关键词，“导航”窗格上就会列出包含关键词的导航链接。单击这些导航链接，就可以快速定位到文档相关位置。

### 4. 特定对象导航

导航功能还可以快速查找文档中的特定对象，如图形、表格、公式、脚注、批注等对象。方法是单击搜索框右侧放大镜后面的下拉按钮，选择“查找”栏中的相关选项，就可以快速查找文档中的图形、表格、公式和批注，如图 1－4－1 所示。

如果想要取消“导航”窗格，则选择“视图”选项卡，在“显示”组中取消选中“导航窗格”复选框。

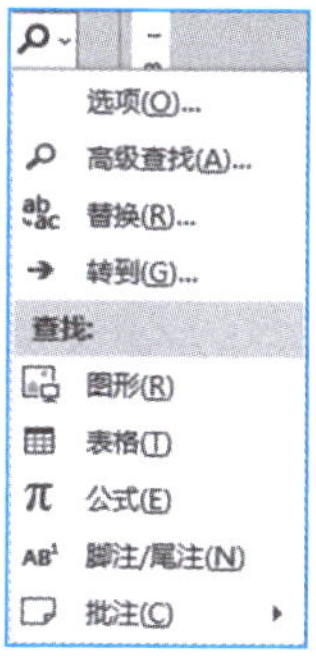


图 1－4－1 “搜索”下拉列表

## 二、样式和模板的概念

样式针对整篇文章，例如一篇文章会分为第一章、第二章……而第一章中又细分为第一节、第二节……将相同区域的内容设置相同的格式，如第一章、第二章等都设置为“黑体”“二号”“1.5 倍行距”“段前、段后间距 0.5”，第一节、第二节等都设置为“宋体”“三号”，所有的正文全都设置为“宋体”“五号”“单倍行距”。

通过不同的样式，人们可以清楚地知道文章中各个不同样式代表的内容和含义，有利于对一篇文章进行排版。

### 1. 样式的概念

样式是一组已命名的字符和段落格式的组合。

使用样式有两个好处：若文档中有多个段落使用了某个样式，当修改了该样式后，即可改变文档中带有此样式的文本格式；有利于构造大纲和目录等。

### 2. 模板的概念

模板是某种文档的样式和模型，利用模板可以生成一个具体的文档。模板是创建标准文档的工具，模板比样式所包含的内容更丰富。

## 三、脚注和尾注

脚注是指对单词或词语的解释或补充说明，放在每一页的底端。尾注是指对文档中引用文献的来源所作的注释，放在文档的结尾处。在一个文档中，可以同时使用脚注和尾注两种形式。用户可用脚注作详细说明，而用尾注作为引用文献的来源。

### 1. 插入脚注

方法是先选中文字，如“样式”文字，再选择“引用”选项卡，在“脚注”选项组中单击“插入脚注”按钮 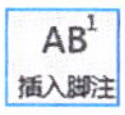

。然后在这一页最下面编号 1 的后面输入相应的注释内容。

### 2. 插入尾注

方法是先选中文字，再选择“引用”选项卡，在“脚注”选项组中单击“插入尾注”按钮插入尾注。然后在本文档的结尾的位置后面输入尾注内容。

## 四、使用批注

批注是在编辑完文档之后，文档的审阅者为文档添加的注释、说明、建议、意见等信息。

在审阅文档时，往往要对一些重要地方加批注，给予详细说明，这样可以使阅读者更加清晰地明白其中的含义。批注不属于正文的内容，它保存在文档里，随时可以调出来查阅。批注不会影响文档的格式，也不会被打印出来。

### 1. 新建批注

方法是选中要批注的文本，选择“审阅”选项卡，在“批注”选项组中单击“新建批注”按钮新建批注。这时，在文档窗口右侧的批注框中输入说明文本。“批注”的效果如图 1－4－2 所示。

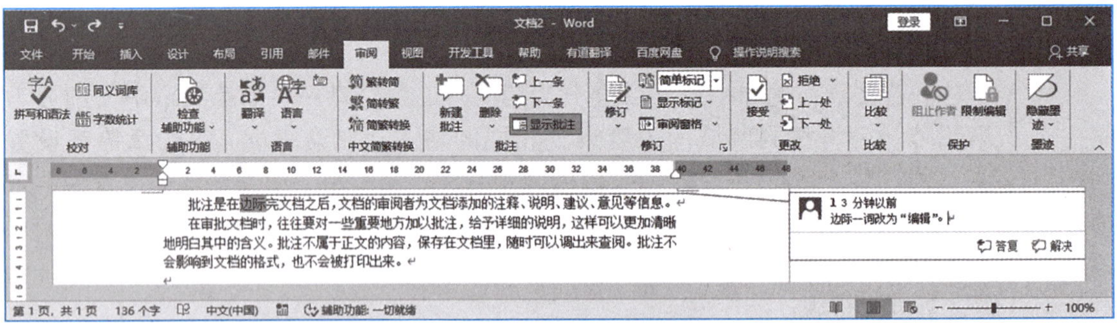


图 1－4－2 “批注”的效果

如果用户要快速定位到上一条批注，则在“批注”组中单击“上一条批注”按钮上一条。

如果用户要快速定位到下一条批注，则在“批注”组中单击“下一条批注”按钮下一条。

### 2. 删除批注

在添加批注后，对于不需要的批注，可以进行删除。删除批注的方法有两种。

方法 1：右击批注，在快捷菜单中选择“删除批注”命令。

方法 2：先单击某批注，再选择“审阅”选项卡，单击“批注”组中的“删除”按钮。这时，将出现下拉列表。在下拉列表中可以删除当前选定的批注，还可以删除文档中所有的批注。

### 3. 隐藏批注

隐藏批注是指把批注隐藏起来，在页面视图中不显示。隐藏批注的方法有两种。

方法 1：选择“审阅”选项卡，在“修订”组中单击“显示标记”下拉按钮显示标记，如图 1－4－3 所示。在下拉列表中取消选中“批注”复选框。同样，如果

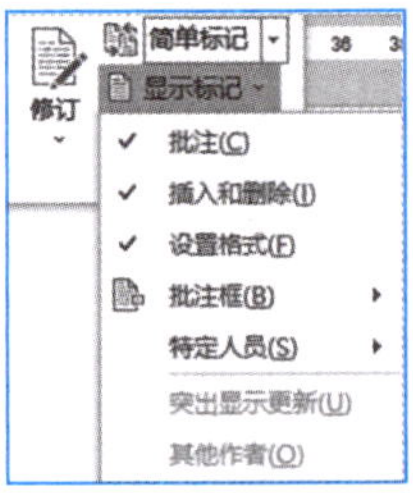


图 1－4－3 “显示标记”下拉列表

要从隐藏改为显示批注，则选中“批注”复选框。

方法 2：选择“审阅”选项卡，在“修订”组中单击“显示标记”下拉按钮。在下拉列表中“审阅者”级联菜单里，可选择隐藏某一用户的批注。对于阅读多用户添加批注的文档，此功能可发挥重要作用。

## 五、修订长文档

修订指的是对文件、书籍、文稿、图表等的修改整理。在 Word 2016 中修订是指跟踪文档的所有更改，包括删除、插入或对格式改变位置的标记。

当用户插入或删除文本、移动文本和图片时，将通过标记显示每处修订所在的位置以及内容的更改。在页面最右侧有红色方框显示修订的内容。

### 1. 打开修订

方法是选择“审阅”选项卡，在“修订”选项组中单击“修订”按钮。单击“修订”按钮时，对文本的增删都会以特殊标记显示，编辑者也会注明。

### 2. 更改修订

修订后，用户要接受文档中的修订，方法是选择“审阅”选项卡，在“更改”选项组中单击“接受”按钮。此时会出现一个下拉列表，下拉列表中有四个选项，分别是“接受并移到下一条”“接受修订”“接受所有显示的修订”“接受对文档的所有修订”，用户可以根据需要选择。

修订后，用户要拒绝文档中的修订，方法是选择“审阅”选项卡，在“更改”选项组中单击“拒绝”按钮。

### 3. 关闭修订

关闭修订并不意味着删除，此前所做的所有修订仍保留在文档中。在关闭修订状态下，用户仍可以修改文档，但不会对更改的内容做出标记。关闭修订的方法是选择“审阅”选项卡，在“修订”选项组中再次单击“修订”按钮。

## 六、比较文档

用户在进行文档的修订时，往往很难区分修订前的内容和修订后的内容，但是在 Word 2016 中增加了文档“比较”功能，这样用户可以更加直观地浏览文档修订前、后的不同。

修改完 Word 文档后，单击“审阅”选项卡，然后在“比较”选项组中单击“比较”按钮，在其下拉菜单中选择“比较”选项。这时，出现“比较文档”对话框，如图 1-4-4 所示。在“比较文档”对话框中，选择所要比较的“原文档”和“修订的文档”，将需要比

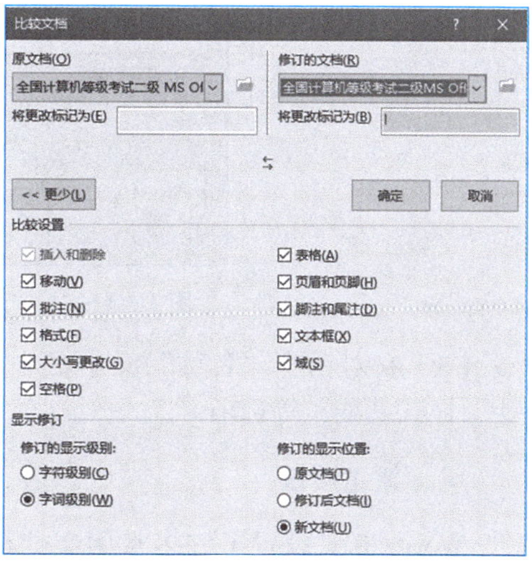


图 1-4-4 “比较文档”对话框

较的数据设置好，单击“确认”按钮。

完成后，可以看到修订的具体内容，同时，比较的文档、原文档和修订的文档也将出现在比较结果文档中。

## 训练 2　应用样式和模板

### 一、样式和模板的关系

样式是包含在模板中的重要元素之一，而且是最重要的元素。模板是指把在制作某个文档时所创建的样式都保存下来，供以后处理同类型的文档使用。

### 二、新建样式

（1）单击“开始”选项卡“样式”组旁边下拉键。

（2）选择“新建样式”图标，打开“根据格式化创建新样式”对话框，如图 1－4－5 所示。

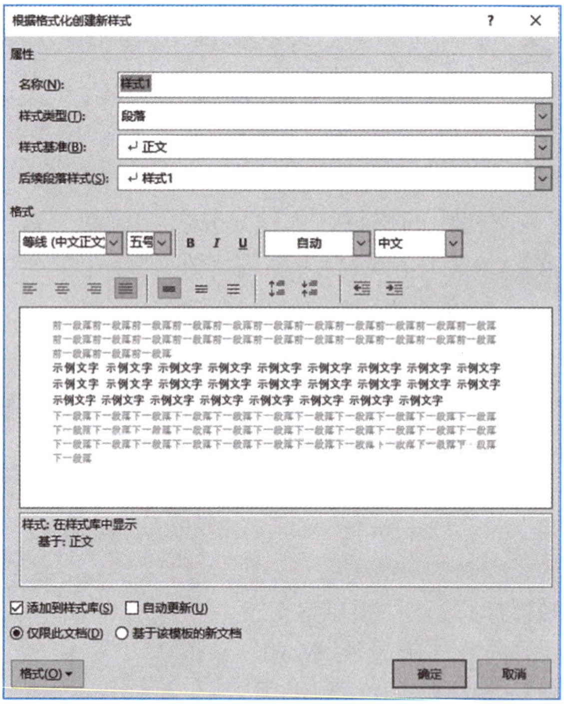


图 1－4－5　“根据格式化创建新样式”对话框

（3）在对话框“名称”文本框中输入样式名称，如“论文正文”，并设置“样式类型”“样式基准”等选项。

### 三、新建模板

Word 2016 设置了许多常用文档模板，如常用文档、简历、日历、求职信等。单击“文件”选项卡“新建”按钮就可以选择相应的模板文件，如图 1－4－6 所示。

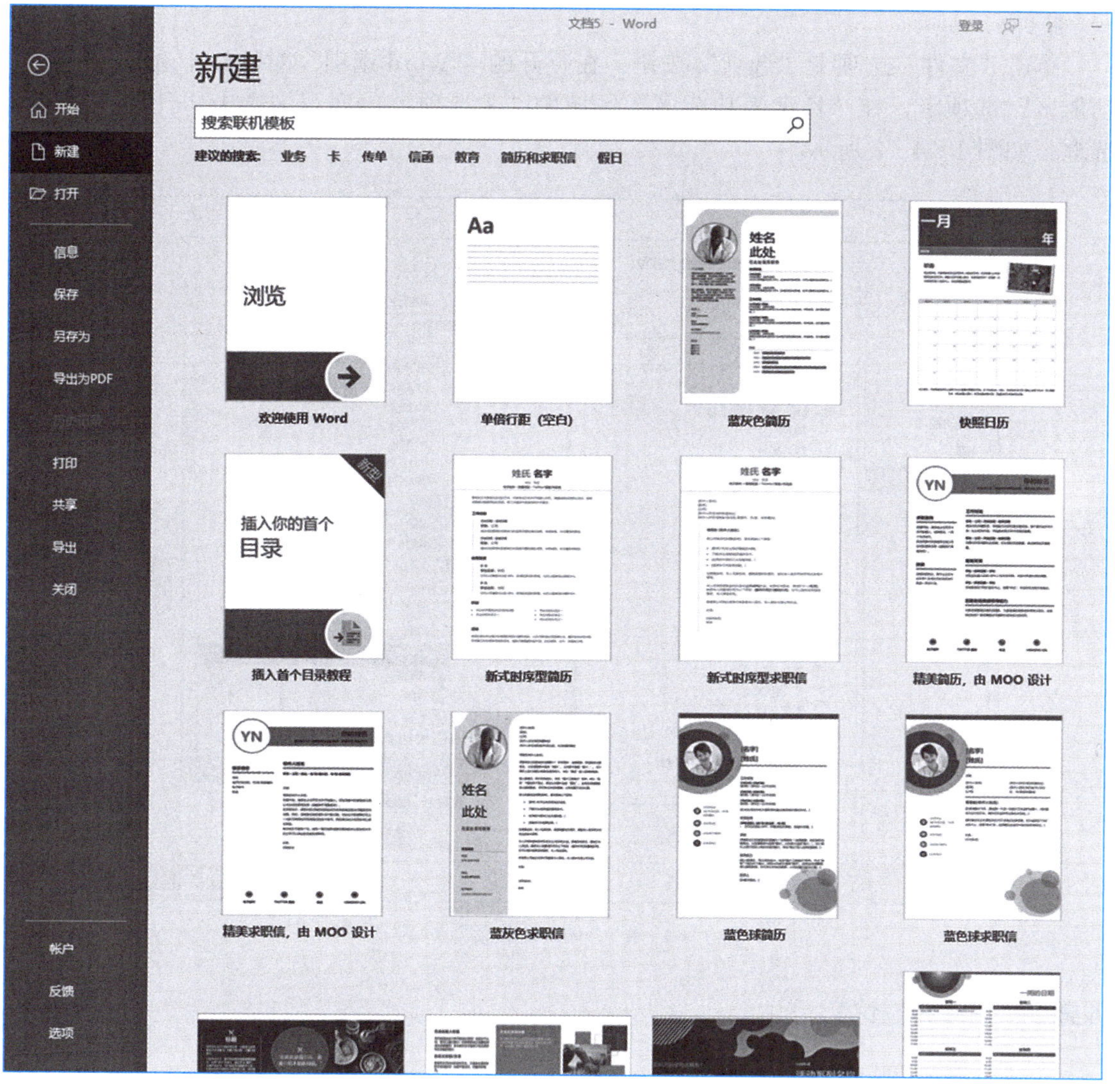


图 1-4-6　选择模板文件

## 四、应用模板

单击“开发工具”选项卡“模板”组“文档模板”命令，如图 1-4-7 所示。

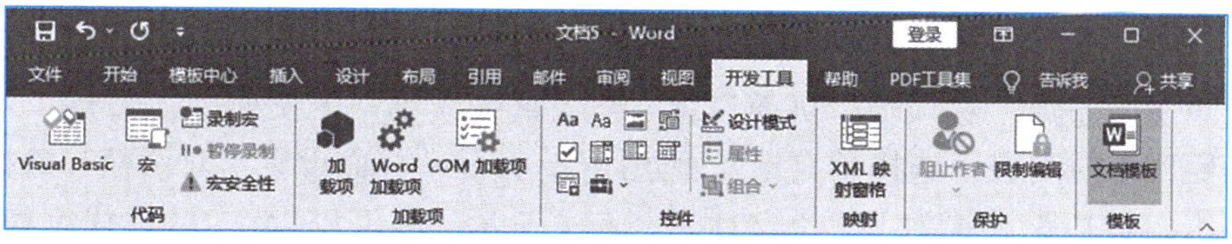


图 1-4-7　“文档模板”命令

提示：

单击“文件”选项卡“选项”按钮，在打开的“Word 选项”对话框中选择“自定义功能区”选项卡，在“自定义功能区”区域的“主选项卡”列表中选中“开发工具”复选框，如图 1－4－8 所示。

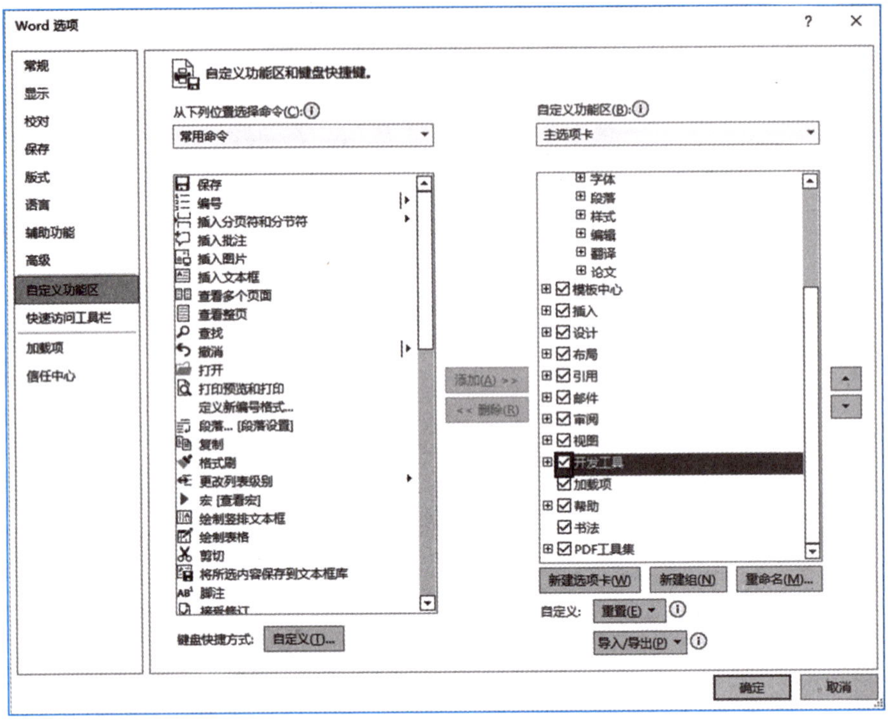

图 1－4－8 “Word 选项”对话框

## 训练 3 制作毕业论文

### 一、打开素材文件夹

打开素材文件夹中的“论文素材 .docx”文件，以“毕业论文排版 .docx”为文件名，将其另存到桌面上。将“毕业论文排版”文档的页面大小设置为 A4 纸，页边距上、下设置为 2 厘米，左设置为 3 厘米，右设置为 1.5 厘米，装订线设置在左侧。具体操作步骤如下：

（1）打开“论文素材 .docx”文档，选择“文件”选项卡中的“另存为”命令，弹出“另存为”对话框，保存位置设置为“桌面”，文件名为“毕业论文排版”，单击“保存”按钮。

（2）单击“布局”选项卡“页面设置”组“纸张大小”下拉列表，选择“A4”；单击“页边距”下拉列表，选择“自定义页边距”，打开“页面设置”对话框，选择“页边距”选项卡，页边距设置为上、下 2 厘米，左 3 厘米，右 1.5 厘米，装订线位置选择左，然后单击“确定”按钮。

## 二、修改 Word 模板中的样式

根据论文标题使用多级符号的要求，按照表 1－4－1 所示的修改要求，对 Word 模板中的样式进行修改，效果图如图 1－4－9 所示。具体操作步骤如下：

表 1－4－1　标题样式与对应的修改要求

| 名称 | 字体 | 字号 | 间距 | 对齐方式 |
|---|---|---|---|---|
| 标题 1 | 黑体 | 小三号、加粗 | 1.5 倍行距，段前、段后距均为 0.5 行 | 首行缩进 2 个字符 |
| 标题 2 | 黑体 | 四号 | 1.5 倍行距 | 首行缩进 2 个字符 |
| 正文 | 宋体 | 小四号 | 1.5 倍行距 | 首行缩进 2 个字符 |

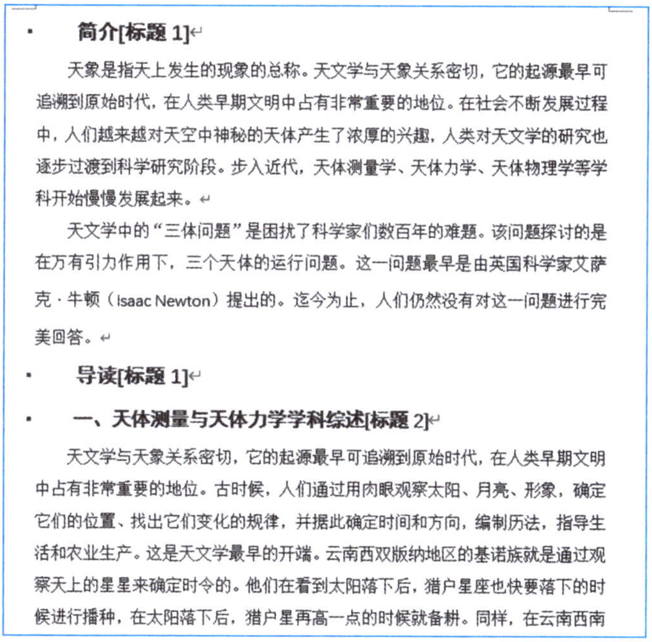

- **简介[标题 1]**

天象是指天上发生的现象的总称。天文学与天象关系密切，它的起源最早可追溯到原始时代，在人类早期文明中占有非常重要的地位。在社会不断发展过程中，人们越来越对天空中神秘的天体产生了浓厚的兴趣，人类对天文学的研究也逐步过渡到科学研究阶段。步入近代，天体测量学、天体力学、天体物理学等学科开始慢慢发展起来。

天文学中的“三体问题”是困扰了科学家们数百年的难题。该问题探讨的是在万有引力作用下，三个天体的运行问题。这一问题最早是由英国科学家艾萨克·牛顿（Isaac Newton）提出的。迄今为止，人们仍然没有对这一问题进行完美回答。

- **导读[标题 1]**

- **一、天体测量与天体力学学科综述[标题 2]**

天文学与天象关系密切，它的起源最早可追溯到原始时代，在人类早期文明中占有非常重要的地位。古时候，人们通过用肉眼观察太阳、月亮、形象，确定它们的位置、找出它们变化的规律，并据此确定时间和方向，编制历法，指导生活和农业生产。这是天文学最早的开端。云南西双版纳地区的基诺族就是通过观察天上的星星来确定时令的。他们在看到太阳落下后，猎户星座也快要落下的时候进行播种，在太阳落下后，猎户星再高一点的时候就备耕。同样，在云南西南

图 1－4－9　设置样式后的效果图

（1）在“开始”选项卡“样式”选项组中单击右下角的小按钮，窗口左侧出现“样式”窗格，如图 1－4－10 所示。

在打开的“样式”窗格中，单击“正文”的下拉按钮，在下拉列表中选择“修改”按钮，弹出“修改样式”对话框，如图 1－4－11 所示。

在“修改样式”对话框中设置宋体、小四号字；单击“格式”下拉按钮 格式(O)▾，选择“段落”命令，弹出“段落”对话框，设置首行缩进 2 个字符，1.5 倍行距，依次单击“确定”按钮，此时整篇文档的格式都设置成了正文所要求的格式。

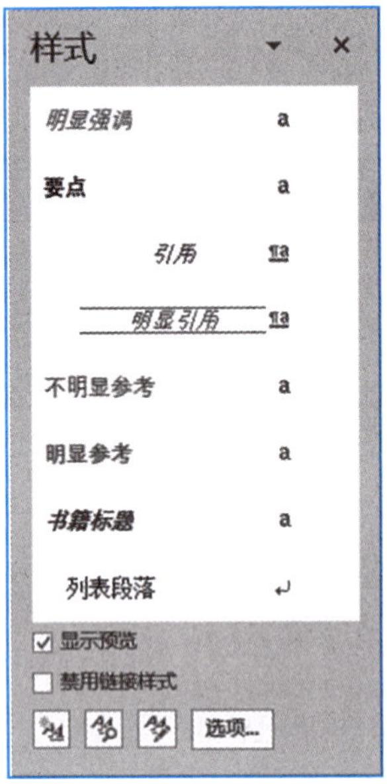


图 1-4-10 “样式”窗格

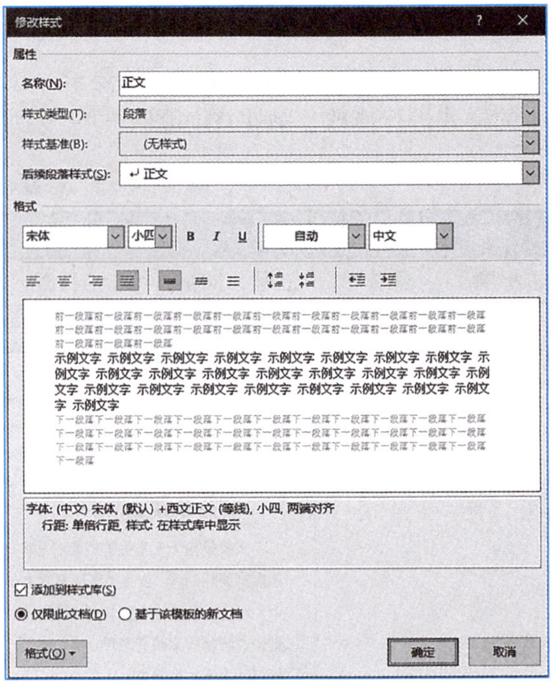


图 1-4-11 “修改样式”对话框

（2）将光标定位在“背景 [ 标题 2]”行，在“样式”窗格中，将鼠标移到“标题 2”处，打开下拉列表，选择“修改”命令，弹出“修改样式”对话框，在该对话框中设置黑体、四号字。在“修改样式”对话框中单击“格式”按钮，选择“段落”命令，弹出“段落”对话框，设置首行缩进 2 个字符，1.5 倍行距，段前段后距为 0 行，依次单击“确定”按钮。

**提示：**

如果样式列表中没有“标题 2”，单击“样式”窗格右下角的“选项”按钮，弹出“样式窗格选项”对话框，如图 1-4-12 所示，在“选择要显示的样式”中选择“所有样式”，然后单击“确定”按钮。

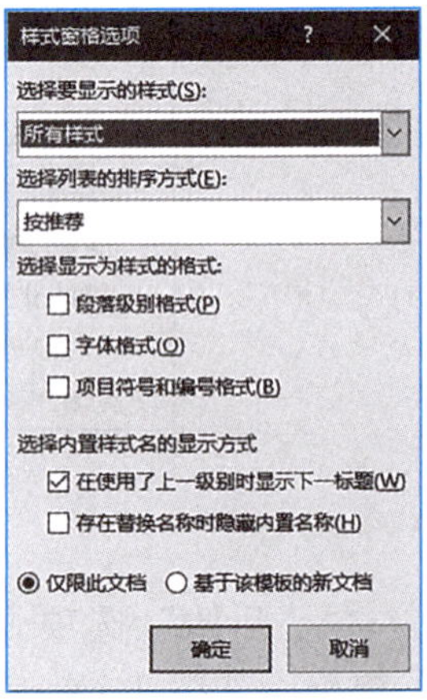


图 1-4-12 “样式窗格选项”对话框

（3）将光标定位在“引言 [ 标题 1]”行，在打开的“样式”窗格中，单击“标题 1”的下拉按钮，在下拉列表中选择“修改”命令，弹出“修改样式”对话框，在对话框中设置黑体、小三号字、加粗；单击“格式”下拉按钮，选择“段落”命令，弹出“段落”对话框，设置首行缩进 2 字符，1.5 倍行距，段前、段后距均为 0.5 行，依次单击“确定”按钮。在“毕业论文排版”文档中选中带有 [ 标题 1] 的标题，如“简介 [ 标题 1]”，然后在“样式”窗格中单击“标题 1”，即将标题 1 设置成了所要求的格式。

使用相同的方法，把“毕业论文排版”文档中所有标有 [ 标题 1] 和 [ 标题 2] 的标题都设置成所要求的格式。

### 三、使用多级符号标题设置层次格式

多级符号设置完成后的效果如图 1－4－13 所示。具体操作步骤如下：

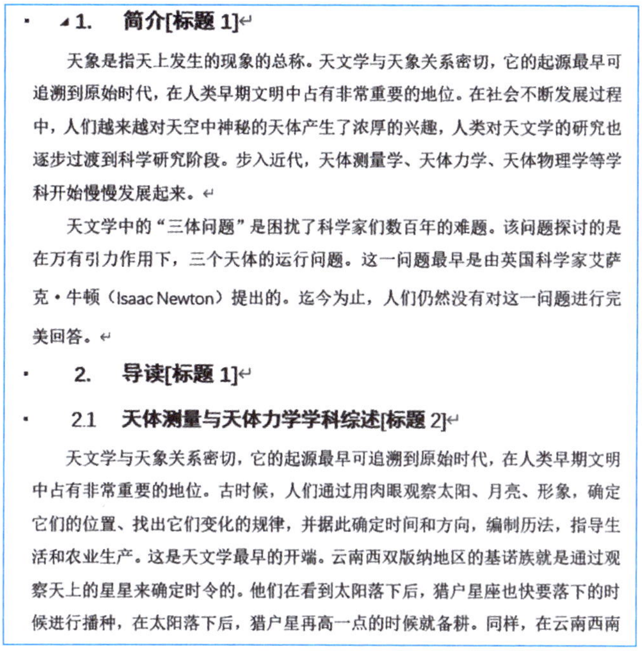

1. 简介[标题 1]

天象是指天上发生的现象的总称。天文学与天象关系密切，它的起源最早可追溯到原始时代，在人类早期文明中占有非常重要的地位。在社会不断发展过程中，人们越来越对天空中神秘的天体产生了浓厚的兴趣，人类对天文学的研究也逐步过渡到科学研究阶段。步入近代，天体测量学、天体力学、天体物理学等学科开始慢慢发展起来。

天文学中的“三体问题”是困扰了科学家们数百年的难题。该问题探讨的是在万有引力作用下，三个天体的运行问题。这一问题最早是由英国科学家艾萨克·牛顿（Isaac Newton）提出的。迄今为止，人们仍然没有对这一问题进行完美回答。

2. 导读[标题 1]

2.1 天体测量与天体力学学科综述[标题 2]

天文学与天象关系密切，它的起源最早可追溯到原始时代，在人类早期文明中占有非常重要的地位。古时候，人们通过用肉眼观察太阳、月亮、形象，确定它们的位置、找出它们变化的规律，并据此确定时间和方向，编制历法，指导生活和农业生产。这是天文学最早的开端。云南西双版纳地区的基诺族就是通过观察天上的星星来确定时令的。他们在看到太阳落下后，猎户星座也快要落下的时候进行播种，在太阳落下后，猎户星再高一点的时候就备耕。同样，在云南西南

图 1－4－13　多级符号效果图

（1）选中“背景 [ 标题 2]”，打开“开始”选项卡“段落”选项组中的“多级列表”按钮，在出现的下拉列表中选择“定义新的多级列表”，如图 1－4－14 所示。弹出“定义新多级列表”对话框，单击“更多”按钮，如图 1－4－15 所示。

（2）在“单击要修改的级别”区域选择“1”，编号格式“1.”（原来显示的 1 不动，只在 1 后面加“.”），在“将级别链接到样式”下拉列表中选择“标题 1”样式，“要在库中显示的级别”项中选择“级别 1”，取消“重新开始列表的间隔”复选框，选择“正规形式编号”复选框，在“位置”区域的“文本缩进位置”数值框中输入“0”，“对齐位置”数值框中输入“0”。接着单击级别列表框中的“2”，编号样式使用默认的“1.1”，在“将级别链接到样式”下拉列表中选择“标题 2”样式，“要在库中显示的级别”项中选择“级别 2”，选中“重新开始列表的间隔”复选框，在其下面的列表框中选择“级别 1”，选中“正规形式编号”复选框，文字缩进位置为 0，依次单击“确定”按钮。

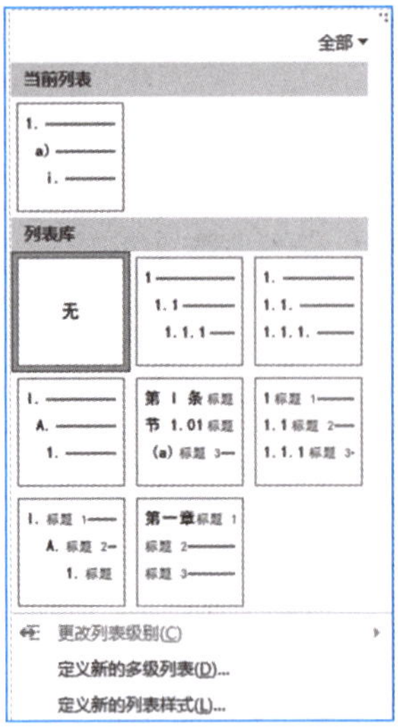


图 1－4－14　多级列表

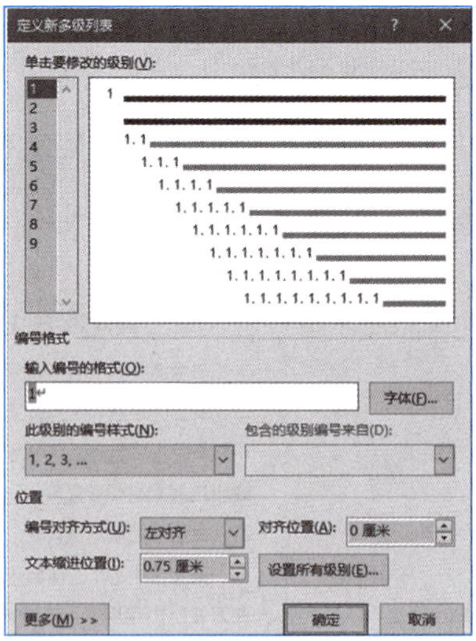


图 1－4－15　“定义新多级列表”对话框

## 四、插入图片

将素材文件夹中的 4 幅图插入文档的第 2 章，并为插入的图标加题注，格式设置为“图 2－”，其效果图如图 1－4－16 所示。具体操作步骤如下：

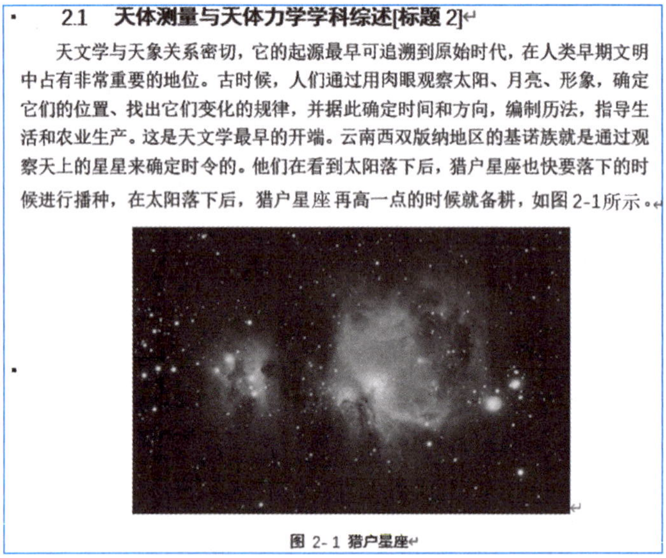

2.1　天体测量与天体力学学科综述[标题 2]

天文学与天象关系密切，它的起源最早可追溯到原始时代，在人类早期文明中占有非常重要的地位。古时候，人们通过用肉眼观察太阳、月亮、形象，确定它们的位置、找出它们变化的规律，并据此确定时间和方向，编制历法，指导生活和农业生产。这是天文学最早的开端。云南西双版纳地区的基诺族就是通过观察天上的星星来确定时令的。他们在看到太阳落下后，猎户星座也快要落下的时候进行播种，在太阳落下后，猎户星座再高一点的时候就备耕，如图 2-1所示。

图 2- 1 猎户星座

图 1－4－16　插入图片的效果图

（1）将光标定位在“2.1”这部分内容的“如图 2－1 所示。”下方，单击“插入”选项卡中的“图片”命令，弹出“插入图片”对话框，从素材文件夹中找到“图 2－1 猎户星座”文件。单击“插入”按钮，调整图片的大小为原来尺寸的 70% 并居中显示。

（2）选中刚插入的图，选择“引用”选项卡中的“插入题注”命令，弹出“题

注”对话框，如图 1-4-17 所示。

（3）单击“新建标签”按钮，弹出“新建标签”对话框，在文本框中输入“图 2-”，如图 1-4-18 所示。

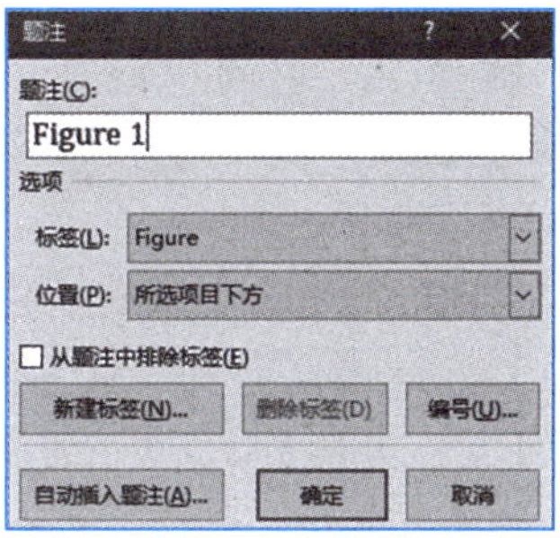


图 1-4-17 “题注”对话框

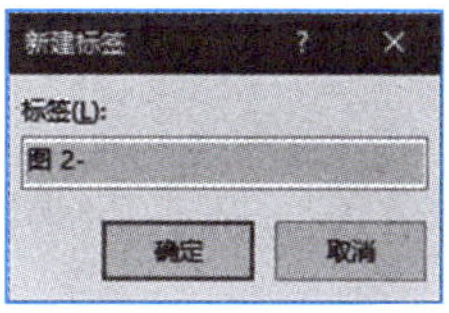


图 1-4-18 “新建标签”对话框

（4）依次单击“确定”按钮。此时在图的下方出现图的序号“图 2-1”，然后在序号后面输入文本“猎户星座”，并居中显示。

（5）使用相同的方法插入其他图片并加题注。当再次插入同一级别的图时，选择“引用”选项卡“插入题注”命令即可。

## 五、创建图目录

在论文文档的最后为该文档创建第 6 章的图目录，效果图如图 1-4-19 所示。具体操作步骤如下：

（1）将光标定位在文档的最后，选择“插入”选项卡中的“分页”命令 分页；将光标移到新建的空白页中，输入文本“图目录”，设为居中显示，并按 Enter 键。

（2）选择“引用”选项卡“题注”选项组中的“插入表目录”命令 插入表目录，弹出“图表目录”对话框，如图 1-4-20 所示。

图 6-1 图书管理系统登录窗体……11
图 6-2 添加用户窗体……12
图 6-3 书籍信息窗体……14
图 6-4 借书信息窗体……15

图 1-4-19 图目录效果图

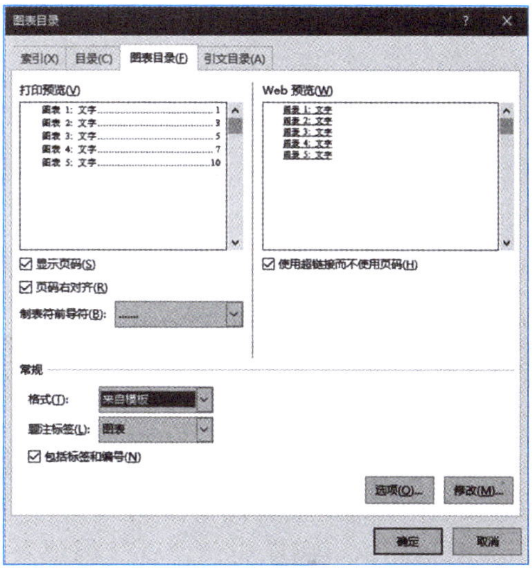


图 1-4-20 “图表目录”对话框

（3）在“题注标签”下拉列表中选择要创建索引的内容对应的题注“图 6－”，单击“确定”按钮。

## 六、在文档最前边出现空白的目录页插入分节符

（1）将光标定位在文档的最前边，选择“布局”选项卡“页面设置”选项组中的“分隔符”命令，打开“分隔符”命令的下拉列表，选择“分节符，下一页”，然后单击“确定”按钮，光标自动位于新的一页开头的位置。

（2）打开“样式”窗格，单击“全部清除”命令，删除空白页中自动产生的项目编号（即黑点）。

（3）光标定位在文档的第二页，打开“插入”选项卡“页眉和页脚”选项组中“页眉”下拉按钮，选择“编辑页眉”命令，打开“页眉和页脚工具”的“页眉和页脚”选项卡，如图 1－4－21 所示。

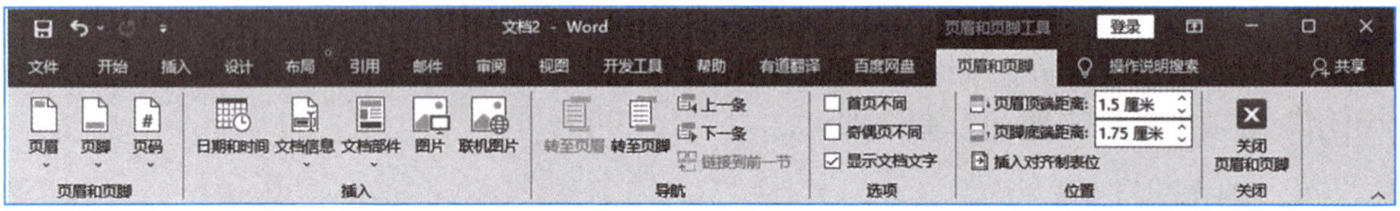


图 1－4－21 “页眉和页脚工具”的“页眉和页脚”选项卡

将光标定位在第二页页眉的位置，单击“页眉和页脚工具”的“页眉和页脚”选项卡中的“链接到前一节”按钮，取消与空白目录页的页眉的链接。

（4）将光标定位在第二页页脚的位置，单击“页眉和页脚工具”的“页眉和页脚”选项卡中的“链接到前一节”按钮，取消与空白目录页的页脚的链接。

此时，空白的目录页和正文部分是两节内容，两节内容可以设置不同的页眉和页脚。

## 七、正文部分设置页眉和页脚

页眉文字为“图书管理系统”，右对齐；页脚内容为页码（1，2，3，…），右对齐。

（1）光标定位在文档的第二页，选择“插入”选项卡中“页眉”下拉列表中的“编辑页眉”命令，在页眉位置输入文本“图书管理系统”，选中文本，使用“开始”选项卡“段落”选项组中的“右对齐”按钮设置为右对齐。光标定位在页脚的位置，在“页眉和页脚工具”的“页眉和页脚”选项卡中单击“页脚”下拉按钮，选择“页面底端”中的“普通数字 3”。

版面格式练习 2

（2）选中页码，在“页眉和页脚工具”的“页眉和页脚”选项卡中单击“页码”下拉按钮，选择“设置页码格式”，打开“页码格式”对话框，如图 1－4－22 所示。在该对话框中将起始页码设为“1”，然后单击“确定”按钮，关闭“页眉和页脚”选项卡。

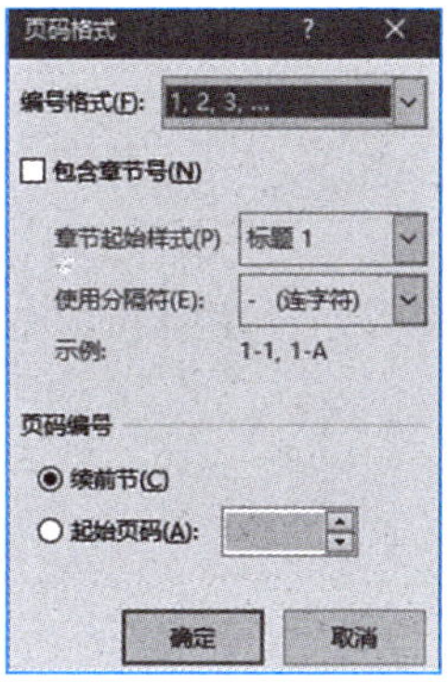


图 1－4－22 “页码格式”对话框

## 八、设置空白目录页脚

光标定位在文档的第一页，选择“插入”选项卡“页脚”下拉列表中的“编辑页脚”命令，打开“页眉和页脚工具”的“页眉和页脚”选项卡，在“页码”下拉列表中“当前位置”的列表中选择“罗马”样式，选中页码，使用“开始”选项卡“段落”选项组中的“右对齐”按钮设置页码为右对齐。关闭“页眉和页脚”选项卡。

## 九、在文档的开始目录空白页中添加论文目录，并可对其更新

将光标定位在空白页，输入“目录”并居中显示，选择“引用”选项卡“目录”下拉列表中的“自定义目录”命令，弹出“目录”对话框，如图 1－4－23 所示，单击“确定”按钮。

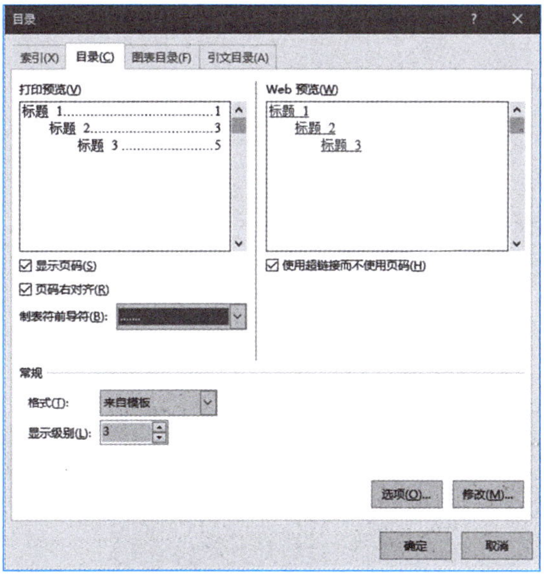


图 1－4－23 “目录”对话框

如果添加完目录后，正文内容又有修改，并影响了目录的页码，就要对目录进行更新。在目录区域中右击，从弹出的快捷菜单中选择“更新域”命令，即可更新目录。

# 项目二

# 电子表格处理

电子表格处理是信息化办公的重要组成部分，在数据分析和处理中发挥着重要的作用，广泛应用于财务、管理、统计、金融等领域。本主题包含工作表和工作簿操作、公式和函数的使用、图表分析展示数据、数据处理等内容。

## 能力目标

（1）了解电子表格的应用场景，熟悉相关工具的功能和操作界面；

（2）掌握新建、保存、打开和关闭工作簿，切换、插入、删除、重命名、移动、复制、冻结、显示及隐藏工作表等操作；

（3）掌握单元格、行和列的相关操作，掌握使用控制句柄、设置数据有效性和设置单元格格式的方法；

（4）掌握数据录入的技巧，如快速输入特殊数据、使用自定义序列填充单元格、快速填充和导入数据等，掌握格式刷、边框、对齐等常用格式设置；

（5）熟悉工作簿的保护、撤销保护和共享，工作表的保护、撤销保护，工作表的背景、样式、主题设定；

（6）理解单元格绝对地址、相对地址的概念和区别，掌握相对引用、绝对引用、混合引用及工作表外单元格的引用方法；

（7）熟悉公式和函数的使用，掌握平均值、最大/最小值、求和、计数等常见函数的使用；

（8）了解常见的图表类型及电子表格处理工具提供的图表类型，掌握利用表格数据制作常用图表的方法；

（9）掌握自动筛选、自定义筛选、高级筛选、排序和分类汇总等操作；

（10）理解数据透视表的概念，掌握数据透视表的创建、更新数据、添加和删除字段、查看明细数据等操作，能利用数据透视表创建数据透视图；

（11）掌握页面布局、打印预览和打印操作的相关设置。

## 素养目标

（1）利用科学技术现代化手段来提升学习和工作效率；

（2）培养学生团结协作的能力；

（3）培养学生在实践中掌握知识理论的能力。

## 知识导图

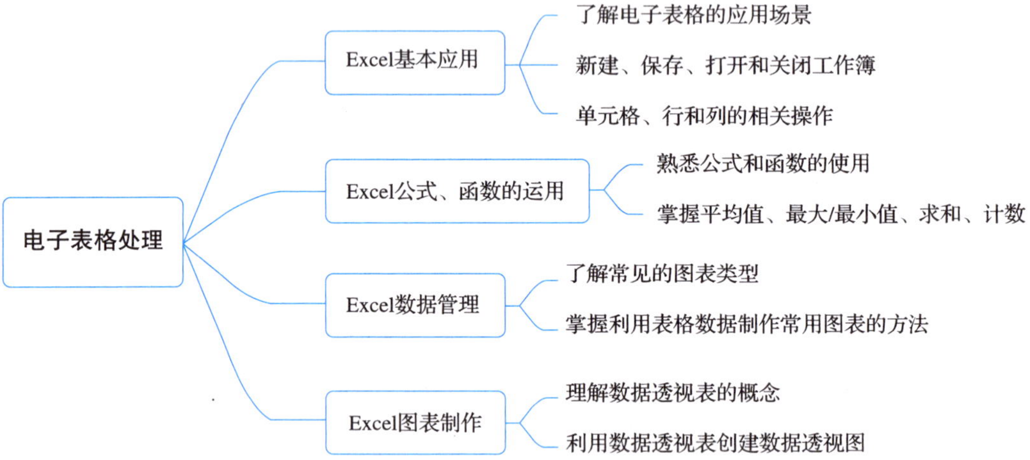

# 工作任务一 Excel 基本应用

## 任务目标

（1）创建工作簿。
（2）掌握各种类型数据的输入。
（3）掌握工作表格式设置。
（4）掌握工作表的操作。

## 任务描述

为了方便公司管理及员工之间增进了解、方便联络，领导要求王嘉做一份公司员工基本信息表，通过此表管理员工的各种基本信息。信息表不仅要为管理员工的各种基本信息提供一个良好的界面，而且通过对单元格进行修饰，达到清晰美观的效果，便于查阅与打印。

### 训练 1　认识 Excel 2016

#### 一、Excel 2016 的操作界面

一个标准的 Excel 主界面窗口由快速访问工具栏、标题栏、“文件”选项卡、功能区、名称框、编辑栏、工作区和状态栏等几部分组成。Excel 2016 的操作界面用功能选项卡的形式直观地将众多的命令巧妙地组合在一起，便于用户在使用时进行选择和查找。

**1. 标题栏**

标题栏位于主界面的顶端，中间显示当前编辑的工作簿名称。启动 Excel 时，默认的工作簿名称为“工作簿 1”。

**2. 快速访问工具栏**

快速访问工具栏位于标题栏的左侧，包含一组用于 Excel 工作表操作的最常用命令，如“保存”、“撤销”和“恢复”等。

用户可根据自己的需要，单击快速访问工具栏右侧的，自定义快速访问工具栏；或通过“文件”选项卡“选项”命令，自定义快速访问工具栏。

**3.“文件”选项卡**

“文件”选项卡是以“Office 按钮”的方式组织呈现一些与文件相关的常见命令项，主要包括“开始”“新建”“打开”“信息”“保存”“另存为”等，还可以进入“选项”功能区。

**4. 功能区**

Excel 2016 的功能区由各种选项卡和包含在各选项卡中的命令按钮组成，在功能区中不仅可以轻松地查找以前版本中隐藏在复杂菜单和工具栏中的命令，而且能将各种命

令以分组的形式进行组织，更加方便用户的使用。

功能区中除了“文件”选项卡外，默认状态下还包括“开始”“插入”“页面布局”“公式”“数据”“审阅”“视图”七个选项卡，其中默认选择的为“开始”选项卡（最常用功能），可以通过单击选项卡名称在各选项卡之间进行切换。

对于屏幕较小的情况，可以隐藏功能区，主要有以下四种方法：

（1）快捷键“Ctrl+F1”；

（2）使用功能区中的折叠功能区按钮 ；

（3）双击任意一个激活的选项卡；

（4）在功能区上右击，在弹出的快捷菜单中选择“折叠功能区”。

**5. 编辑栏**

编辑栏是位于功能区下方工作区上方的窗口区域，主要用于显示和编辑活动单元格的名称、数据及公式等。

编辑栏从左到右依次由“名称框”“功能按钮”“公式框”三部分组成，如图 2－1－1 所示。

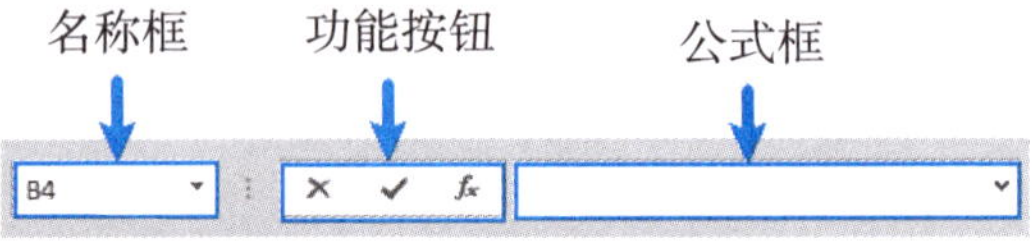


图 2－1－1　编辑栏结构图

“名称框”用于显示活动单元格的名称（也称为地址）。可直接在名称框中输入单元格名称，快速定位该单元格。

“公式框”主要用于输入和编辑活动单元格的内容，包括数据、公式等。当向单元格中输入内容时，“功能按钮”区域除了显示“插入函数”按钮 fx 之外，还会启用“取消” ✕ 和“输入” ✓ 两个按钮，用来确认当前输入的内容是“取消”还是“确认”，如图 2－1－2 所示。

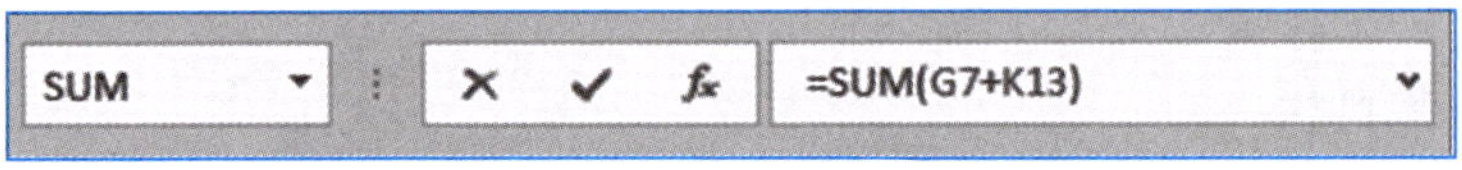


图 2－1－2　输入数据时的编辑栏

**6. 工作区**

工作区是用于编辑和显示数据的主要工作场所，从工作区底端的工作表标签可以看出当前工作簿中有几个工作表以及当前工作表是哪一个。当要切换到其他工作表进行编辑时可通过单击相应的工作表标签进行选择。

**7. 状态栏**

状态栏位于窗口的最下边，是用来显示活动单元格的编辑状态、选定区域的数据统计结果、工作表的显示方式及工作表显示比例等信息的窗口。在 Excel 2016 中，状态栏可显示三种状态，分别为默认时的“就绪”状态、输入数据时的“输入”状态及编辑数据时的“编辑”状态。工作表的显示方式有三种：普通、页面布局和分页预览。工作表显示比例可通过鼠标直接拖放进行修改。

## 二、Excel 2016 的基本操作介绍

### 1. 工作簿基本操作

常用的工作簿基本操作主要包括创建、打开和保存工作簿。

（1）创建工作簿。

使用 Excel 工作，首先必须创建一个工作簿，可以通过以下几种方式创建工作簿。

1）自动创建。启动 Excel 2016 后，系统会自动创建一个名称为“工作簿 1”的工作簿，其中包含一个工作表 Sheet1。

2）使用“文件”选项卡创建。启动 Excel 2016 后，打开“文件”选项卡，在弹出的下拉菜单中选择“新建”选项，进入如图 2－1－3 所示的界面。

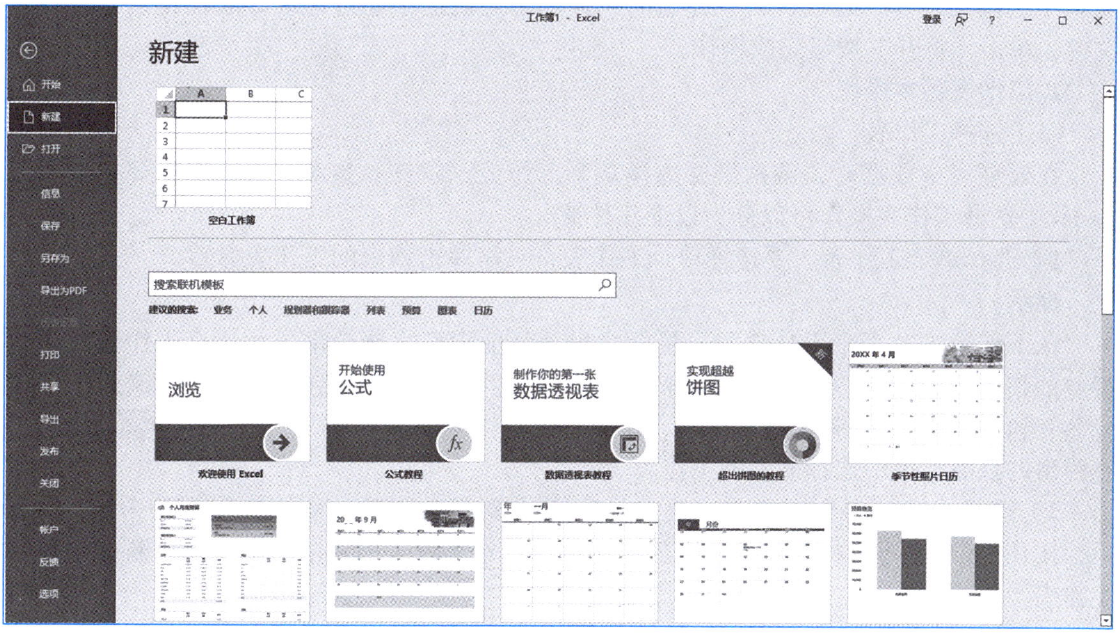


图 2－1－3　使用“文件”选项卡创建工作簿

在“可用模板”列表选择“空白工作簿”选项（可根据需要选择其他模板），完成工作簿的创建。

（2）保存工作簿。

创建好工作簿后便可以对其进行编辑等操作，在编辑完成时需要将编辑结果进行保存，保存工作簿的具体步骤如下：

1）单击快速访问工具栏中的“保存”选项（也可打开“文件”选项卡，在弹出的下拉菜单中选择“保存”选项或使用快捷键“Ctrl+S”）。

2）如果是第一次保存该工作簿文件，执行上述步骤后会弹出“另存为”对话框，在“文件名”文本框中输入相应文件名后，单击“保存”按钮完成操作。保存时输入的文件名会在下次打开该文件时显示在 Excel 窗口的标题栏。

**提示：**

在保存工作簿时，还可以在“另存为”对话框中做以下常见的操作：

①通过修改“作者”和“标记”文本框中的内容来编辑或添加作者信息和标记。

②单击“工具”按钮后在弹出的快捷菜单中选择“常规选项”选项，在弹出的“常规选项”对话框中添加或修改相应权限的文件密码。

（3）打开工作簿。

实际工作中，常对已有的工作簿文件进行编辑修改，此时就需要先打开该工作簿文件。打开工作簿文件的方法如下：

1）使用文件图标打开。先在资源管理器中找到要打开的工作簿文件，双击该文件图标即可。

2）使用“文件”选项卡打开。先启动 Excel 2016，打开“文件”选项卡，在弹出的菜单中选择“打开”选项，再在弹出的“打开”对话框中通过地址导航栏找到并选中该文件，单击“打开”按钮完成操作。

### 2. 工作表基本操作

（1）选择工作表。

在处理表格数据时，常常需要选择某个工作表，以进一步对其进行编辑等操作。在 Excel 中选择工作表操作可以分为以下几种情况。

1）选择单个工作表。要选择单个工作表，只需单击该表的工作表标签。

**提示：**

在工作簿中有多个工作表时，可能会出现当前窗口无法全部显示所有工作表工作表标签的情况，此时可以通过“工作表导航栏”中的  按钮先显示出隐藏的工作表标签，再单击该标签来选择工作表，也可以右击“工作表导航栏”中的  按钮，在弹出的快捷菜单中选择需要的工作表。

2）选择连续的多个工作表。要选择连续的多个工作表，需要在选择第一个工作表后，按住 Shift 键再选择最后一个工作表。可以通过工作表标签的激活状态判断出选择的工作表。

3）选择不连续的多个工作表。要选择不连续的多个工作表，只需在选择每张工作表时先按住 Ctrl 键再进行选择即可。

**提示：**

若在选择多个工作表时修改了活动工作表的数据，则其他被选定的工作表对应的单元格数据也会随之改变。如在同时选定 Sheet1 和 Sheet3 时，在 Sheet1 工作表的 A1 单元格中输入内容“数据统计”后，Sheet3 工作表的 A1 单元格内容也变为“数据统计”。

（2）添加和删除工作表。

默认状态下，一个工作簿中包含一个工作表，实际应用中，还需要对工作表进行添加和删除等操作。

1）添加工作表。

方法 1：单击“开始”选项卡“单元格”选项组中“插入”下拉按钮 ，在弹出的菜单中选择“插入工作表”选项完成操作。

方法 2：右击工作表标签，在弹出的快捷菜单中选择“插入”命令，在弹出的“插入”对话框中选择想要的工作表模板（默认为“工作表”模板，如图 2－1－4 所示），单击“确定”按钮完成操作。

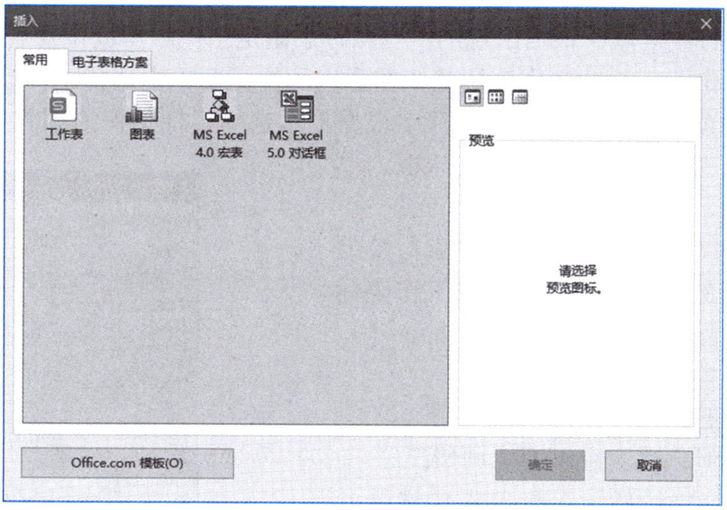


图 2－1－4 “插入”对话框

2）删除工作表。

方法 1：单击要删除工作表的标签以选择该工作表，单击“开始”选项卡“单元格”选项组中“删除”下拉按钮 ，在弹出的菜单中选择“删除工作表”选项完成操作。

方法 2：右击要删除工作表的标签，在弹出的快捷菜单中选择“删除”选项即可。

（3）更改工作表名称。

工作簿中的工作表通过工作表名称来相互区分，默认情况下以 Sheet1，Sheet2，Sheet3……来命名。为了方便我们管理，通常会对工作表进行重命名操作，主要有以下两种方法。

方法 1：双击要重命名的工作表标签，进入标签名编辑状态，输入想要更改的名称后按“Enter”键结束。

方法 2：在要重命名的工作表标签上右击，在弹出的快捷菜单中选择“重命名”选项进入标签名编辑状态，输入想要更改的名称后按“Enter”键结束。

（4）移动和复制工作表。

工作表还可以在一个工作簿或多个工作簿间进行移动或复制。

1）移动工作表。可以在一个或多个工作簿中移动工作表，若是在多个工作簿中移动工作表，则要求这些工作簿都必须为打开状态。移动工作表有以下两种方法。

方法 1：单击要移动的工作表标签，按住鼠标左键将其拖放到目标工作簿的工作表标签区域，根据出现的倒三角标志确定工作表摆放位置后释放鼠标左键。

方法 2：右击要移动的工作表标签，在弹出的快捷菜单中选择“移动或复制”选项，再在弹出的“移动或复制工作表”对话框中根据提示选择目标工作簿和将来工作表在该工作簿中的位置后单击“确定”按钮。

2）复制工作表。移动工作表是将工作表由原来的工作簿移动到新的工作簿中，要想在原来的工作簿中仍保留该工作表，则需要通过复制工作表来实现。可以通过以下两种方法进行复制。

方法 1：单击要复制的工作表标签，同时按住“Ctrl”键和鼠标左键将其拖放到目标工作簿的工作表标签区域，根据出现的倒三角标志确定工作表摆放位置后释放鼠标左键。

方法 2：右击要复制的工作表标签，在弹出的快捷菜单中选择“移动或复制”选项，在弹出的“移动或复制工作表”对话框中根据提示选择目标工作簿和将来工作表在该工作簿中的位置，选中“建立副本”复选框，单击“确定”按钮，如图 2－1－5 所示。

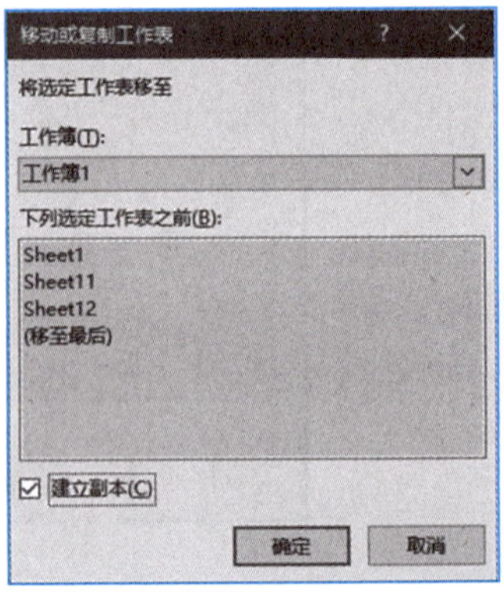


图 2－1－5 “移动或复制工作表”对话框

在 Excel 2016 中，还可以在工作表标签上右击，通过弹出的快捷菜单进行更改工作表标签颜色、显示和隐藏工作表等操作。

### 3. 单元格基本操作

（1）选择单元格。

选择单元格时，通常有以下几种情况。

1）选择一个单元格。直接单击要选择的单元格即可选中该单元格。默认状态下，单元格被选中后，单元格的地址会显示在名称框中，内容会显示在编辑栏中。

2）选择一个连续的区域。要选择一个连续的数据区域，可先选定该区域左上角的单元格，同时按住鼠标左键不放并拖动鼠标至该区域的右下角单元格；或先选定该区域左上角的单元格，鼠标放到该区域右下角的单元格处，按住“Shift”键，单击此单元格。

3）选择多个不连续的区域。要选择多个不连续的区域，需先选定第一个区域，然后按住“Ctrl”键选择第二个区域，同样的操作选择第三个区域，一直到所有区域选择完成。

4）选择一行（或一列）。选择一行（或一列）时需先将光标移动到行号（或列号）上，当光标变为 （或 ）形状时单击鼠标完成选择。

5）选择多行（或多列）。选择连续多行（或多列）时，可先选中第一行（或第一列），同时按住鼠标左键不放并拖动鼠标至最后一行（或最后一列）的行号（或列号）；或先选中第一行（或第一列），鼠标放至最后一行（或最后一列）的行号（或列号），按住“Shift”键，单击行号（或列号）。

选择不连续多行（或多列）与选择多个不连续的区域类似，只需在选择第二个行（或列）的同时按住“Ctrl”键。

6）选择整个工作表的单元格。若要选择整个工作表的单元格则需要单击行号和列号相交处的“全选”按钮 （或使用“Ctrl+A”组合键）。

（2）单元格、行和列相关操作。

在选定单元格后，通常会执行编辑、清除、插入、删除等操作。

1）单元格编辑。单击单元格，输入数据即可。若对已有数据的单元格进行编辑，可双击单元格，将光标移至要修改的位置，输入数据。

2）清除单元格。清除单元格操作包括删除单元格的内容（数据或公式）、格式（包括数字格式、条件格式和边框）以及附加的批注等。具体操作步骤如下：

选择要清除格式的单元格区域，在“开始”选项卡“编辑”选项组中单击“清除”下拉按钮，在弹出的菜单中选择对应的命令（鼠标指向每条命令时，有相关的提示）。

3）单元格、行和列的插入或删除。插入单元格、行或列时，单击“开始”选项卡“单元格”选项组中“插入”下拉按钮，在弹出的菜单中选择对应的命令；进行删除操作时，光标置于要删除的单元格、行或列处，单击“开始”选项卡“单元格”选项组中“删除”按钮，在弹出的菜单中选择对应的命令。

4）隐藏行（或列）/ 显示隐藏的行（或列）。选定要隐藏的行（或列），单击“开始”选项卡“单元格”选项组中的“格式”按钮 格式，在弹出的菜单中选择“隐藏和取消隐藏”选项，再在弹出的子菜单中选择“隐藏行”（或“隐藏列”）选项。要显示隐藏的行（或列）时，选定被隐藏的行（或列）的前、后行（或列），重复上述操作，在弹出的子菜单中选择“取消隐藏行”（或“取消隐藏列”）选项。

5）调整行高（或列宽）。有多种方法可调整行高（或列宽），调整时可以是一行（或一列）也可以是多行（或多列），在此介绍以下两种常用的方法。

方法 1：选定要调整的行或列（可为多行或多列），将光标定位到行号（或列号）的下（或右）边框线上，当光标变为（或）形状时，按住鼠标左键，拖动到合适的行高（或列宽）时再释放鼠标；此时若双击，则为“自动调整行高”（或“自动调整列宽”）。

方法 2：选择要调整的行或列（可为多行或多列），在“开始”选项卡“单元格”选项组中单击“格式”按钮，在弹出的菜单中选择“行高”（或“列宽”）选项，再在弹出的“行高”（或“列宽”）对话框中输入想要设置的高度值（或宽度值）即可。

6）复制和移动单元格区域。常用以下两种方法复制和移动单元格区域。

方法 1：先选中要复制的单元格区域，将光标移到该区域的外边框上，当光标变为形状时按住“Ctrl”键，同时按住鼠标左键拖至目标区域的左上角单元格。移动单元格区域时不用按“Ctrl”键，直接鼠标左键拖放即可。

方法 2：先选中要复制的单元格区域，按下“Ctrl+C”组合键进行复制，将光标定位到目标区域的左上角单元格上，按“Ctrl+V”组合键进行粘贴。移动单元格区域时，使用“Ctrl+X”组合键进行剪切，其余操作与复制时的相同。

### 4. 数据输入技巧

在 Excel 中输入一些有规律的数据时，除了要注意输入规则，还可以使用一些快速输入数据的技巧，以提高我们输入数据的效率。

（1）使用填充柄填充输入。

在 Excel 中输入有规律的数据时，填充柄是一个很方便的工具。使用填充柄可以将当前单元格中的数据或公式快速地按某种规律填充同一行（或同一列）的单元格，而用户只需拖动当前单元格的填充柄即可完成相关操作。填充柄位于当前单元格的右下角，当光标指向该位置时，会自动变为填充柄形状。此时按住鼠标左键并拖动填充柄，便能对拖动过程中填充柄所经过的单元格区域进行数据填充，且不同形式或规律的数据会有不同的填充结果。

1）相同数据填充。填充相同数据的操作为：先在填充区域的起始单元格中输入要填充的数据，拖动该单元格的填充柄直至填充区域的最后一个单元格松开。

2）数据序列填充。填充数据序列的操作为：先在填充区域的前两个单元格中依次输入要填充的数据，选定已填充好的这两个单元格，拖动填充柄直至填充区域的最后一个单元格。新填充的数据与先前输入的两个数据按照单元格顺序一起构成一个数据序列，且每两项间的步长（递增或递减的值）与先前输入的两个数据间的步长相同。

**提示：**

文本型数字与字符型数字的填充操作有所不同，可与“Ctrl”键配合使用。

（2）使用菜单填充输入。

通过菜单方式进行数据填充操作，可拥有更多的数据序列类型，具体操作如下：

先在填充区域的起始单元格中输入要填充的起始数据，从该单元格开始（包括该单元格）选定要填充的行或列区域，单击“开始”选项卡“编辑”选项组“填充”下拉按钮，在弹出的菜单中选择“序列”选项，再在弹出的“序列”对话框（见图 2-1-6）中进行相应的设置，单击“确定”按钮完成操作，填充效果如图 2-1-7 所示。在选中一个以上单元格时会出现快速分析按钮，单击该按钮后可通过一些 Excel 工具（如格式、图表、公式等）快速方便地分析数据。

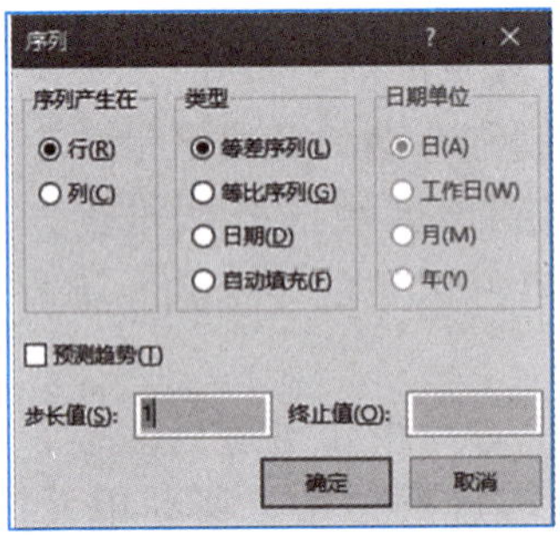


图 2-1-6 “序列”对话框

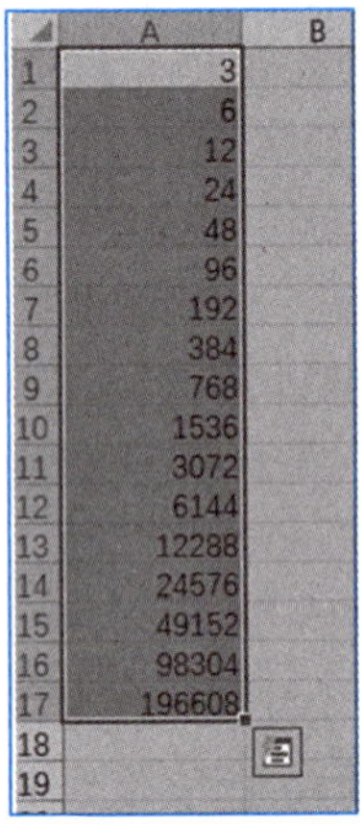


图 2-1-7 使用菜单填充序列数据后的效果

（3）通过自定义序列填充输入。

Excel 内置某些有规律的数据序列，如月份：一月、二月等；星期：星期一、星期二等。可在输入这些数据序列其中一项后，通过直接拖动填充柄在同行（或同列）填充出该组序列。

要按想要的序列如“周一、周二、周三、周四、周五、周六、周日”来进行填充，则需要在 Excel 中自定义该序列，具体操作步骤如下：

打开“文件”选项卡，在弹出的下拉菜单中选择“选项”命令，弹出“Excel 选项”对话框，在该对话框的左侧窗格中选择“高级”选项，将右侧窗格中的滚动条向下滚动直到当前显示的为“常规”栏为止（如图 2-1-8 所示），单击“常规”栏中的“编辑自定义列表”按钮，在弹出的“自定义序列”对话框的左侧列表中选择“新序列”选项，在右侧的“输入序列”编辑框中按图 2-1-9 所示的方式输入“周一”到“周日”的自定义序列并单击“添加”按钮，该序列即被添加到左侧的“自定义序列”列表底端，单击“确定”按钮退出“自定义序列”对话框。此后使用填充柄即可实现“周一”到“周日”的填充效果。

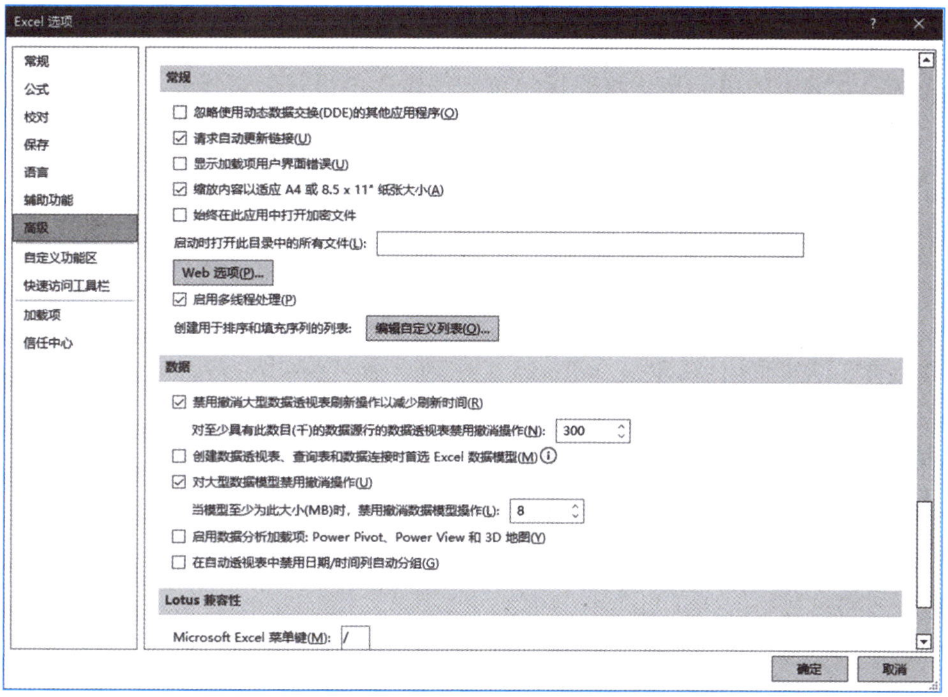


图 2-1-8 “Excel 选项”对话框“常规”栏

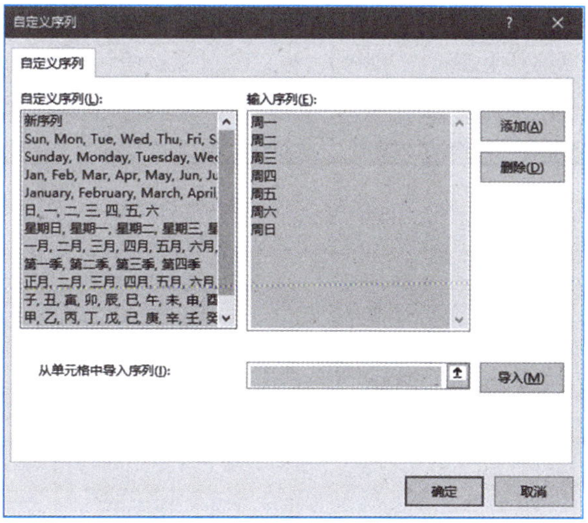


图 2-1-9 输入自定义序列

如果要删除自定义序列，可在“自定义序列”对话框左侧列表中选中要删除的自定义序列，再单击“删除”按钮，在弹出的提醒对话框中单击“确定”按钮。

从“自定义序列”对话框左侧列表中可以看出，之所以在默认情况下可以直接填充“星期一”到“星期日”等序列是因为这些序列已经被 Excel 默认添加到自定义序列中了。

### 5. 编辑表格数据

在 Excel 中，当输入的数据需要编辑时，可直接双击数据所在单元格，进入单元格编辑状态，将光标定位到需要编辑的位置（或选定需要编辑的部分数据）进行编辑操作；也可以先选择要编辑的单元格，将光标定位到编辑栏中进行编辑操作。

除此之外，Excel 中还允许通过导入外部数据等方式输入表格数据，以及通过查找和替换等操作同时对多个单元格数据进行批量编辑和数据更新。

## 训练 2　制作员工基本信息表

### 一、命名 Excel 工作簿、工作表标签

具体要求：在桌面上新建一个 Excel 工作簿，命名为“员工基本信息表 .xlsx”；将“Sheet1”工作表改名为“员工信息表”。

### 1. 启动 Excel

单击桌面左下角的“开始”按钮，在弹出的“开始”菜单中找到并执行“Excel 2016”。

启动 Excel 2016 后，会默认打开一个空白的 Excel 工作簿，并定位在此工作簿的第一张工作表“Sheet1”中，如图 2－1－10 所示。

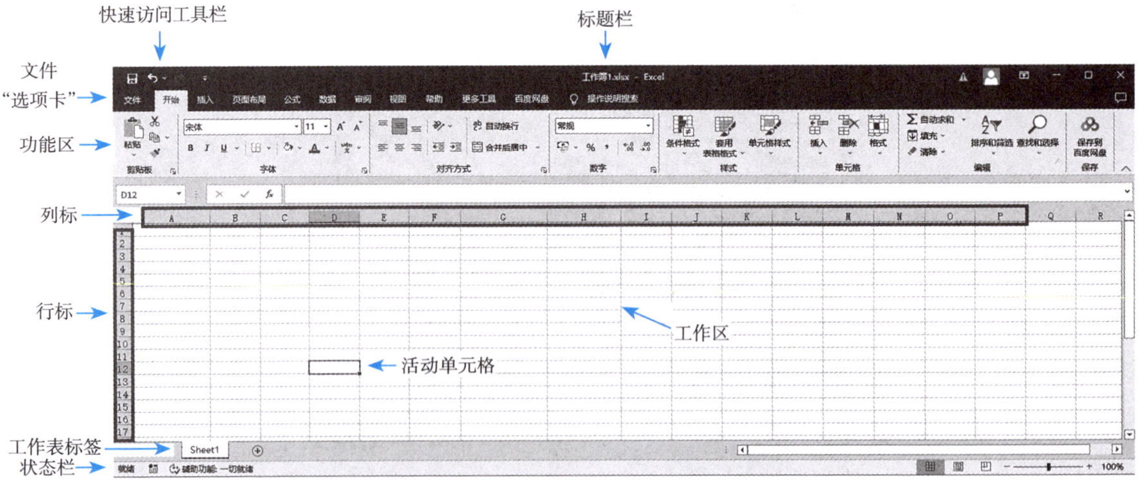


图 2－1－10　Excel 2016 窗口的基本结构图

### 2. 将文件保存在桌面上，命名为“员工基本信息表 .xlsx”

选择“文件”选项卡“保存”命令，弹出“另存为”对话框。在“文件名 (N):”处输入“员工基本信息表”，如图 2－1－11 所示。单击“保存”按钮，工作簿的标题栏由“工作簿 1–Excel”变成了“员工基本信息表 –Excel”。

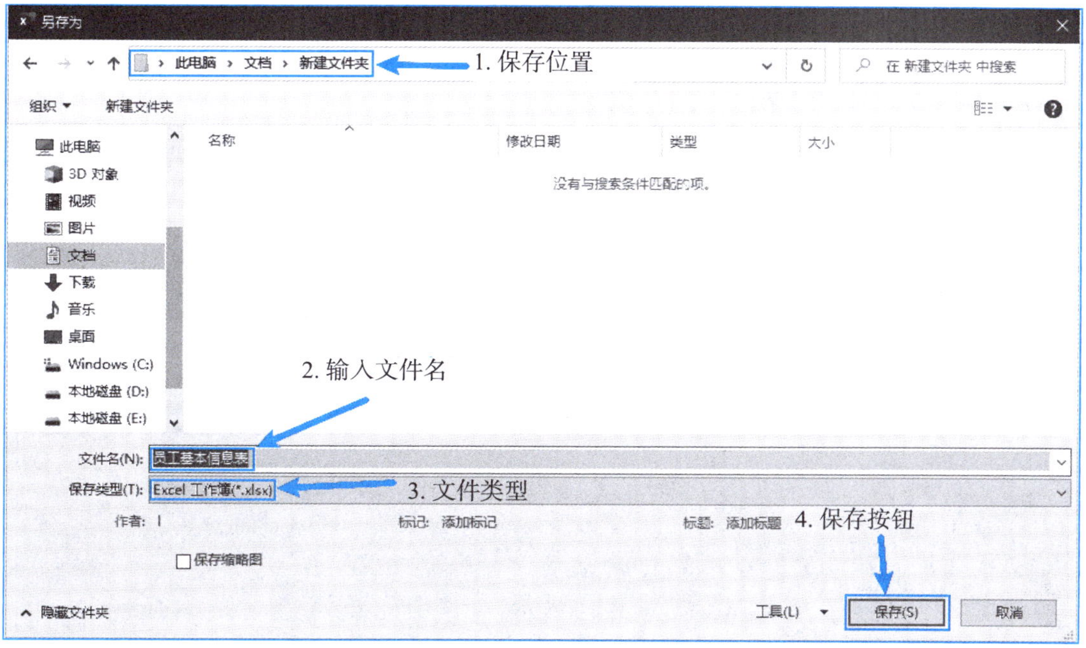


图 2－1－11 “另存为”对话框

提示：

（1）工作簿是 Excel 中计算和存储数据的文件，通常所说的 Excel 文件即工作簿文件。每个工作簿可以由多个工作表组成（默认为 1 个），Excel 中处理的各种数据是以工作表的形式存储在工作簿文件中的。

（2）Excel 2016 工作表是一个由 1 048 576 行 16 384 列组成的二维表格，是完成一个 Excel 工作的基本单位。在工作表中，列用字母标志，如 A ～ Z，AA ～Ⅳ等，称为列标；行用数字标志，从 1 到 1 048 576，称作行号。每个行列交叉位置称为单元格。

（3）如果只需要一个工作表，右击要删除的工作表标签，从弹出的快捷菜单中选择“删除”命令，即可将多余的工作表删除。也可以单击“开始”选项卡“单元格”选项组中“删除”下拉按钮，从下拉列表中选择“删除工作表”命令。

（4）如果需要插入工作表，可单击工作表标签后的新工作表功能 ，或按快捷键“ Shift+F11”。也可以单击“开始”选项卡“单元格”选项组中“插入”下拉按钮，从下拉列表中选择“插入工作表”命令，或在任意工作表标签上右击，从弹出的快捷菜单中选择“插入”命令，在弹出的“插入”对话框中选择想要的工作表模板，单击“确定”按钮完成操作。

### 3. 将“Sheet1”工作表名称改为“员工信息表”

右击要改名的“Sheet1”工作表，在弹出的快捷菜单中选择“重命名”命令，此时工作表标签被选中，在工作表标签中直接输入新名称“员工信息表”，按“Enter”键确认，完成工作表的重命名操作。或双击要改名的“Sheet1”工作表标签，进入标签名编辑状态，输入新名称“员工信息表”后按“Enter”键确认。

按快速访问工具栏中的“保存”按钮，再次保存工作簿。

## 二、输入各种类型数据

具体要求：根据图 2-1-12 创建“员工基本信息表”；手动输入前两条记录；根据素材文件“员工基本信息 .docx”，输入其他记录；序列填充员工编号。

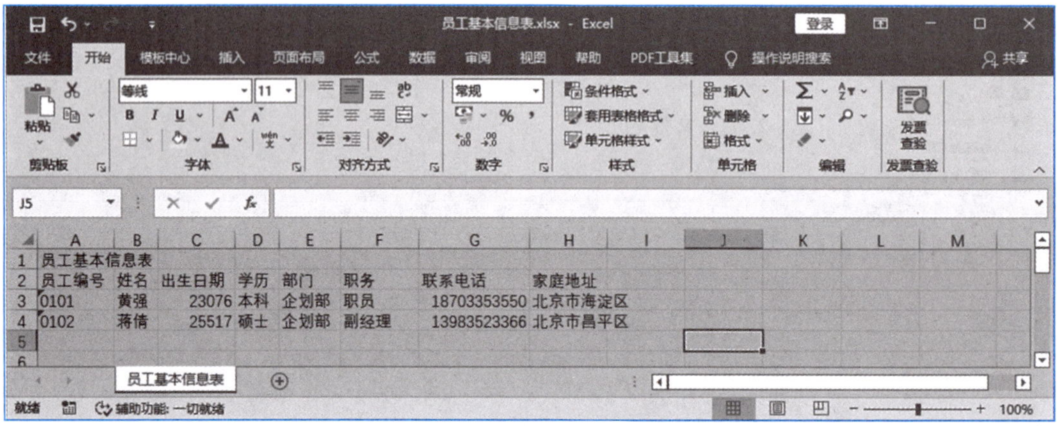


图 2-1-12　员工基本信息表

（1）选定单元格 A1，输入文字“员工基本信息表”；选定单元格 A2，输入文字“员工编号”；按“Tab”键，将光标定位于右侧的单元格，按图 2-1-12 所示，依次输入其余列标题。

（2）单击第 1 列的列标，选定第 1 列。单击“开始”选项卡“对齐方式”选项组右下角的按钮，在弹出的“设置单元格格式”对话框中，选择“数字”选项卡，在“分类”列表中选择“文本”，单击“确定”按钮，如图 2-1-13 所示。再按图 2-1-12 所示在第 3 行、第 4 行中输入前两条记录。

（3）打开素材中的“员工基本信息表 .docx”文件，按“Ctrl+A”组合键选中全部文本，按“Ctrl+C”组合键进行复制；返回“员工基本信息表 .xlsx”，选定 A5 单元格，单击“开始”选项卡中“粘贴”下拉按钮，选择“匹配目标格式”，如图 2-1-14 所示。Word 文档中的记录就被复制到当前工作表中。

（4）快速填充员工编号。选定 A4 单元格（值为“0102”），将光标置于右下角处的填充柄处，如图 2-1-15 所示，按住鼠标左键，拖动至 A9 单元格，完成“0103”至“0107”的填充；选定 A10 单元格（值为“0201”），拖动填充柄至 A21 单元格；以此类推，完成员工编号的填充。

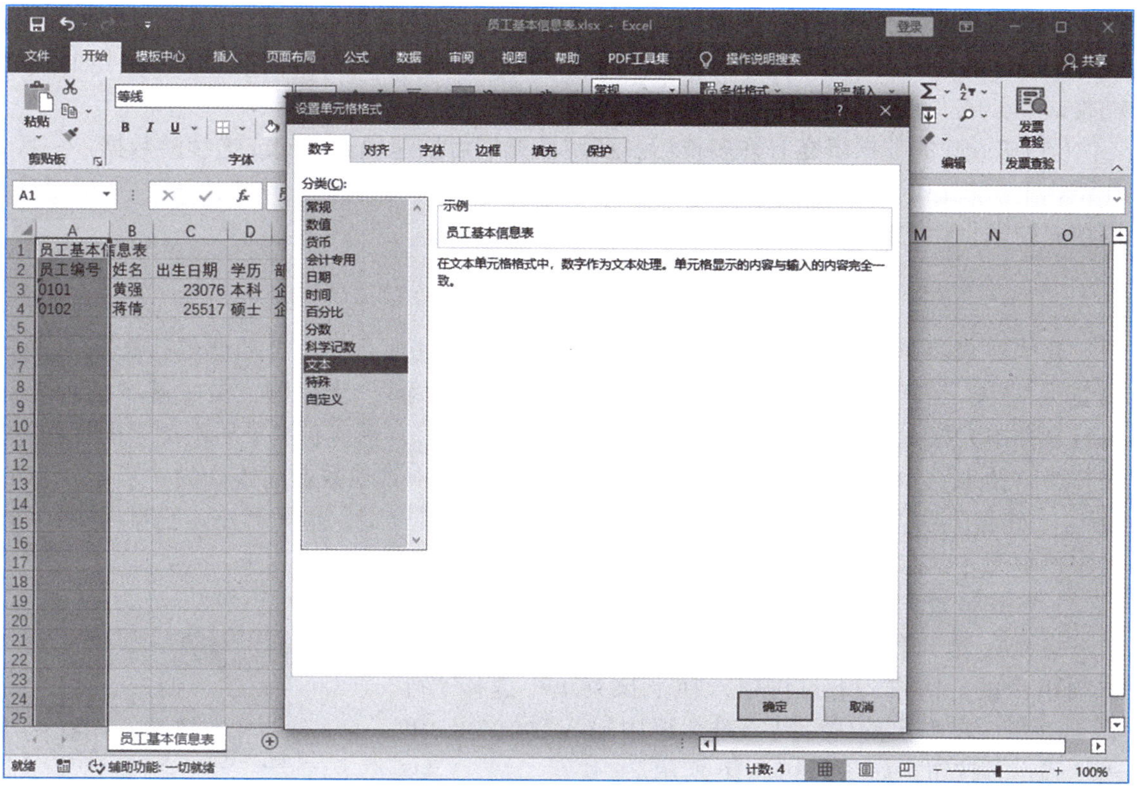

图 2-1-13　设置文本格式

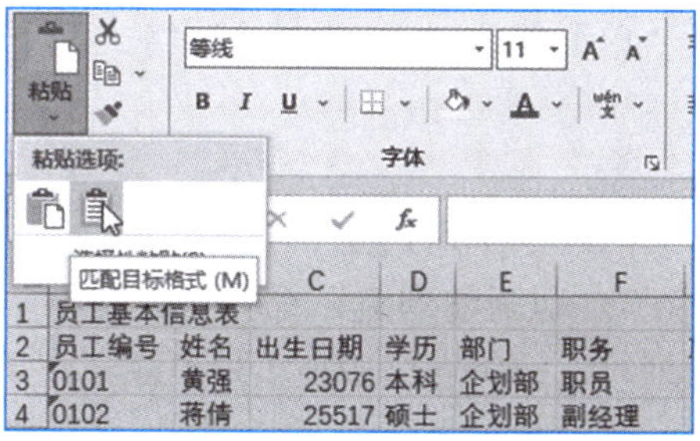

图 2-1-14　粘贴选项

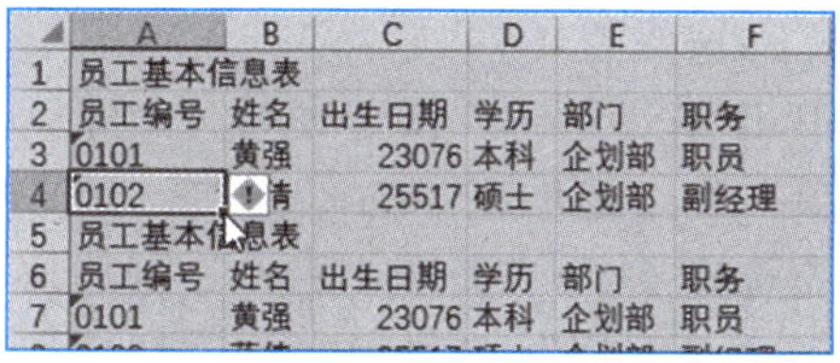

图 2-1-15　员工编号填充

提示：

（1）Excel 工作表中，单击选定的单元格可进行光标定位。按"Enter"键可以定位到下方单元格，按"Tab"键可以定位到右方单元格。也可使用光标键工作表中移动。

（2）Excel 工作表中的数据都有指定的格式。录入数据时，系统默认单元格格式是"常规"格式。最常用的数据格式有文本、数值、日期、货币、百分比等，通过"设置单元格格式"对话框中的"数字"选项卡进行设置。

（3）除设置单元格的格式外，还可通过识别符来设置。如输入以"0"开头的数据时，先输入英文单引号"'"，再输入数据，系统默认将"'"后输入的数字转化为文本类型；输入分数时，先输入"0"+"空格"，再输入"3/4"；系统默认将"0"+"空格"后输入的数字显示为分数（值为小数）。

（4）选择性粘贴是一个很强大的工具，可根据具体需要选择要粘贴的内容（如只粘贴格式、公式、数值等）。

（5）Excel 的数据填充有许多技巧。利用填充柄可快速填充相同或连续的数据。一些在结构上有规律的数据，如 2020、2021、2022，星期一、星期二、星期三等，可通过序列填充技术，让它们自动出现在一系列的单元格中。

## 三、设置工作表格式

具体要求：第 1 行行高为 30，第 2 行行高为 26，其他行为“自动调整行高”。A 列列宽为 9，C、G 列列宽为 11，其他列为“自动调整列宽”。表标题“员工基本信息表”一行合并单元格，字体为“黑体”“18 号”“加粗”“蓝色”，垂直和水平居中。表的标题行字体为“仿宋”“12 号”“加粗”，垂直和水平居中。表中其他数据字体均为“宋体”“10 号”。“出生日期”列数据格式为“ ×××× 年 ×× 月 ×× 日”型，水平靠左，垂直居中，缩小字体填充；其余数据水平和垂直居中。

### 1. 行高设置

将光标置于第 1 行，单击“开始”选项卡“单元格”选项组中的“格式”下拉按钮，在下拉菜单中选择“行高”命令，在弹出的“行高”对话框中输入数值 30，单击“确定”按钮，如图 2－1－16 所示。

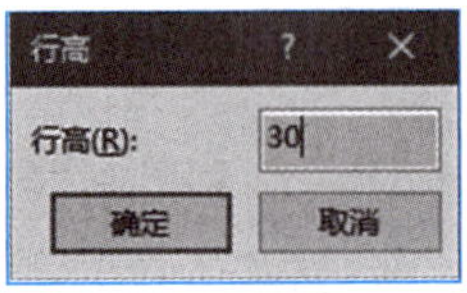


图 2－1－16 “行高”对话框

将光标置于第二行，操作同上，在“行高”对话框中输入数值 26，单击“确定”按钮。

选定第 3 行至第 40 行，单击“开始”选项卡“单元格”选项组中的“格式”下拉按钮，选择“自动调整行高”命令。

### 2. 列宽设置

单击 B 列列标，按住鼠标左键拖动至 H 列，将 B ～ H 列选定；单击“开始”选项卡“单元格”选项组中的“格式”下拉按钮，选择“自动调整列宽”命令。

先选定 C 列，按住“ Ctrl”键，再单击 G 列列标，选定 C 列和 G 列；单击“开始”选项卡“单元格”选项组中的“格式”下拉按钮，选择“列宽”命令，弹出“列宽”对话框，输入数值 11，单击“确定”按钮。

选定 A 列，操作同上，设置列宽为 9。

### 3. 字体格式设置及对齐方式

选定 A1:H1 区域，单击“开始”选项卡“对齐方式”选项组中的“合并后居中”按钮，合并 A1:H1 单元格并将文字水平居中。

单击“开始”选项卡“单元格”选项组中的“格式”下拉按钮，选择“设置单元格格式”命令，弹出“设置单元格格式”对话框。单击“字体”选项卡，在“字体”“字形”“字号”中设置字体为“黑体”“加粗”“18 号”，在“颜色”中选择标准色“蓝色”，如图 2－1－17 所示。

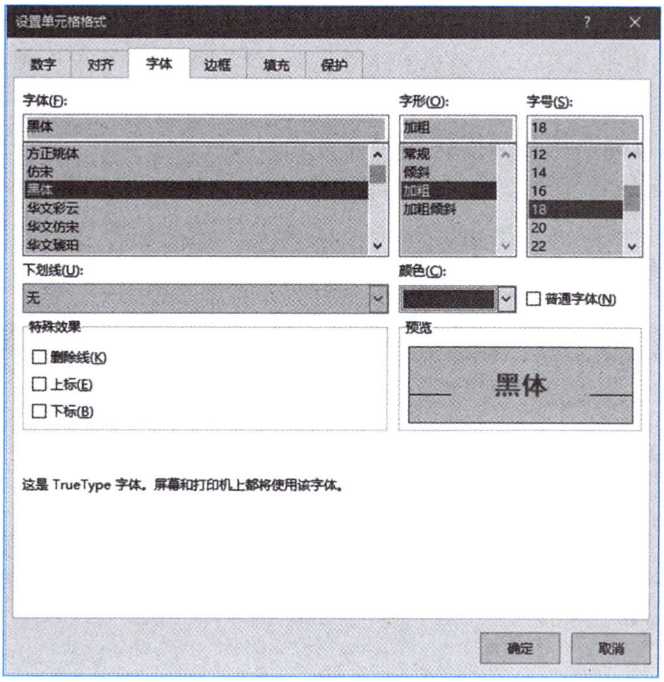


图 2-1-17　字体格式设置

单击“对齐”选项卡，设置文本对齐方式。选择水平对齐方式为“居中”，垂直对齐方式为“居中”，单击“确定”按钮，如图 2-1-18 所示。

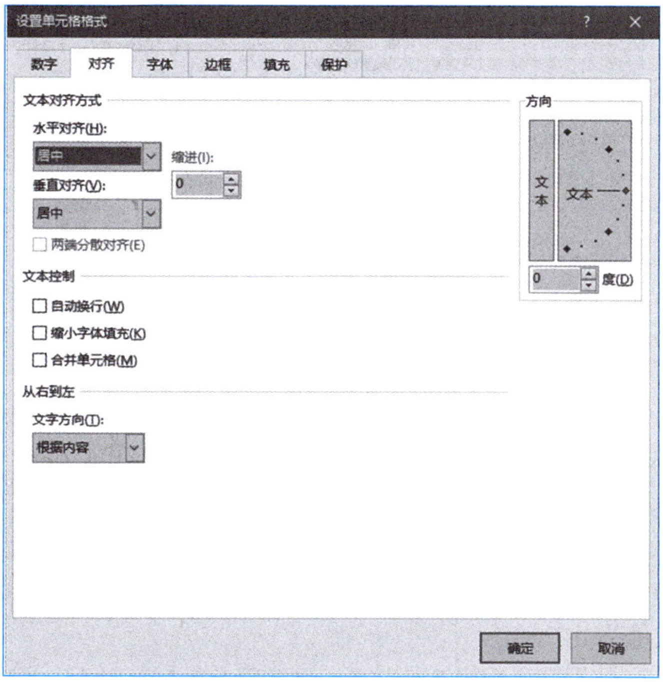


图 2-1-18　对齐方式及文本控制设置

选定 A2:H2 区域，参照上述操作步骤，设置字体为“仿宋”“12 号”“加粗”，对齐方式为垂直居中、水平居中。选定 A3:H40 区域，参照上述操作步骤，设置字体为“宋体”“10 号”，对齐方式为垂直居中、水平居中。

### 4. 设置“出生日期”列数据格式和对齐方式

选定 C3:C40 区域并右击，在弹出的快捷菜单中选择“设置单元格格式”命令，弹出“设置单元格格式”对话框。单击“数字”选项卡，在“分类”列表框中选择“日期”，“类型”列表框中选择“2012 年 3 月 14 日”，如图 2－1－19 所示。

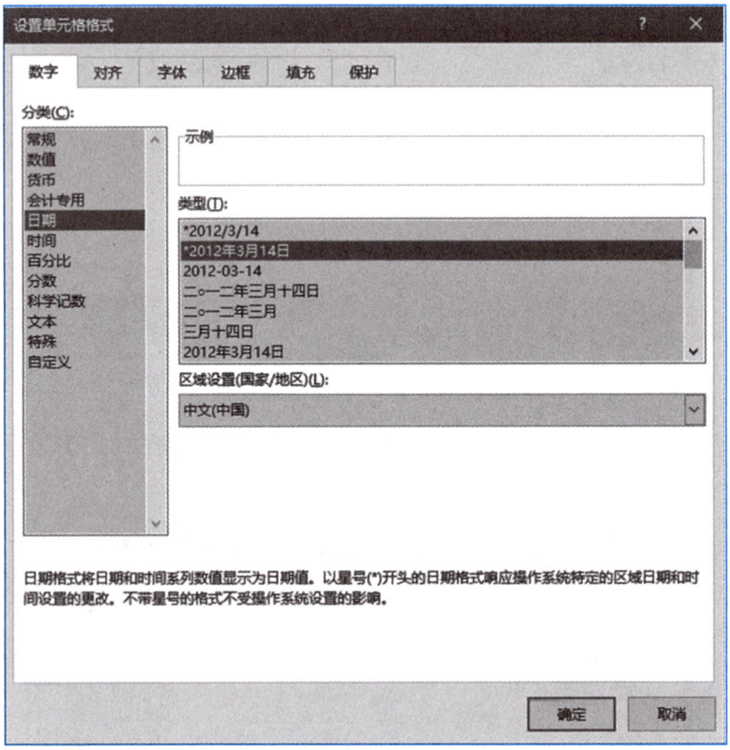


图 2－1－19　日期格式设置

再选择“对齐”选项卡，设置“文本对齐方式”为水平靠左、垂直居中；设置“文本控制”为“缩小字体填充”，单击“确定”按钮。参看图 2－1－18 所示对齐方式及文本控制设置。

**提示：**

（1）Excel 突出表格功能，行、列的格式设置要比 Word 更为便利。

（2）在 Excel 中，数据格式是一个非常重要的概念。其中数字、分数、日期和时间都以纯数字的形式存储，而在单元格中所看到的是这些数字的显示格式。例如，可以输入“2022-7-26”或“2022/7/26”来表示同一天，通过格式设置，系统显示 2022 年 7 月 26 日，内部存储数值为 44768。

（3）在 Excel 中，数据默认的格式是常规，即数字数据“右对齐”，文本数据“左对齐”。

（4）格式设置主要是在“设置单元格格式”对话框中完成，有多种方式可调出该对话框。

（5）在 Excel 中，为了使用方便，用户可通过“文件”选项卡“选项”命令，将常用的功能加入自定义功能区或快速访问工具栏。

## 四、表格美化

在基本信息表示完成后，希望工作表看上去更清晰美观，便于查阅与打印。

具体要求：将字段名所在行设置为“双线条”上、下边框，背景色为“绿色，个性色 6，淡色 60%”，图案样式为“6.25% 灰色”。表格内其他单元格均设为“细线”的下边框和内边框。将表格内记录的双数行的背景色设置为“橙色”。

（1）选定 A2:H40 区域，单击“开始”选项卡“单元格”选项组中的“格式”下拉按钮，选择“设置单元格格式”命令，弹出“设置单元格格式”对话框。单击“边框”选项卡，在“直线”选项组的“样式”列表框中选择细线线型样式，再分别单击“预置”选项组中的“外边框”按钮、“内部”按钮。单击“确定”按钮完成设置，如图 2－1－20 所示。

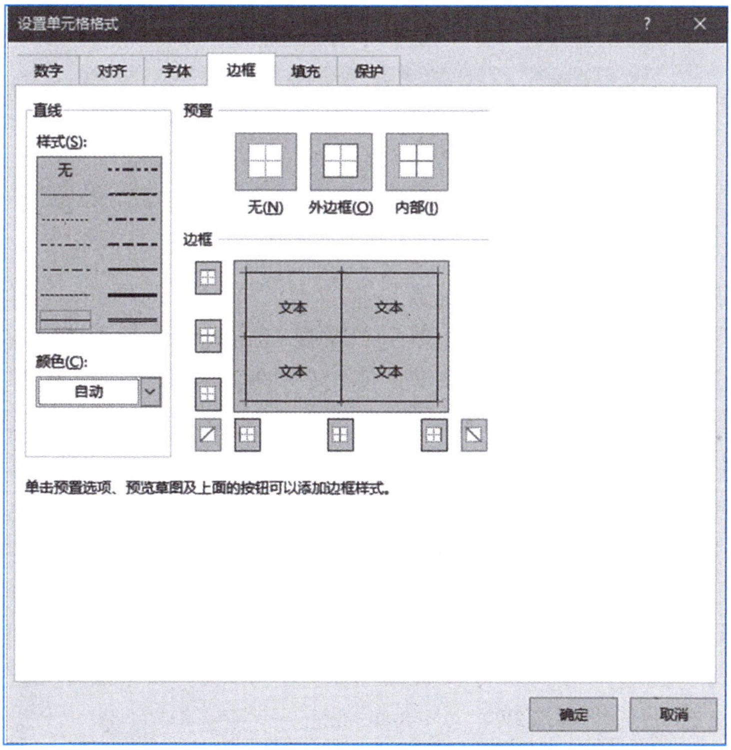


图 2－1－20　边框格式设置

（2）选定 A2:H2 区域并右击，在弹出的快捷菜单中选择“设置单元格格式”命令，在“设置单元格格式”对话框中选择“边框”选项卡。在“直线”选项组的“样式”列表框中选择“双线”，再单击“边框”选项组中的 和 按钮，单击“确定”按钮完成设置。

（3）打开“设置单元格格式”对话框，选择“填充”选项卡，如图 2－1－21 所示。在“背景色”选项组中选择“绿色，个性色 6，淡色 60%”，在“图案样式”中选择“6.25% 灰色”，单击“确定”按钮完成填充设置。

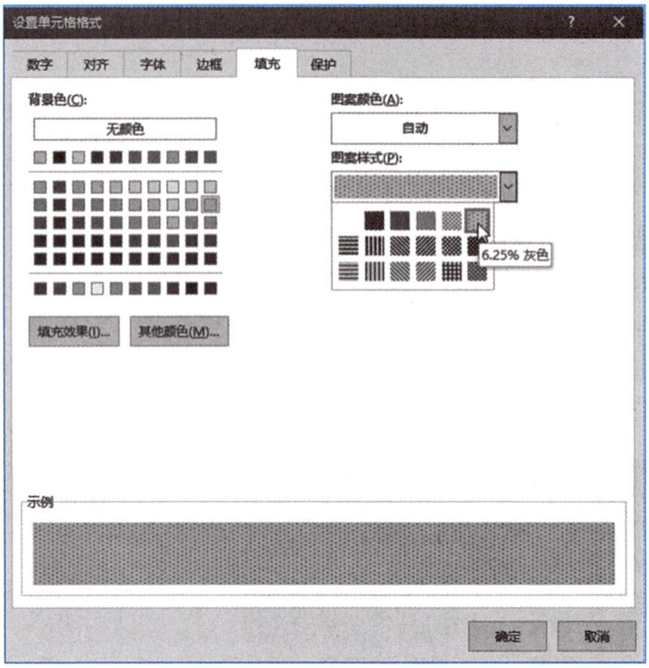


图 2－1－21　填充设置

（4）选定 A3:H40 区域，单击“开始”选项卡“样式”选项组“条件格式”下拉按钮 

，选择“新建规则”命令，弹出“新建格式规则”对话框。在“新建格式规则”对话框的“选择规则类型”中，单击“使用公式确定要设置格式的单元格”；在“编辑规则说明”中的公式输入栏中输入函数“=MOD（ROW（），2）=0”，单击对话框中的“格式”按钮，在弹出的“设置单元格格式”对话框中选择“填充”选项卡，设置“背景色”为“橙色”，单击“确定”按钮完成双数行的背景颜色设置。以上操作步骤如图 2－1－22 所示。

**提示：**

（1）Excel 工作表中所看到的网格不是工作表的边框线，只是单元格的显示，可通过“视图”选项卡的“显示”选项组，设置是否显示网格线。要想让表格打印时带有边框线，就需要设置相应的边框和底纹。

（2）使用“设置单元格格式”对话框，可根据要求自行设置表格的边框、背景色、图案样式和颜色（注意图案颜色是指前景色）。简单边框、背景色的设置，也可直接使用“字体”功能区的相应按钮来完成。

（3）条件格式可以使数据在满足不同的条件时，显示不同的格式，是一项非常实用的功能。可根据单元格中数据的不同设置相应的格式。如设置不及格、退休、到期日、

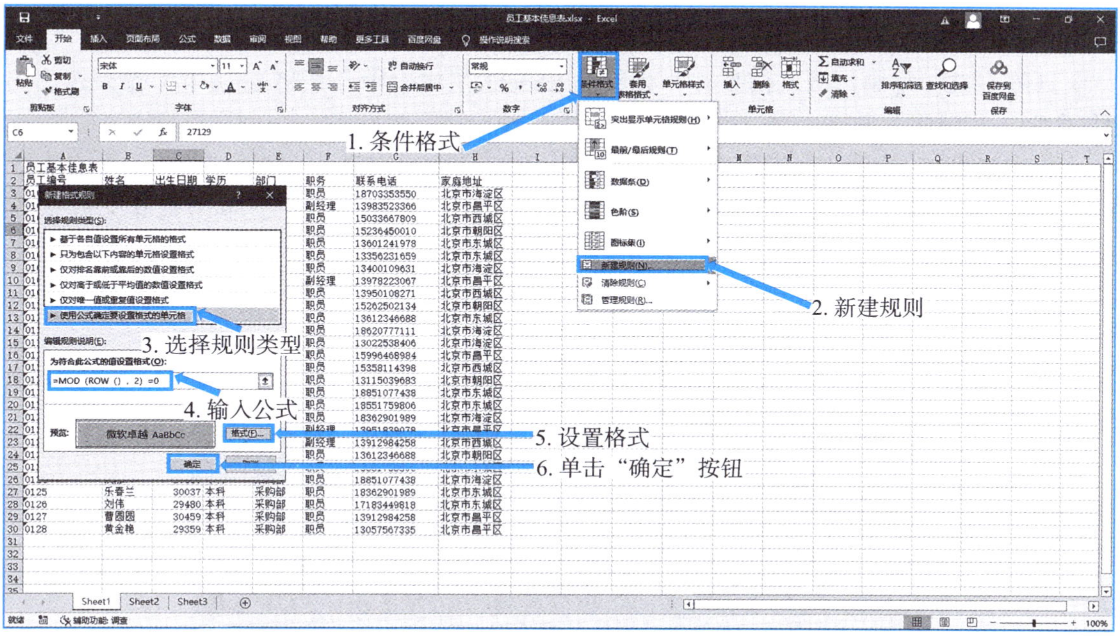


图 2－1－22　条件格式设置

重复与唯一性等条件。

（4）在“样式”选项卡中，还可套用 Excel 提供的多种表格样式和突出的显示格式。

## 五、“员工信息表”加批注

具体要求：给第 4 行第 2 列的单元格添加批注“清华在读博士”。

选定单元格 B4 后右击，在弹出的快捷菜单中选择“插入批注”命令，在打开的批注文本框中输入批注内容“清华在读博士”字样，如图 2－1－23 所示。

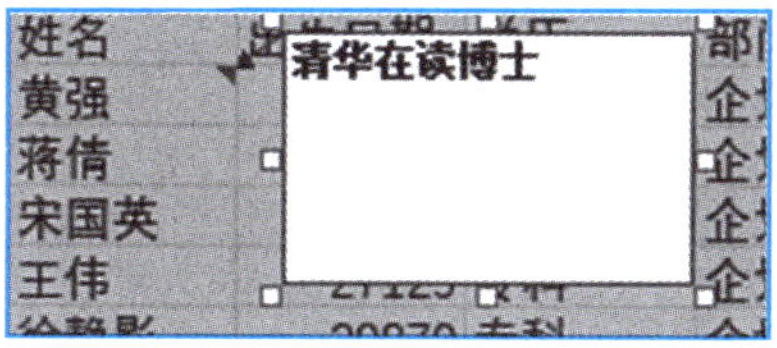


图 2－1－23　输入批注内容

**提示：**

（1）在 Excel 中，可以通过插入批注给单元格添加注释。批注也可通过“审阅”选项卡“批注”组中的“新建批注”按钮添加，通过“删除”按钮删除。当批注需要修改时，选定带批注的单元格，右击，在弹出的快捷菜单中选择“编辑批注”命令。

（2）在“审阅”选项卡中，还可进行信息校对、中文简繁体转换及工作簿、表的保护等操作。

## 六、复制“员工信息表”

具体要求：复制“员工信息表”到新的 Sheet1 工作表中，并将 Sheet1 工作表改名为“打印”。

单击“员工信息表”工作表最左上角列标与行标的交叉点，选中整个工作表，如图 2－1－24 所示。右击，在弹出的快捷菜单中选择“复制”命令；单击新建工作表按钮 ⊕，新建 Sheet1 工作表；选定 A1 单元格并右击，在快捷菜单中，选择“粘贴”命令，“员工信息表”工作表中的全部内容即被复制到 Sheet1 工作表中。

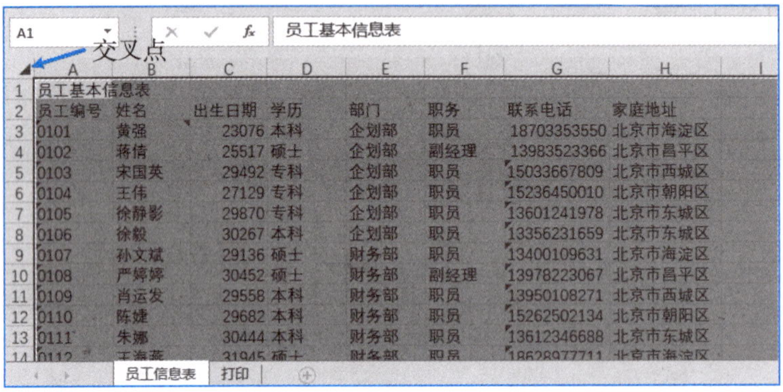


图 2－1－24　选中整个工作表

右击 Sheet1 工作表标签，重命名为“打印”。

**提示：**

（1）工作表的复制也有多种办法。如：单击待复制的工作表标签，按住“Ctrl”键，鼠标拖动工作表标签到指定位置即可完成复制；右击工作表标签，在弹出的快捷菜单中选择“移动或复制”命令，打开“移动或复制工作表”对话框，可在不同工作簿中进行工作表的移动和复制。

（2）同一工作簿中，按住鼠标左键拖动工作表标签，可调整各工作表位置顺序。

## 七、修饰“员工信息表”

具体要求：在“员工信息表”工作表中的最左边插入一列，在第一行的上方插入一行。设置工作表不显示网格线。

（1）选定“员工信息表”工作表，单击 A1 单元格，单击“开始”选项卡“单元格”选项组中的“插入”下拉按钮，选择“插入工作表行”命令。再单击 A1 单元格，单击“开始”选项卡“单元格”选项组中的“插入”下拉按钮，选择“插入工作表列”命令。

（2）取消选中“视图”选项卡“显示”选项组中的“网格线”复选框，工作表中的网格线消失。

**提示：**

（1）在工作表中插入行、列时，要注意操作时光标所在位置。Excel 中插入行、列是从当前光标位置的上方、左边插入。要同时插入多行、多列时，可通过选定多行、多列进行操作。

（2）在“视图”选项卡“显示”选项组中，还可以进行一些基本设置。例如编辑栏、行列标题的显示等。

（3）在“视图”选项卡中，还可对工作簿视图的显示方式、显示比例，窗口的排列、冻结与切换等进行设置。

## 八、页面及打印设置

具体要求：设置“打印”工作表的纸张大小为“信封 #10”，方向为“横向”；页边距上、下为 1.5 厘米，左、右为 2 厘米；居中方式为水平，页眉“鹏泰公司”为左对齐，页脚“制表人：王佳”为右对齐；分页时显示顶端标题行。

（1）单击“打印”工作表标签，选择“页面布局”选项卡。

（2）单击“纸张大小”下拉按钮 纸张大小，选择“信封 #10”命令。

（3）单击“纸张方向”下拉按钮 纸张方向，选择“横向”命令。

（4）单击“页边距”下拉按钮 页边距，选择“自定义边距”命令，弹出“页面设置”对话框。在“页面设置”对话框中，选择“页边距”选项卡，设置页边距上、下为 1.5 厘米，左、右为 2 厘米，居中方式为水平，如图 2－1－25 所示。

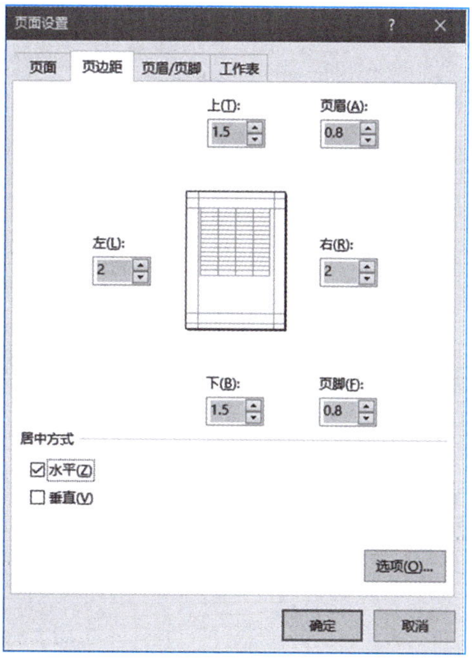

图 2－1－25 “页面设置”对话框

（5）在“页面设置”对话框中，选择“页眉 / 页脚”选项卡，单击“自定义页眉”按钮，在“页眉”对话框的“左部”文本框中输入“鹏泰公司”，如图 2－1－26 所示。单击“确定”按钮返回“页眉 / 页脚”选项卡。单击“自定义页脚”按钮，在“页脚”对话框的“右部”文本框中输入“制表人：王佳”，单击“确定”按钮。

（6）在“页面设置”对话框中，选择“工作表”选项卡，单击“打印标题”选项组“顶端标题行”的按钮，弹出“页面设置—顶端标题行”对话框，单击第二行行标，再点对话框中的按钮，返回“页面设置”对话框，单击“确定”按钮完成页面设置，如图 2－1－27 所示。

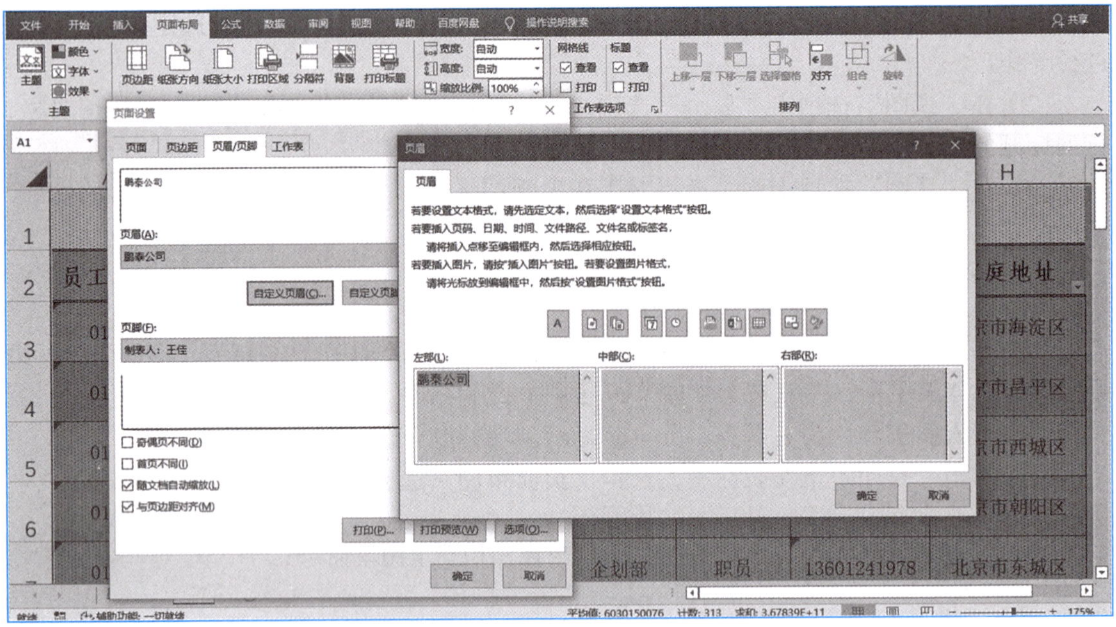


图 2-1-26　页眉设置

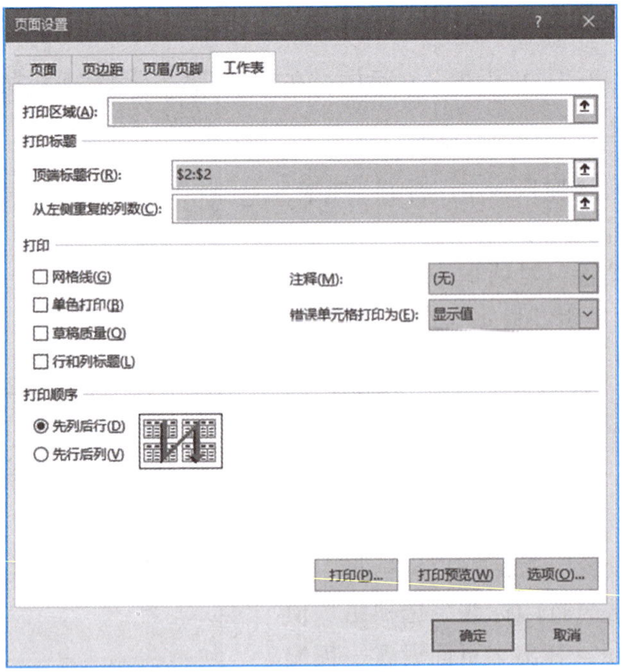


图 2-1-27　顶端标题行设置

（7）打印设置。单击“文件”选项卡中的“打印”命令，右侧窗口显示页面设置情况，如图 2-1-28 所示。中间窗格为打印设置，如设置打印机、打印份数、页数、有无缩放等。右边窗格为打印预览显示。

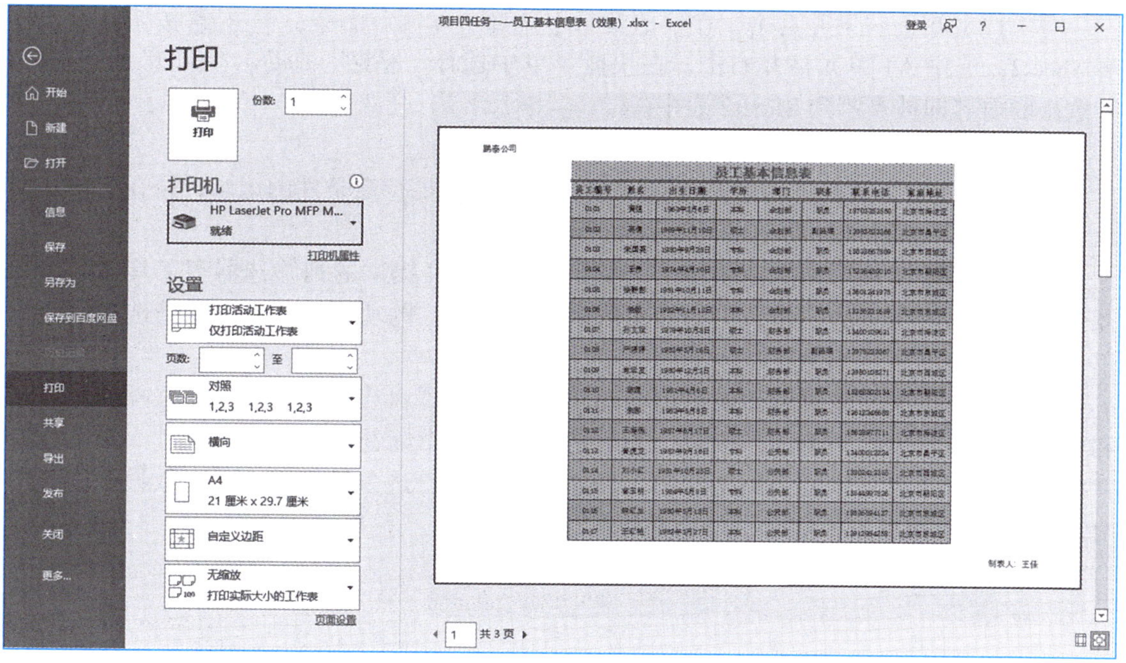


图 2－1－28　打印设置及预览

**提示：**

1）打印预览是查看打印设置情况的有效工具，通过预览检查打印设置是否令人满意，如不满意可进一步调整。

2）在实际应用中，页面和打印设置还有许多非常好用的功能，熟悉“文件”“页面布局”选项卡中的各选项功能，工作起来就能得心应手。

## 九、自动筛选操作

数据筛选就是将数据表中所有不满足条件的记录行暂时隐藏起来，只显示那些满足条件的数据行。Excel 的数据筛选方式有两种，即自动筛选和高级筛选。

具体要求：在“打印”工作表中筛选出学历为“专科”的人员，并将筛选结果复制到新工作表中。

（1）将光标置于“打印”工作表的数据区域，单击“开始”选项卡“编辑”选项组中的“排序和筛选”下拉按钮，选择“筛选”命令（或单击“数据”选项卡“排序和筛选”选项组中的“筛选”按钮）。在标题行单元格的右侧出现筛选标记。

（2）单击“学历”字段右侧的筛选标记，出现如图 2－1－29 所示的窗口，只选择“专科”，单击“确定”按钮。已做过筛选的列，筛选标记将变为，此时表中只显示学历为专科的记录。

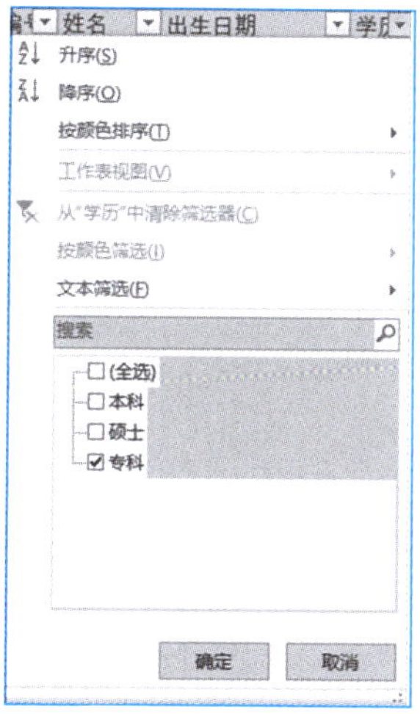


图 2－1－29　设置自动筛选

（3）选定筛选结果并右击，在快捷菜单中选择“复制”命令；单击 ⊕ 按钮新建工作表 Sheet2，选中 A1 单元格并右击，在快捷菜单中选择“粘贴”命令。“打印”工作表中筛选出的内容即被复制到 Sheet2 表中。

提示：

（1）Excel 的自动筛选功能是指在工作表中查询满足特定条件的记录，并在屏幕上显示（暂时隐藏不满足条件的记录）。

（2）自动筛选是一种简便快捷的功能，借助 Excel 提供的列筛选器等工具通过简单操作即可筛选出相应的记录，但不能实现多字段“或”的功能。因此自动筛选多用于简单条件的筛选。

（3）在自动筛选完成后，要退出自动筛选状态只需再次单击“数据”选项卡“排序和筛选”选项组中的“筛选”按钮。若只是想删除某个筛选条件只需再次进入该筛选条件的设置界面并将其恢复为默认状态。若想删除全部筛选条件只需单击“数据”选项卡“排序和筛选”选项组中的“清除”按钮 清除 。

# 工作任务二 Excel 公式、函数的运用

## 任务目标

掌握公式与函数的运用。

## 任务描述

期末考试结束了，高老师要综合本学期学生的学习情况给出最终的学期成绩。高老师按照学生平时出勤、课堂提问情况给出平时成绩；按 4 次大作业的情况给出作业成绩；最后按平时成绩占 20%、作业成绩占 30%、考试成绩占 50% 的比例给出学期成绩。高老师还要根据学期成绩，对两个班级的学生学习情况进行分析总结，为学生会提供学生干部的学习情况。

## 训练 1 Excel 常用函数和错误提示

### 一、Excel 常用函数

Excel 常用函数见表 2-2-1。

表 2-2-1 Excel 常用函数

| 函数名 | 功能 | 用途示例 |
|---|---|---|
| ABS | 求出参数的绝对值 | 数据计算 |
| AND | “与”运算，返回逻辑值，仅当有参数的结果均为逻辑“真”(TRUE)时返回逻辑“真”(TRUE)，反之返回逻辑“假”(FALSE) | 条件判断 |
| AVERAGE | 求出所有参数的算术平均值 | 数据计算 |
| COLUMN | 显示所引用单元格的列标号值 | 显示位置 |
| CONCATENATE | 将多个字符文本或单元格中的数据连接在一起，显示在一个单元格中 | 字符合并 |
| COUNT | 统计某个单元格区域中单元格的数目 | 统计 |
| COUNTIF | 统计某个单元格区域中符合指定条件的单元格数目 | 条件统计 |
| DATE | 给出指定数值的日期 | 显示日期 |
| DAYS360 | 计算返回两个日期参数的差值 | 计算天数 |
| DAY | 计算参数中指定日期或引用单元格中的日期天数 | 计算天数 |
| DCOUNT | 返回数据库或列表的列中满足指定条件并包含数字的单元格数目 | 条件统计 |
| FREQUENCY | 以一列垂直数组返回某个区域中数据的频率分布 | 概率计算 |

续表

| 函数名 | 功能 | 用途示例 |
| --- | --- | --- |
| IF | 根据对指定条件的逻辑判断的真假结果，返回相对应条件触发的计算结果 | 条件计算 |
| INDEX | 返回列表或数组中的元素值，此元素由行序号和列序号的索引值确定 | 数据定位 |
| INT | 将数值向下取整为最接近的整数 | 数据计算 |
| ISERROR | 用于测试函数式返回的数值是否有错。如果有错，该函数返回 TRUE，反之返回 FALSE | 逻辑判断 |
| LEFT | 从一个文本字符串的第一个字符开始，截取指定数目的字符 | 截取数据 |
| LEN | 统计文本字符串中字符数目 | 字符统计 |
| MATCH | 返回在指定方式下与指定数值匹配的数组中元素的相应位置 | 匹配位置 |
| MAX | 求出一组数中的最大值 | 数据计算 |
| MID | 从一个文本字符串的指定位置开始，截取指定数目的字符 | 字符截取 |
| MIN | 求出一组数中的最小值 | 数据计算 |
| MOD | 求出两数相除的余数 | 数据计算 |
| MONTH | 求出指定日期或引用单元格中的日期的月份 | 日期计算 |
| NOW | 给出当前系统日期和时间 | 显示日期时间 |
| OR | 仅当所有参数值均为逻辑“假”（FALSE）时返回结果逻辑“假”(FAISE)，否则都返回逻辑“真”(TRUE) | 逻辑判断 |
| RANK | 返回某一数值在一列数值中相对于其他数值的排位 | 数据排序 |
| RIGHT | 从一个文本字符串的最后一个字符开始，截取指定数目的字符 | 字符截取 |
| SUBTOTAL | 返回列表或数据库中的分类汇总 | 分类汇总 |
| SUM | 求出一组数值的和 | 数据计算 |
| SUMIF | 计算符合指定条件的单元格区域内的数值和 | 条件数据计算 |
| TEXT | 根据指定的数值格式将相应的数字转换为文本形式 | 数值文本转换 |
| TODAY | 给出系统日期 | 显示日期 |
| VALUE | 将一个代表数值的文本型字符串转换为数值型 | 文本数值转换 |
| VLOOKUP | 在数据表的首列查找指定的数值，并由此返回数据表当前行中指定列处的数值 | 条件定位 |
| WEEKDAY | 给出指定日期对应的星期数 | 星期计算 |

## 二、常见错误提示

在 Excel 中输入计算公式后，经常会因为输入错误，使公式无法运行。单元格中显示的错误，经常使一些初学者手足无措。现将 Excel 中最常见的一些错误，以及可能发生的原因和解决方法列出，以供参考，如表 2－2－2 所示。

表 2－2－2　Excel 公式出错信息一览表

| 出错信息 | 说明 |
| --- | --- |
| #### | 出现该错误的原因一般为单元格列宽太窄以致无法全部显示或容纳该单元格中的内容或单元格中包含了负的日期或时间。可通过调整列宽和检查是否存在较小日期与较大日期之间的减法运算等方法进行修改。 |
| #DIV/0！ | 一般在公式中出现了为零的除数或空白单元格的除法运算时出现该错误。 |
| #VALUE！ | 公式中出现了不符合规则的数据类型或参数时一般会出现该错误，如公式中出现用一个人的姓名除以年龄的情况等。 |
| #NAME? | 公式中如出现了 Excel 无法识别的文本时会出现该错误，如函数名称拼写错误时。 |
| #NUM！ | 当公式或函数中包含无效数值时一般会出现此错误，如公式“=DATE（-60，2，3）”中用 -60 表示的年份信息是无效的。 |
| #N/A | 当在公式或函数中引用了一个不包含所需数据的单元格时会出现该错误，此出错信息常会出现在使用查找函数的过程中，如果查找的表格中没有预期要查找的数据就会出现该出错信息。 |
| #REF！ | 当单元格引用无效时会出现该错误，如将当前工作表中的公式复制到其他表格但公式中所引用的单元格数据没有同时复制过去时。 |
| #NULL！ | 一般该错误出现的原因是为两个不相交的单元格区域指定交叉点，通常发生在使用交集运算符（即空格）运算时。 |

在 Excel 中，除了注意以上事项，还需要注意输入法切换、多重括号时括号的位置以及输入公式时公式所在单元格的格式等方面的问题。

## 训练 2　制作学生成绩表

### 一、完善“学生成绩统计表 .xlsx”的表结构

具体要求：打开素材文件夹中的“学生成绩统计表 .xlsx”工作簿，并以原名另存到桌面上；在 Sheet1 工作表的“作业 1”和“考试成绩”列前各插入一列，标题分别为“平时成绩”和“作业成绩”；在“考试成绩”列后增加 3 列，标题分别为“学期成绩”“成绩等级”“名次”。

（1）打开素材文件夹中的“学生成绩统计表 .xlsx”工作簿，将其另存到桌面上，文件名为“学生成绩统计表 .xlsx”；在 Sheet1 工作表中单击“作业 1”列，右击弹出快捷菜单，选择“插入”命令，在“插入”对话框中选择“整列”，则在“作业 1”列前插入一列，在新插入的列 E2 单元格中输入列标题“平时成绩”。

（2）单击“考试成绩”列，重复插入列操作，在新插入列的 J2 单元格中输入列标题“作业成绩”。

（3）在“考试成绩”列后，分别输入标题：“学期成绩”“成绩等级”“名次”。

（4）右击 Sheet1 工作表标签，选择“重命名”，输入“成绩总表”，将“Sheet1”更

名为“成绩总表”。

## 二、填充相关数据

具体要求：填充班级数据，利用公式、函数快速计算和填充平时成绩、作业成绩、学期成绩、成绩等级和成绩排名。

### 1. 填充班级数据

选定 A3 单元格，将光标置于 A3 单元格右下角的填充柄处，按住“Ctrl”键，并按住鼠标左键拖动至 A26 单元格，完成“计算机 1 班”的填充；选定 A27 单元格，操作同上，完成“计算机 2 班”的填充。

### 2. 填充平时成绩 [ 平时成绩 = ( 考勤 + 回答问题 ) /2]

单击 E3 单元格，输入“=(C3+D3)/2”，按“Enter”键，如图 2－2－1 所示。选定 E3 单元格，双击其填充柄，完成“平时成绩”的填充。

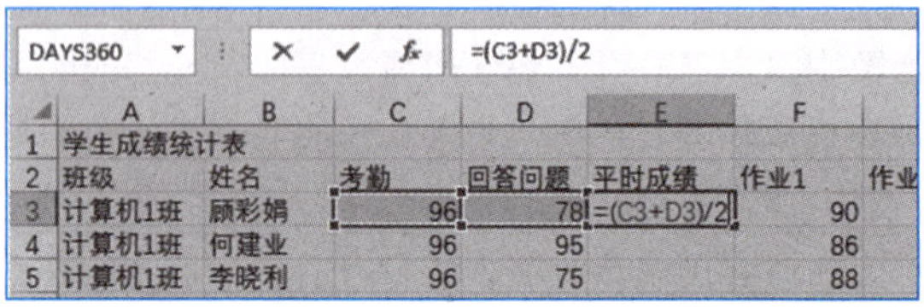


图 2－2－1 单元格中的公式输入

公式练习 1

### 3. 填充作业成绩（作业成绩为四次作业的平均值）

选定 J3 单元格，单击“公式”选项卡，在“函数库”选项组中，单击“插入函数”按钮 $f_x$ ，弹出“插入函数”对话框，如图 2－2－2 所示。

函数练习 1

在“选择函数”框中找到“AVERAGE”函数，单击“确定”按钮，弹出“函数参数”对话框。在“函数参数”对话框中输入“F3:I3”，如图 2－2－3 所示。单击“确定”按钮，完成 J3 单元格的填充。双击 J3 单元格的填充柄，完成“作业成绩”列的填充。

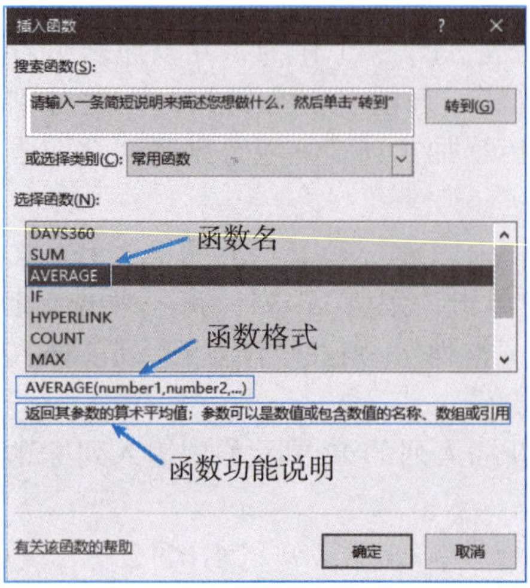


图 2－2－2 “插入函数”对话框

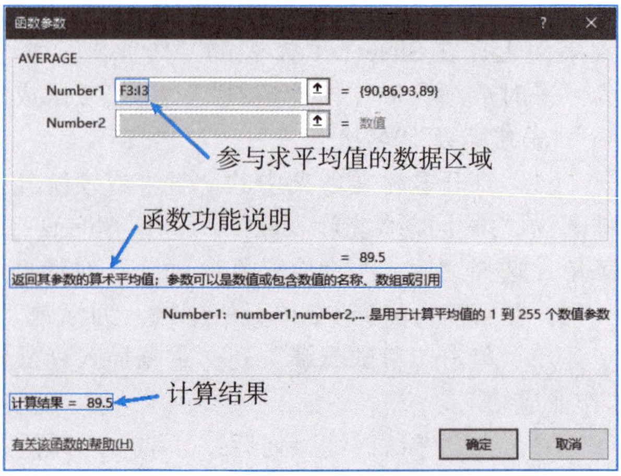


图 2－2－3 “函数参数”对话框

### 4. 填充学期成绩（学期成绩 = 平时成绩 ×20%+ 作业成绩 ×30%+ 考试成绩 ×50%）

单击 L3 单元格，在编辑栏中输入“=E3*20%+J3*30%+K3*50%”，如图 2－2－4 所示，按“Enter”键。再单击 L3 单元格，双击其填充柄，完成“学期成绩”列数据的填充。

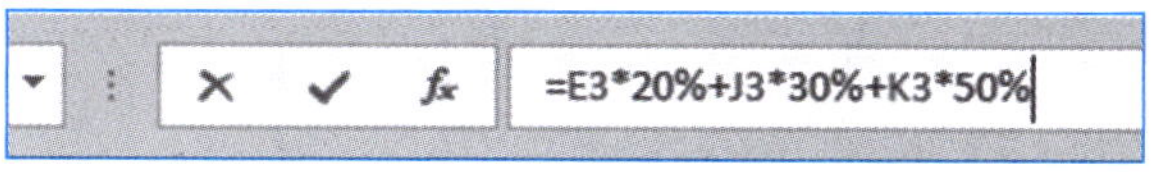


图 2－2－4　编辑栏中输入公式

函数练习 2

函数练习 3

### 5. 填充成绩等级（根据学期成绩分三档，85 分以上为优秀，60 分以上为及格，60 分以下为不及格）

选定 M3 单元格，单击编辑栏旁的 *fx* 按钮，弹出“插入函数”对话框。在对话框中找到“IF”函数，单击“确定”按钮，弹出“函数参数”对话框。在“函数参数”对话框中，按图 2－2－5 所示顺序进行操作（共 8 步），完成 M3 单元格的数据填充。双击 M3 单元格的填充柄，完成“成绩等级”列的填充。

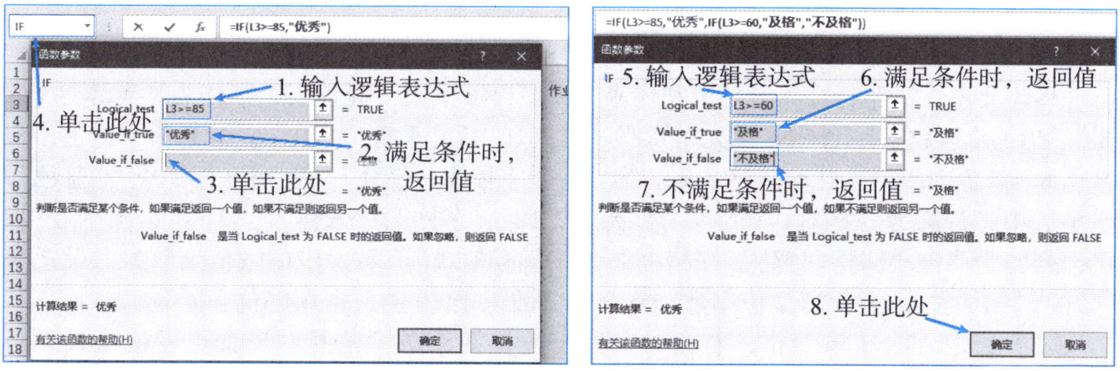


图 2－2－5　成绩等级的填充过程

### 6. 填充成绩排名（根据学期成绩进行排名）

选定 N3 单元格，单击编辑栏旁的 *fx* 按钮，弹出“插入函数”对话框。在对话框中找到“RANK”函数，单击“确定”按钮，弹出“函数参数”对话框。在“函数参数”对话框中按图 2－2－6 所示输入数据，完成 N3 单元格的数据填充。双击 N3 单元格的填充柄，完成“名次”列的填充。

公式练习 2

**提示：**

（1）公式必须以“=”开始，然后直接输入表达式即可。在一个公式中，可以包含运算符号、常量、函数、单元格地址等。

（2）在公式中通过对单元格地址的引用来使用具体位置的数据。

（3）公式中的各种运算符号都必须是半角符号（英文符号）。

（4）Excel 中所提到的函数，实质上就是一些预先定义好的公式，它们依据给定的参数按预定的顺序或结构进行计算。因此，函数也必须以“=”开始。

函数练习 4

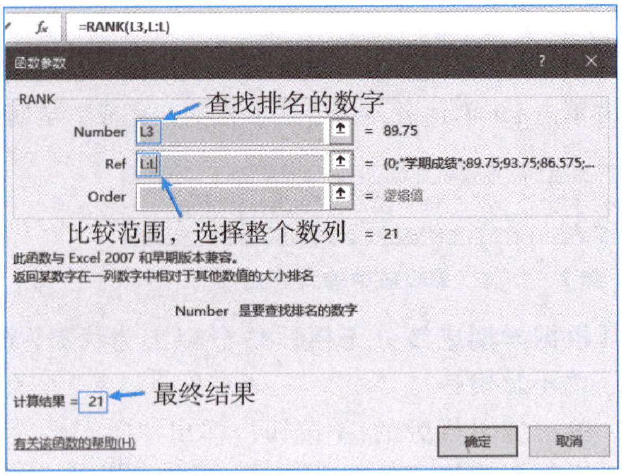


图 2－2－6 “RANK”函数的填充

（5）在某些情况下，某函数作为另一函数的参数使用。例如，填充成绩等级就使用了嵌套的 IF 函数。

## 三、工作表美化

为使工作表看起来美观，要对工作表进行格式设置。

具体要求：标题行文字“计算机专业 ×× 课程学生成绩统计表”字体为“黑体”“加粗”“20 号”“红色”；A1:NI 单元格水平“跨列居中”、垂直“居中”；背景为“橙色，个性色 6，淡色 80%”；自动调整行高。第二行，字体为“楷体”“加粗”“12 号”“蓝色”，水平居中，行高为“25”。其他行，行高为“18”，字体为“宋体”“11 号”，水平居中。全部列宽为“自动调整列宽”。表格框线为“所有框线”。对表中的数值型数据，设置为“数值”“第四种”，并保留 2 位小数。将全部分数低于 60 的数据用红色字体显示。

（1）选定 A1:N1 单元格，右击，在弹出的快捷菜单中选择“设置单元格格式”命令，弹出“设置单元格格式”对话框，选择“字体”选项卡，设置字体为“黑体”“加粗”“20 号”“红色”；单击“对齐”选项卡，设置水平对齐为“跨列居中”、垂直对齐为“居中”；在“填充”选项卡中，设置背景色为“橙色，个性色 6，淡色 80%”，单击“确定”按钮。光标不动，单击“开始”选项卡“单元格”选项组中的“格式”下拉按钮，选择“自动调整行高”命令，完成格式设置。

（2）将光标置于第二行，单击“开始”选项卡“单元格”选项组中的“格式”下拉按钮，选择“行高”命令，输入“25”，然后单击“确定”按钮；选定 A2:N2 单元格，在“开始”选项卡“字体”选项组中设置字体为“楷体”“加粗”“12 号”“蓝色”；在“开始”选项卡“对齐方式”选项组中单击“水平居中”按钮。

（3）选定 A3:N51 单元格区域，设置行高为“18”，字体为“宋体”“11 号”，水平居中，方法同上。

（4）选定 A ～ N 列，单击“开始”选项卡→“单元格”选项组的“格式”按钮，选择“自动调整列宽”命令，完成列宽设置。

（5）选定 A2:N51 单元格区域，单击“开始”选项卡“字体”选项组中的“边框”下拉按钮，在出现的菜单列表中选择“所有框线”选项。

（6）选定 C3:L51 单元格区域并右击，在弹出的快捷菜单中选择“设置单元格格式”命令，在弹出对话框的“数字”选项卡中选择“数值”格式、第四种、小数位数为 2，单击“确定”按钮。

（7）选定 C3:L51 单元格区域，单击“开始”选项卡“样式”选项组中的“条件格式”下拉按钮，选择“新建规则”命令，弹出“新建格式规则”对话框。在“新建格式规则”对话框的“选择规则类型”中，单击“只为包含以下内容的单元格设置格式”；在“编辑规则说明”中选择“小于”选项，并在后面的组合框中输入“60”，单击对话框中的“格式”按钮，在弹出的“设置单元格格式”对话框中选择“字体”选项卡，设置“颜色”为“红色”，单击“确定”按钮完成低于 60 分成绩的红色显示设置，如图 2－2－7 所示。

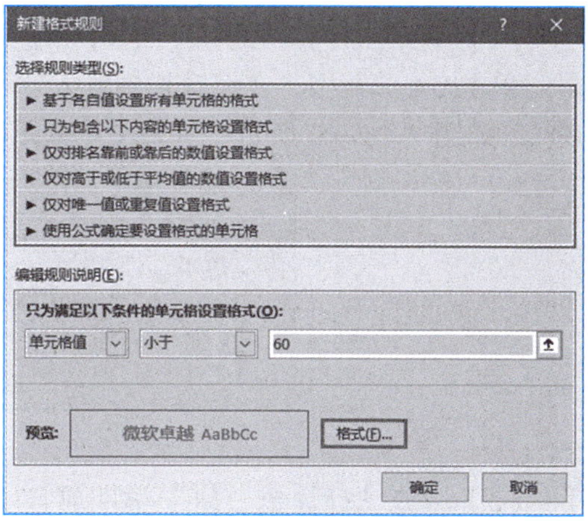


图 2－2－7　条件格式设置

## 四、完成“成绩统计与分析”表的填充

具体要求：新建 Sheet2 工作表，命名为“成绩统计与分析”。用公式、函数对学生成绩统计数据进行填充。

函数练习 5

### 1. 使用 COUNTIF 函数填充班级人数

（1）填充“计算机 1 班”人数。

单击 B4 单元格，单击编辑栏旁的 $f_x$ 按钮，弹出“插入函数”对话框。在对话框中找到“COUNTIF”函数，单击“确定”按钮，弹出“函数参数”对话框。在“函数参数”对话框中按图 2－2－8 所示输入数据，完成 B4 单元格的数据填充。

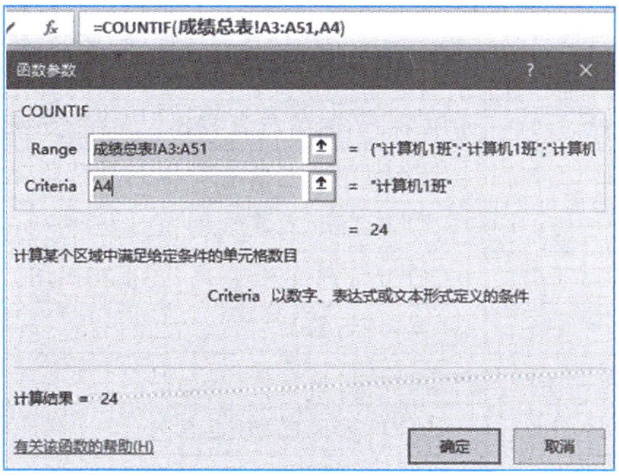


图 2－2－8　班级人数的填充

（2）填充“计算机 2 班”人数。

单击 B5 单元格，在编辑栏中输入“=COUNTIF( 成绩总表 !A3:A51,A5)”，按“Enter”键。也可同前操作，注意“Criteria”栏中的参数应为“A5”。

（3）填充“年级”人数。

单击 B6 单元格，类似上一步操作，在编辑栏中输入“=COUNT(成绩总表!L3:L51)”，按“Enter”键。

### 2. 使用 SUMIF 函数填充班级平均分

（1）填充“计算机 1 班”学期成绩平均分。

单击 C4 单元格，在编辑栏中输入“=SUMIF(成绩总表!A3:A51,A4,成绩总表!L3:L51)/B4”，如图 2－2－9 所示，完成 C4 单元格的数据填充。

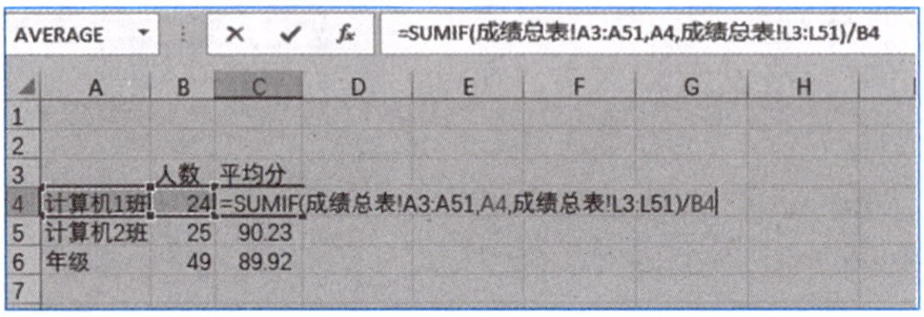


图 2－2－9　班级学期平均分的填充

（2）填充“计算机 2 班”学期成绩平均分。

将 C4 单元格中的公式复制到 C5 单元格中，把 A4 改为 A5、B4 改为 B5 即可。

（3）填充“年级”学期成绩平均分。

单击 C6 单元格，在编辑栏中输入“=AVERAGE(成绩总表!L3:L51)”，按“Enter”键。

### 3. 其他数据填充

插入不同函数时，使用函数对话框的操作步骤基本相同，要注意的是不同函数需要输入的参数个数、类型有所不同，注意查看“函数参数”对话框中的提示说明。

使用函数时，也可直接在编辑栏中输入函数。以“计算机 1 班”的数据填充为例，选定对应的单元格，按表 2－2－3 所示在编辑栏中输入函数、公式即可。

表 2－2－3　运用函数作数据统计

| 名称 | | 单元格 | 计算机 1 班 |
|---|---|---|---|
| 人数 | | B4 | =COUNTIF(成绩总表!A3:A51,A4) |
| 学期成绩平均分 | | C4 | =SUMIF(成绩总表!A3:A51,A4,成绩总表!L3:L51)/B4 |
| 各分数段人数 | >=85 | D4 | =COUNTIF(成绩总表!L3:L26,">=85") |
| | <85 且 >=60 | E4 | =COUNTIF(成绩总表!L3:L26,">=60")-D4 |
| | <60 | F4 | =COUNTIF(成绩总表!L3:L26,"<60") |
| 及格率 | | G4 | =(D4+E4)/B4 |
| 优秀率 | | H4 | =D4/B4 |
| 最高分 | | I4 | =MAX(成绩总表!L3:L26) |
| 最低分 | | J4 | =MIN(成绩总表!L3:L26) |

填充“计算机 2 班”的数据时，可通过公式的复制来完成，但要注意找准对应的数据，如“计算机 2 班”的学期成绩范围是“成绩总表!L27:L51”。

“年级”数据可通过班级数据直接求得，相应函数如表 2－2－4 所示。

表 2－2－4　用班级数据作年级数据的填充

| 班级 | | 单元格 | 年级 |
|---|---|---|---|
| 人数 | | B6 | =SUM(B4:B5) |
| 学期平均分 | | C6 | =AVERAGE( 成绩总表 !L3:L51) |
| 各分数段人数 | >=85 | D6 | =SUM(D4:D5) |
| | <85 且 >=60 | E6 | =SUM(E4:E5) |
| | <60 | F6 | =SUM(F4:F5) |
| 及格率 | | C6 | =(D6+E6)/B6 |
| 优秀率 | | H6 | =D6/B6 |
| 最高分 | | I6 | =MAX(I4:I5) |
| 最低分 | | J6 | =MIN(J4:J5) |

**4. 格式设置**

具体要求：相关人数数据为数值型、无小数；相关分数数据为数值型、2 位小数；及格率、优秀率为百分数型，2 位小数。全部字体为“宋体”“20 号”，垂直、水平居中，自动调整行高 / 列宽，A2:J6 区域边框为“所有框线”。

选定 B、D、E、F 列并右击，在弹出的快捷菜单中选择“设置单元格格式”命令，在弹出对话框的“数字”选项卡中选择“数值”格式、小数位数为 0，单击“确定”按钮。选定 C、I、J 列，重复上述操作，设置为数值型，小数位数为 2，单击“确定”按钮。选定 G、H 列，单击“开始”选项卡“数字”选项组中的“百分比样式”按钮 %，再连击两次“增加小数位”按钮。最终完成的成绩统计与分析表如图 2－2－10 所示。

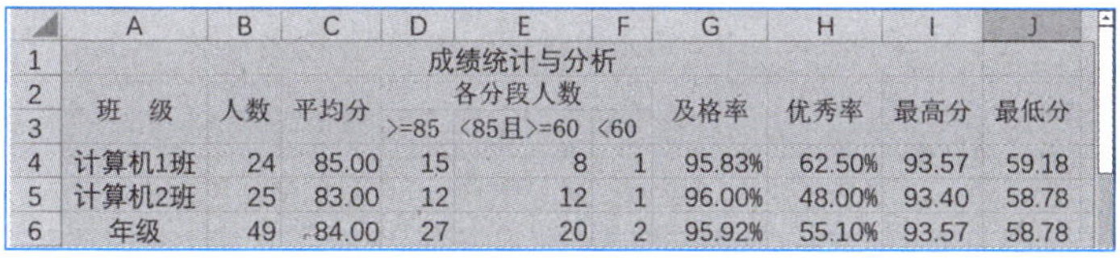

| | A | B | C | D | E | F | G | H | I | J |
|---|---|---|---|---|---|---|---|---|---|---|
| 1 | 成绩统计与分析 | | | | | | | | | |
| 2 | 班　级 | 人数 | 平均分 | 各分段人数 | | | 及格率 | 优秀率 | 最高分 | 最低分 |
| 3 | | | | >=85 | <85且>=60 | <60 | | | | |
| 4 | 计算机1班 | 24 | 85.00 | 15 | 8 | 1 | 95.83% | 62.50% | 93.57 | 59.18 |
| 5 | 计算机2班 | 25 | 83.00 | 12 | 12 | 1 | 96.00% | 48.00% | 93.40 | 58.78 |
| 6 | 年级 | 49 | 84.00 | 27 | 20 | 2 | 95.92% | 55.10% | 93.57 | 58.78 |

图 2－2－10　成绩统计与分析表

**5. 重命名工作表**

具体要求：将 Sheet2 工作表重命名为“成绩统计与分析”。

右击 Sheet2 工作表标签，选择“重命名”，输入“成绩统计与分析”，将 Sheet2 工作表更名为“成绩统计与分析”。

## 五、完成“学生干部成绩”统计表

具体要求：新建 Sheet3 工作表，重命名为“学生干部成绩”。统计数据用公式、函数填充。

**1. 使用 VLOOKUP 函数填充学生干部的成绩、成绩等级和名次**

（1）填充平时成绩。

单击 D3 单元格，在编辑栏中输入“=VLOOKUP(B3, 成绩总表 !B3:N51,4,FALSE)”，如图 2－2－11 所示，按“Enter”键，完成 D3 单元格的数据填充。双击填充柄，完成 D 列的数据填充。

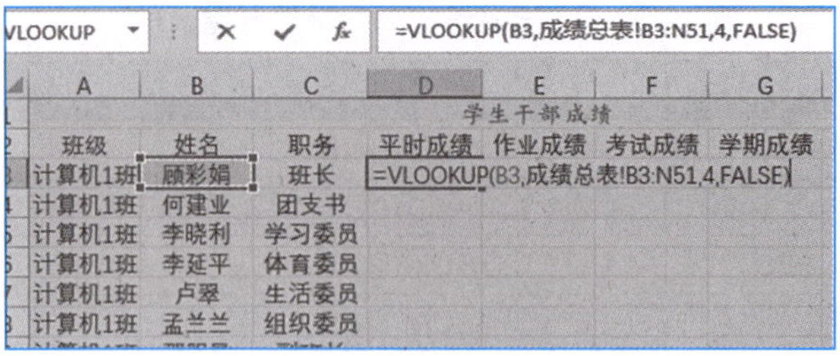


图 2－2－11　填充平时成绩

（2）填充作业成绩。

单击 E3 单元格，在编辑栏中输入“=VLOOKUP(B3, 成绩总表 !B3:N51,9,FALSE)”，按“Enter”键，完成 E3 单元格的数据填充。双击填充柄，完成 E 列的数据填充。

为了方便函数的复制，可采用相对地址与绝对地址的混合引用。

（3）填充考试成绩。

单击 F3 单元格，在编辑栏中输入“=VLOOKUP(B3, 成绩总表 !B3:N51,10,FALSE)”，按“Enter”键，完成 F3 单元格的数据填充。双击填充柄，完成 F 列的数据填充。

（4）填充学期成绩。

复制 F3 单元格的函数，将参数“10”改为“11”(在“成绩总表”中，从姓名列开始数，学期成绩所在的列数)。成绩等级、名次列的填充方法同上，只需修改相应的列数。可按表 2－2－5 所示输入函数参数。

表 2－2－5　学生干部成绩数据的填充

| 填充列 | 选定单元格 | 输入函数参数 |
|---|---|---|
| 平时成绩 | D3 | =VLOOKUP(B3, 成绩总表 !B3:N51,4,FALSE) |
| 作业成绩 | E3 | =VLOOKUP(B3, 成绩总表 !B3:N51,9,FALSE) |
| 考试成绩 | F3 | =VLOOKUP(B3, 成绩总表 !B3:N51,10,FALSE) |
| 学期成绩 | C6 | =VLOOKUP(B3, 成绩总表 !B3:N51,11,FALSE) |
| 成绩等级 | H6 | =VLOOKUP(B3, 成绩总表 !B3:N51,12,FALSE) |
| 名次 | I6 | =VLOOKUP(B3, 成绩总表 !B3:N51,13,FALSE) |

### 2. 填充学生干部的平时成绩、作业成绩、考试成绩、学期成绩的平均值

单击 D19 单元格，在编辑栏中输入“=AVERAGE(D3:D18)”，按“Enter”键，完成 D19 单元格的数据填充。拖动填充柄，完成 E19、F19、G19 的数据填充。选中 D19:G19，双击“开始”选项卡“数字”选项组中的“增加小数位”按钮，保留 2 位小数。

### 3. 格式设置

适当设置字体、字号、边框、底纹和对齐方式，让表格清晰、美观。

### 4. 重命名工作表

右击 Sheet3 工作表标签，选择“重命名”，输入“学生干部成绩”，将 Sheet3 工作表

更名为“学生干部成绩”，如图 2－2－12 所示。

| | A | B | C | D | E | F | G | H | I |
|---|---|---|---|---|---|---|---|---|---|
| 1 | 学生干部成绩 | | | | | | | | |
| 2 | 班级 | 姓名 | 职务 | 平时成绩 | 作业成绩 | 考试成绩 | 学期成绩 | 成绩等级 | 名次 |
| 3 | 计算机1班 | 顾彩娟 | 班长 | 86.5 | 81.25 | 89 | 86.175 | 优秀 | 17 |
| 4 | 计算机1班 | 何建业 | 团支书 | 90.5 | 78.75 | 83 | 83.225 | 及格 | 26 |
| 5 | 计算机1班 | 李晓利 | 学习委员 | 91 | 89.75 | 72 | 81.125 | 及格 | 36 |
| 6 | 计算机1班 | 李延平 | 体育委员 | 68.5 | 67.5 | 50 | 58.95 | 不及格 | 49 |
| 7 | 计算机1班 | 卢翠 | 生活委员 | 89.75 | 87.25 | 76 | 82.125 | 及格 | 31 |
| 8 | 计算机1班 | 孟兰兰 | 组织委员 | 86.75 | 87.25 | 93 | 90.175 | 优秀 | 1 |
| 9 | 计算机1班 | 邵明星 | 副班长 | 94 | 88.5 | 86 | 88.35 | 优秀 | 12 |
| 10 | 计算机1班 | 史艳华 | 宣传委员 | 95.75 | 85.25 | 90 | 89.725 | 优秀 | 4 |
| 11 | 计算机2班 | 王蒙蒙 | 班长 | 85 | 84.5 | 80 | 82.35 | 及格 | 29 |
| 12 | 计算机2班 | 王志广 | 团支书 | 84 | 87.25 | 78 | 81.975 | 及格 | 33 |
| 13 | 计算机2班 | 杨红普 | 学习委员 | 90.25 | 88 | 88 | 88.45 | 优秀 | 10 |
| 14 | 计算机2班 | 杨洋 | 体育委员 | 71.5 | 68.25 | 60 | 64.775 | 及格 | 47 |
| 15 | 计算机2班 | 王佳琳 | 生活委员 | 87 | 75.25 | 70 | 74.975 | 及格 | 43 |
| 16 | 计算机2班 | 王占皓 | 组织委员 | 95 | 71.75 | 81 | 81.025 | 及格 | 37 |
| 17 | 计算机2班 | 杨冰 | 副班长 | 90.25 | 87.5 | 85 | 86.8 | 优秀 | 15 |
| 18 | 计算机2班 | 姚曼 | 宣传委员 | 86 | 80.75 | 87 | 84.925 | 及格 | 21 |
| 19 | | 平均成绩 | | 86.98 | 81.83 | 79.25 | 81.57 | | |
| 20 | | | | | | | | | |

图 2－2－12 “学生干部成绩”统计表

提示：

（1）VLOOKUP 函数的功能：在数据区域的首列查找指定的数值，并返回数据区域当前行中指定列处的数值。

（2）VLOOKUP 函数的语法格式：

VLOOKUP(lookup_value,table_array,col_index_num,range_lookup)

VLOOKUP（要查找的值，查找区域，要返回的结果在查找区域的第几列，精确匹配或近似匹配）

（3）使用 VLOOKUP 函数时，查找的内容一定要在数据区域的首列。

# 工作任务三 Excel 数据管理

## 任务目标

（1）掌握数据排序功能。
（2）掌握自动筛选和高级筛选功能。
（3）掌握数据的分类汇总。

## 任务描述

小峰是某公司销售部的统计员，负责记录产品的销售情况及售后服务情况。为了提高工作效率和管理水平，他使用 Excel 工作表来管理销售数据。在他制作的“销售记录单”中，要包括订单编号、发货日期、地区、城市、货款、保修状态和客户姓名等信息。小峰还需要定期对发货情况进行比较，对保修状态实时监控，统计各地区的销售情况和各地区销售最好的城市等。

## 训练 1 数据管理相关知识

### 一、数据清单

在 Excel 中，数据处理是针对数据清单进行的。数据清单是一张含有多行多列相关数据的二维表格。通常将数据清单中的列称为“字段”，列标题称为“字段名”，数据清单中的行称为“记录”，每条记录中包含对应项目的数据。

### 二、数据排序

数据排序是指将表中数据按某列或某行递增或递减的顺序进行重新排列。根据一列或多列中的值对行进行排序，称为“按列排序”；根据一行或多行中的值对列进行排序，称为“按行排序”。通常数字由小到大、字母由 A 到 Z 的排序称为升序，反之称为降序。

### 三、数据筛选

数据筛选是指在数据清单中只显示符合某种条件的数据，不满足条件的数据被暂时隐藏起来，并未真正被删除；一旦筛选条件被取消，这些数据又重新出现。

数据筛选分为自动筛选和高级筛选，前者用于简单条件筛选，后者多用于复杂条件筛选。

### 四、分类汇总

分类汇总操作可将数据清单中的数据按某列进行分类，并同时实现按类统计和汇总。在分类汇总时，系统会自动创建相应的公式对各类数据进行运算，如求和、求平均值等，并将运算结果以分组的形式显示出来。

分类汇总操作主要分为两步进行，即先分类再汇总，体现在 Excel 中就是先排序再汇总。

### 五、数据透视表

数据透视表可认为是一种快速汇总、分析和浏览大量数据的有效工具和交互式方法，通过数据透视表可形象地呈现表格数据的汇总结果。

在创建数据透视表的同时还可以创建基于数据透视表的数据透视图，数据透视图是数据透视表的图形表示形式，它与数据透视表相关联，在数据透视表中任何字段的布局或数据更改将立即在数据透视图中反映出来。

## 训练 2　销售数据管理与分析

### 一、完善“销售记录管理 .xlsx”的表结构，并填充数据

具体要求：打开素材文件夹中的“销售记录管理 .xlsx”工作簿，并以原名另存到桌面上；重命名 Sheet1 表为“销售记录单”；在“保修期（年）”列后插入“到期日”和“是否过期”两列，并快速完成数据填充；合并 A19:C19 单元格区域，输入“合计”，并在 H19 单元格中计算合计金额。

（1）打开素材文件夹中的“销售记录管理 .xlsx”文件，将其另存到桌面上，文件名为“销售记录管理 .xlsx”，右击 Sheet1 工作表标签，选择“重命名”，输入“销售记录单”，单击“确定”按钮。

（2）在“销售记录单”表中选定 D、E 列，在“开始”选项卡“单元格”选项组中单击“插入”下拉按钮，插入两列；在 D2 和 E2 单元格中输入列标题“到期日”和“是否过期”。

（3）单击 D3 单元格，单击编辑栏左边的 fx 按钮，弹出“插入函数”对话框。在对话框中找到“DATE”函数，如图 2－3－1 所示。单击“确定”按钮，弹出“函数参数”对话框。在“函数参数”对话框中按图 2－3－2 所示输入数据，单击“确定”按钮，完成 D3 单元格的数据填充。双击 D3 单元格的填充柄，完成“到期日”列的数据填充。

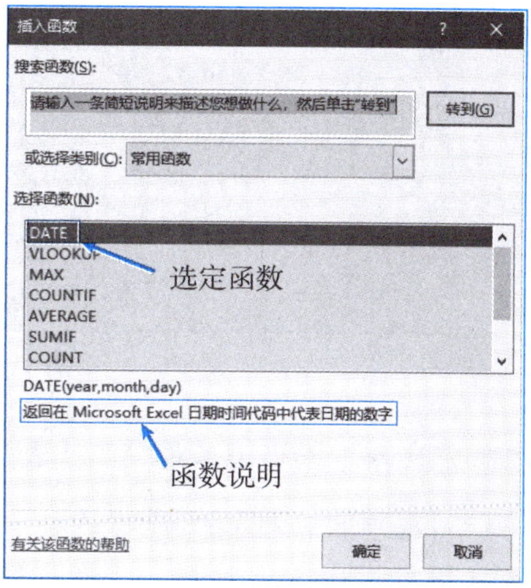


图 2－3－1　插入 DATE 函数

（4）单击 E3 单元格，单击编辑栏左边的 fx 按钮，弹出“插入函数”对话框。在列表中找到“IF”函数，单击“确定”按钮，弹出“函数参数”对话框。在“函数参数”对话框中按图 2－3－3 所示输入数据，完成 E3 单元格的数据填充。双击 E3 单元格的填充柄，完成“是否过期”列的数据填充。

（5）选定 A19:C19 单元格，在“开始”选项卡“对齐方式”选项组中单击“合并后

居中”按钮，在合并后的单元格中输入“合计”；选定 H19 单元格，再单击“开始”选项卡“编辑”选项组中的“自动求和”按钮Σ，按“Enter”键，完成金额的求和。

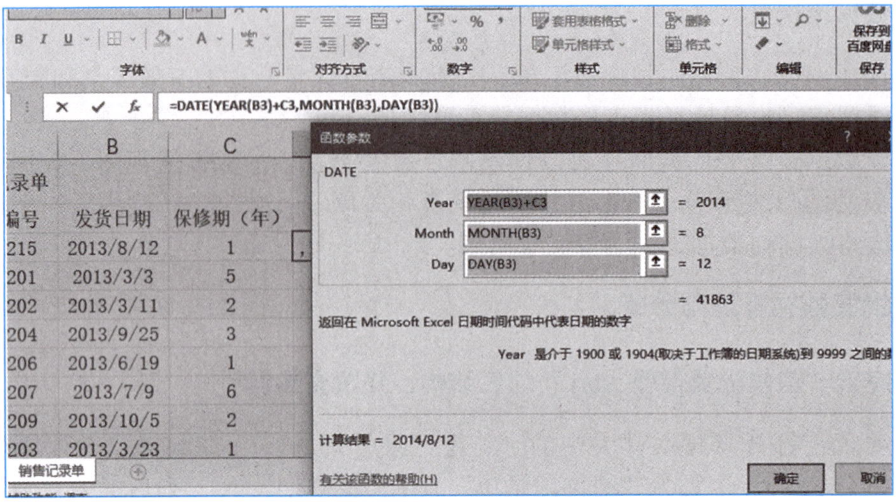

图 2－3－2　DATE 函数的参数填写

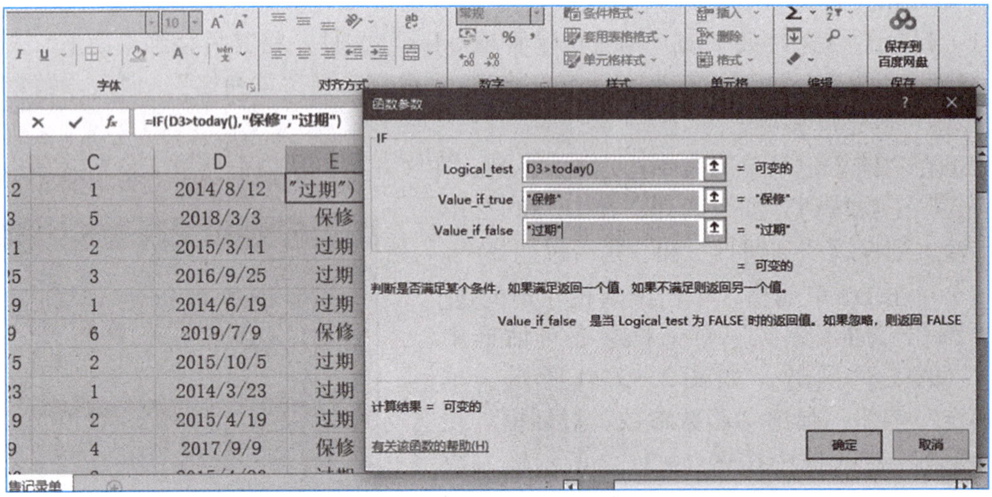

图 2－3－3　IF 函数的参数填写

## 二、对“销售记录单”工作表进行格式设置

具体要求：调整工作表格式，使其整齐、美观，方便管理。（参考格式：第一行设置为楷体、18 号、加粗、合并后居中；数据区域设置为行高“18”，自动调整列宽，并设置字体为宋体、10 号、水平和垂直居中；发货日期和到货日期列设置为日期格式“××××年××月××日”型，自动调整列宽；金额列设置为“货币”类，符号为“￥”，负数项选第 4 种，保留 2 位小数；列标题设置填充色为“橄榄色”；第 19 行的文字字体加粗；为表格设置边框线。）

（1）选定 A1:I1，在“开始”选项卡“单元格”选项组中单击“格式”下拉按钮，选择“单元格大小”命令下拉列表中的“自动调整行高”命令；在“字体”选项组中设置楷体、18 号、加粗；在“对齐方式”选项组中单击“合并后居中”按钮。

（2）选定 A2:I19 单元格区域，在“开始”选项卡“单元格”选项组中单击“格式”下拉按钮，选择“单元格大小”命令下拉列表中的“行高”命令，输入行高“18”；单击“格式”下拉按钮，选择“单元格大小”命令下拉列表中“自动调整列宽”命令；在“字体”选项组中设置字体为宋体、10 号；在“对齐方式”选项组中单击“水平居中”按钮、“垂直居中”按钮。

（3）选定 B、D 列，单击“开始”选项卡“数字”选项组右下角按钮，弹出“设置单元格格式”对话框在“数字”选项卡“分类”列表中选择“日期”；“类型”列表中选择“2012 年 3 月 14 日”型，单击“确定”按钮完成设置。双击列标题 B 与 C 的交界处，自动调整列宽。

（4）选定 H 列，单击“开始”选项卡“数字”选项组右下角按钮，在弹出的“设置单元格格式”对话框中的“分类”列表中，选择“货币”类，符号为“￥”，“负数”列表中选择第 4 种形式，小数位数设为 2，如图 2－3－4 所示；选择“对齐”选项卡，“水平对齐”选择“靠右”，单击“确定”按钮完成设置。

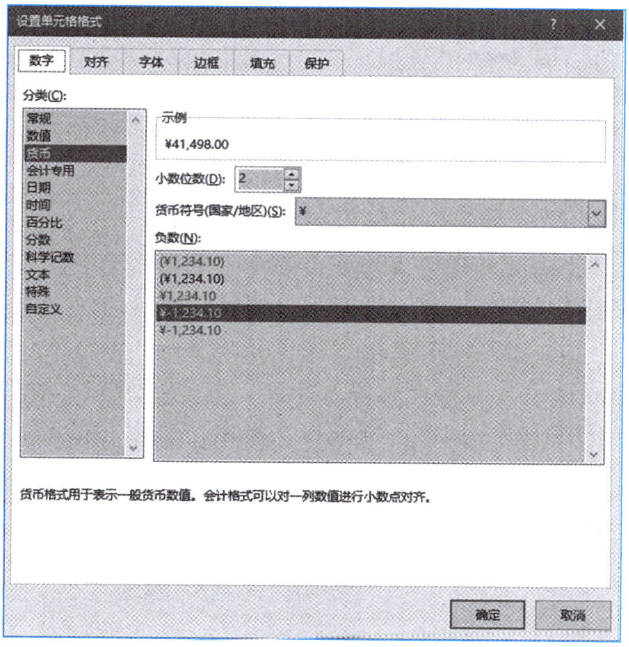


图 2－3－4　货币型数据的设置

（5）选定 A2:I2 单元格区域，单击“开始”选项卡“字体”选项组中的“填充颜色”下拉按钮，选择“橄榄色，个性色 3”。

（6）选定 A19:I19 单元格区域，在“开始”选项卡“字体”选项组中单击“加粗”按钮，完成字体加粗。调整列宽。

（7）选定 A2:I19 单元格区域，在“开始”选项卡“字体”选项组中单击“边框”下拉按钮，选择“所有框线”，完成表格边框线的设置。

### 三、当记录过了保修期后“过期”字样自动变色

具体要求：对“是否过期”列，进行“条件格式”设置，将已过保修期的记录突出显示，“过期”字样自动用“红色”显示。

（1）选定 E3:E18 区域，单击“开始选项卡”“样式”选项组中的“条件格式”下拉按钮，选择“突出显示单元格规则”选项中的“等于”命令，弹出“等于”对话框。条件格式菜单如图 2－3－5 所示。

（2）单击内容为“过期”字样的单元格，选择“红色文本”，单击“确定”按钮，如图 2－3－6 所示。此时，值为“过期”字样的单元格全部显示为红色。

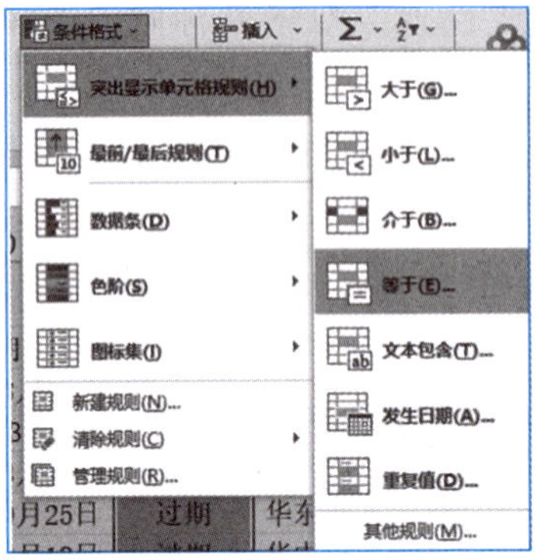


图 2－3－5　条件格式设置菜单

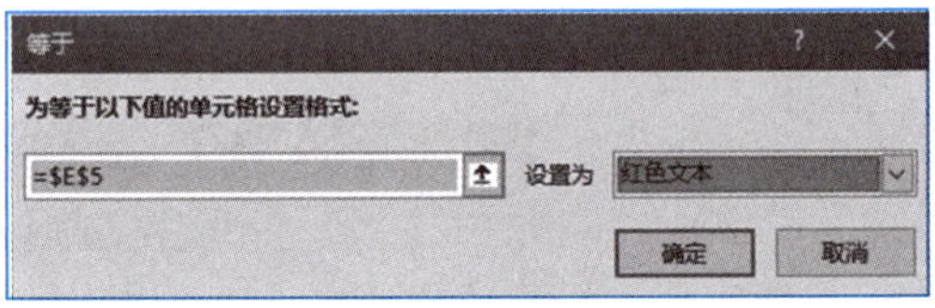


图 2－3－6　“过期”条件格式设置

### 四、按地区重新排列记录，同一地区销售金额高的在前

具体要求：建立“销售记录单”工作表的副本，将其命名为“排序”。在“排序”工作表中以“地区”为主要关键字升序（拼音字母顺序）排列，以“金额”为次要关键字降序（由大到小）排列。

（1）右击“销售记录单”工作表标签，单击“移动或复制”命令，弹出“移动或复制工作表”对话框，选中“建立副本”复选框，单击“确定”按钮，如图 2－3－7 所示。

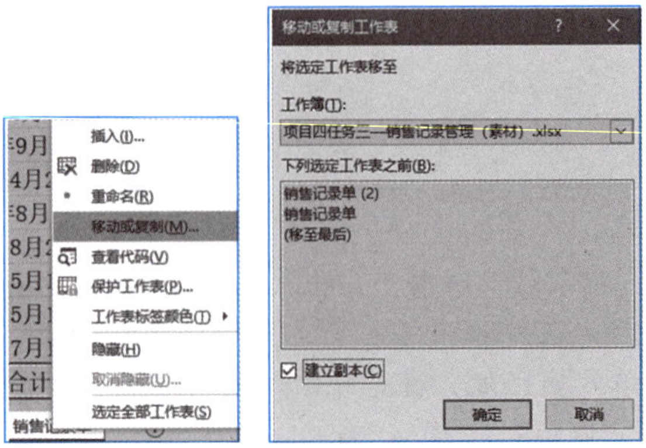


图 2－3－7　工作表的复制

数据排序练习

（2）右击新复制的工作表标签，选择“重命名”命令，输入“排序”，按“Enter”键。

（3）在“排序”工作表中选定 A2:I18 单元格区域，单击“数据”选项卡“排序和筛选”选项组中的“排序”按钮，弹出“排序”对话框。按图 2-3-8 所示设置主要关键字，再单击“添加条件”按钮，设置次要关键字后单击“确定”按钮。表中记录将按地区升序（拼音字母顺序）排列，地区相同的将按金额降序（由大到小）排列。

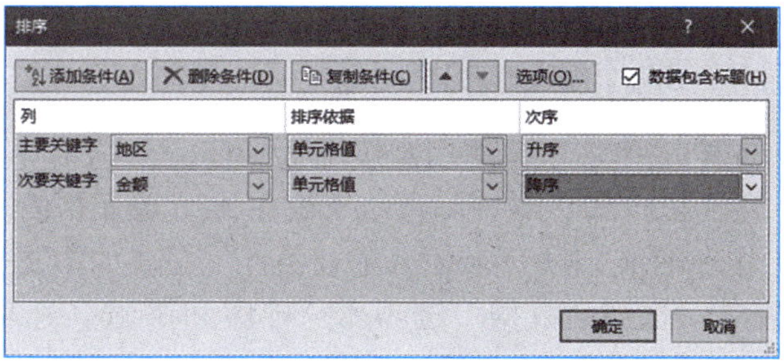


图 2-3-8　排序设置

## 五、工作表的插入及内容复制

具体要求：插入两个工作表，将“销售记录单”工作表中的记录复制到每一张表中，并调整列宽，让内容显示完全。

（1）单击工作表标签旁边的“新工作表”按钮，插入一张工作表。重复操作，再插入一张工作表。

（2）选定“销售记录单”表中的 2 ～ 18 行内容并右击，选择“复制”命令；选定 Sheet2 工作表，单击 A1 单元格，右击，选择“粘贴”命令。在 Sheet3、Sheet4、Sheet5 工作表中重复粘贴操作。

（3）分别设置各表中的列为“最合适的列宽”。

## 六、只显示销售金额最高的前 5 条记录

具体要求：在 Sheet2 工作表中，用自动筛选方式显示“金额”最高的前 5 条记录，并将该表命名为“前 5 名”。

（1）在 Sheet2 工作表中单击数据清单，选择“数据”选项卡“排序和筛选”选项组中的“筛选”按钮，进入自动筛选状态。

（2）单击“金额”右侧的自动筛选标记，弹出菜单；选择“数字筛选”项中的“前 10 项”命令，按图 2-3-9 所示输入选项，单击“确定”按钮。当前表中只显示“金额”最高的 5 条记录。

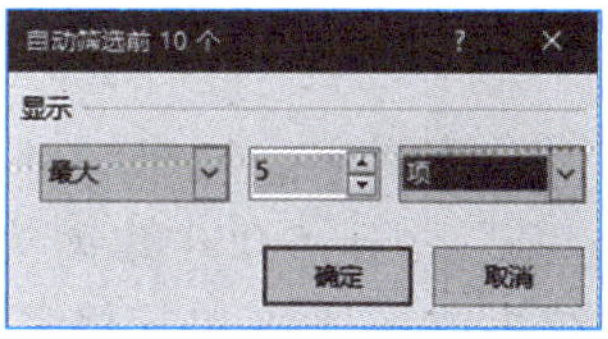


图 2-3-9　设置自动筛选选项

（3）将 Sheet2 工作表重命名为“前 5 名”。

## 七、只显示华中地区刘峰伟的销售记录

具体要求：在 Sheet3 工作表中，用自动筛选方式显示“地区”为“华中”、“姓名”

为“刘峰伟”的销售记录，并将 Sheet3 工作表重命名为“华中—刘”。

（1）在 Sheet3 表中设置自动筛选，步骤同上。

（2）单击“地区”的自动筛选标记，拉出菜单，只选择“华中”；单击“联系人”的自动筛选标记，只选择“刘峰伟”。当前表中只显示地区为“华中”且联系人为“刘峰伟”的记录。

（3）将 Sheet3 工作重命名为“华中—刘”。

## 八、挑选出上海和广州两个城市的销售记录

具体要求：在 Sheet4 工作表中，使用高级筛选功能，筛选出“上海”和“广州”的销售记录，筛选条件放在 K2:K4 区域，筛选结果放在 A20 单元格内。

（1）在 Sheet4 工作表的 K2:K4 区域输入筛选条件，格式如图 2－3－10 所示。

（2）单击数据清单，选择“数据”选项卡“排序和筛选”选项组中的“高级”按钮 高级，在弹出的“高级筛选”对话框中选择“将筛选结果复制到其他位置”，并按图 2－3－11 所示设置“列表区域”为“A1:I17”，“条件区域”为“Sheet4!K2:K4”，“复制到”为“Sheet4!K20”。

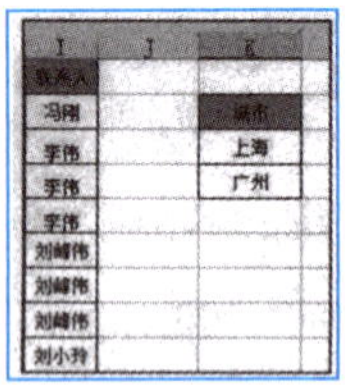

图 2－3－10　高级筛选的条件设置

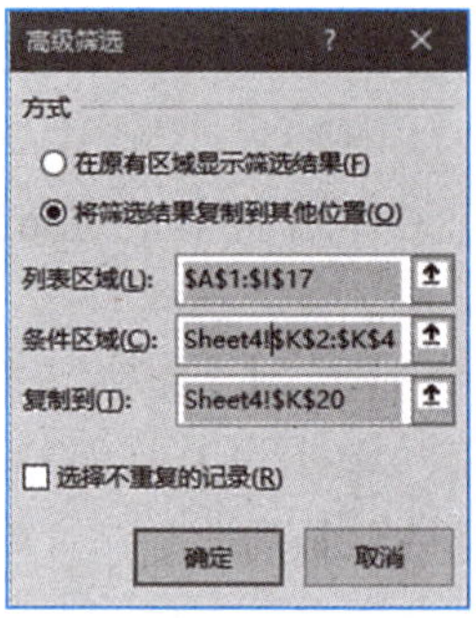

图 2－3－11　高级筛选的选项设置

（3）单击“确定”按钮，在 A20 单元格内显示出筛选结果，如图 2－3－12 所示。

| 20 | 订单编号 | 发货日期 | 保修期（年） | 到期日 | 是否过期 | 地区 | 城市 | 金额 | 联系人 |
|---|---|---|---|---|---|---|---|---|---|
| 21 | KB01215 | 2013年8月12日 | 1 | 2014年8月12日 | 过期 | 华南 | 桂林 | ¥9,823.12 | 冯刚 |
| 22 | KB01201 | 2013年3月3日 | 5 | 2018年3月3日 | 保修 | 华东 | 南京 | ¥5,822.36 | 李伟 |
| 23 | KB01202 | 2013年3月11日 | 2 | 2015年3月11日 | 过期 | 华东 | 杭州 | ¥12,389.54 | 李伟 |

图 2－3－12　高级筛选结果

## 九、挑选出销售金额大于 10 000 元或小于 5 000 元的记录

数据筛选练习

具体要求：在 Sheet4 工作表中，筛选出“金额”大于 10 000，或者“金额”小于 5 000 的销售记录。筛选条件放在 K7:L9 单元格区域，筛选结果放在 A25 单元格。

（1）在 K7:L9 单元格区域输入筛选条件，格式如图 2－3－13 所示。

| 金额 | 金额 |
|---|---|
| >10000 | |
| | <5000 |

图 2－3－13　高级筛选的条件区域 1

（2）单击数据清单，选择“数据”选项卡“排序和筛选”选项组中的“高级”按钮，在弹出

的“高级筛选”对话框中选择“将筛选结果复制到其他位置”，在“列表区域”“条件区域”“复制到”文本框中按表 2－3－1 所示输入相应的内容，单击“确定”按钮。筛选结果显示在 A25 单元格位置。

表 2－3－1 “高级筛选”对话框编辑栏的输入内容

| 筛选任务 | 列表区域 | 条件区域 | 复制到 |
|---|---|---|---|
| 筛选出“上海”和“广州”的销售记录 | A1:I17 | K2:K4 | A20 |
| 筛选出“金额”大于 10 000 元或者“金额”小于 5 000 元的销售记录 | A1:I17 | K7:L9 | A25 |
| 筛选出“金额”介于 5 000 元和 10 000 元之间，且是“华中”地区的销售记录 | A1:I17 | K14:M15 | A38 |

## 十、挑选出华中地区销售金额介于 5 000 元和 10 000 元之间的记录

具体要求：在 Sheet4 工作表中，筛选出“金额”小于 10 000，大于等于 5 000，并且地区是“华中”的销售记录，筛选条件为 K14:M15 单元格区域，结果放在 A38 单元格内。将 Sheet4 工作表重命名为“高级筛选”。

（1）在 K14:M15 区域输入筛选条件，格式如图 2－3－14 所示。

| 金额 | 金额 | 地区 |
|---|---|---|
| <=10000 | >=5000 | 华中 |

图 2－3－14 高级筛选的条件区域 2

（2）单击数据清单，选择“数据”选项卡“排序和筛选”选项组中的“高级”按钮，在弹出的“高级筛选”对话框中，按表 2－3－1 所示输入相应内容，单击“确定”按钮。筛选结果显示在 A38 单元格位置。

（3）将 Sheet4 工作表重命名为“高级筛选”。操作同前。

## 十一、创建一个能够显示出各地区销售金额的工作表

具体要求：在 Sheet5 工作表中，按“地区”字段对销售记录进行分类汇总，以获得各地区销售金额的总和。将 Sheet5 工作表重命名为“分类汇总”。

分类汇总练习

（1）将 Sheet5 工作表重命名为“分类汇总”。

（2）单击“地区”所在列的任意一个数据，单击“数据”选项卡“排序和筛选”选项组中的“排序”按钮，使记录按地区排序。

（3）单击“数据”选项卡“分级显示”选项组中的“分类汇总”按钮 分类汇总，在“分类汇总”对话框中选定对应的选项，如图 2－3－15 所示。单击“确定”按钮，实现按地区对金额的求和汇总。

## 十二、创建一个能够按“地区”查找销售记录的工作表

具体要求：根据“销售记录单”工作表中的数据创建一个能够按“地区”查找销售记录的数据透视表。

数据透视表练习

（1）选定“销售记录单”工作表，单击数据清单，单击“插入”选项卡“表格”选项组中的“数据透视表”按钮，弹出“创建数据透视表”对话框，如图 2－3－16 所示；核查数据区域是否正确，选择数据透视表的位置，单击“确定”按钮。

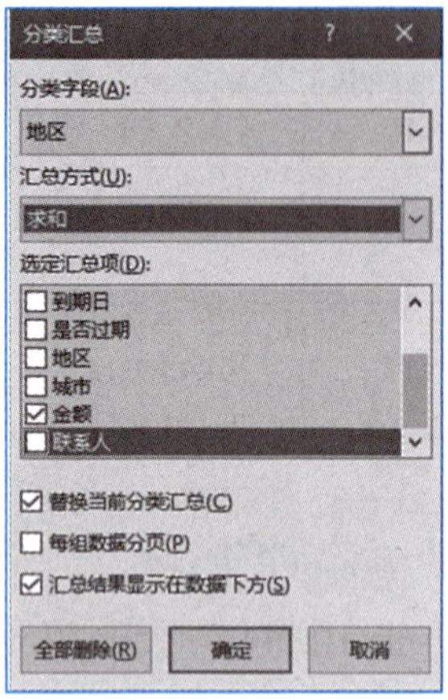


图 2－3－15 “分类汇总”对话框

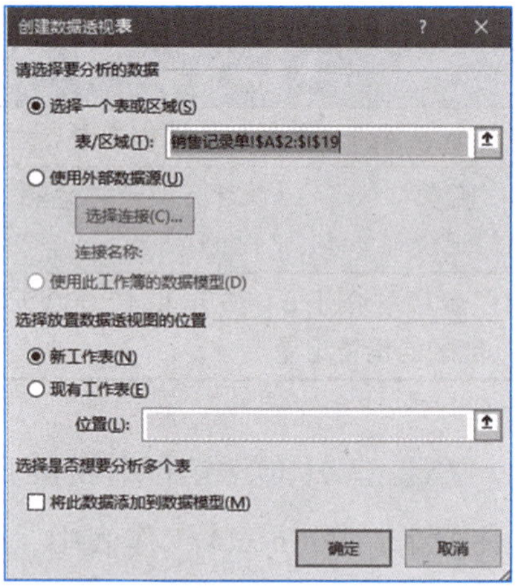


图 2－3－16 “创建数据透视表”对话框

（2）设置好后生成如图 2－3－17 所示的数据透视表设置界面，其中左侧为一个空数据透视表，右侧为“数据透视表字段”。将右侧的“数据透视表字段”窗口上方的数据字段名（地区、城市、发货日期、金额）对应拖放到该窗口下方的四个或部分几个空区域中完成设置过程。

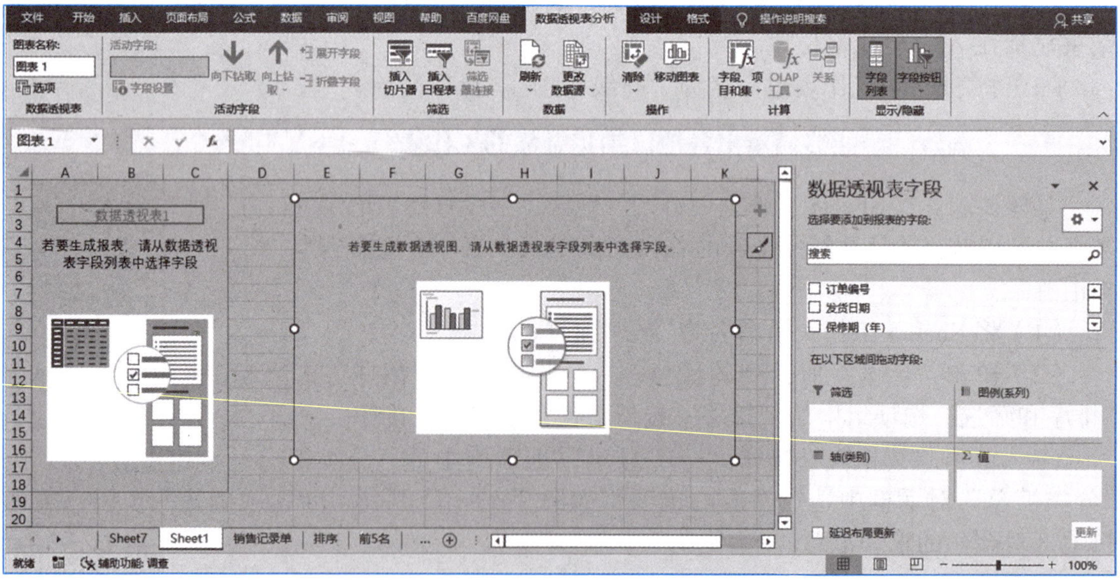


图 2－3－17 数据透视表设置界面

随着拖放字段的不同，原来的空数据透视表就会生成相应的数据透视表，如图 2－3－18 所示。

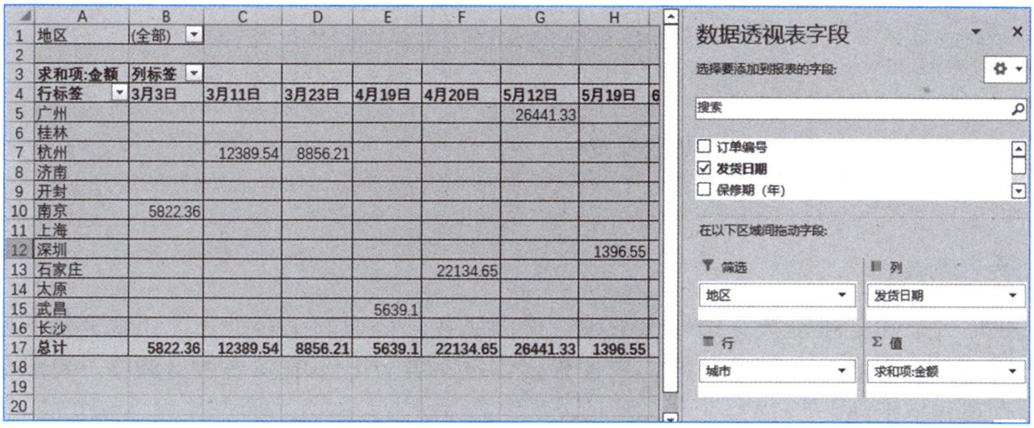

| | A | B | C | D | E | F | G | H |
|---|---|---|---|---|---|---|---|---|
| 1 | 地区 | (全部) | | | | | | |
| 2 | | | | | | | | |
| 3 | 求和项:金额 | 列标签 | | | | | | |
| 4 | 行标签 | 3月3日 | 3月11日 | 3月23日 | 4月19日 | 4月20日 | 5月12日 | 5月19日 |
| 5 | 广州 | | | | | | 26441.33 | |
| 6 | 桂林 | | | | | | | |
| 7 | 杭州 | | 12389.54 | 8856.21 | | | | |
| 8 | 济南 | | | | | | | |
| 9 | 开封 | | | | | | | |
| 10 | 南京 | 5822.36 | | | | | | |
| 11 | 上海 | | | | | | | |
| 12 | 深圳 | | | | | | | 1396.55 |
| 13 | 石家庄 | | | | | 22134.65 | | |
| 14 | 太原 | | | | | | | |
| 15 | 武昌 | | | | 5639.1 | | | |
| 16 | 长沙 | | | | | | | |
| 17 | 总计 | 5822.36 | 12389.54 | 8856.21 | 5639.1 | 22134.65 | 26441.33 | 1396.55 |
| 18 | | | | | | | | |
| 19 | | | | | | | | |
| 20 | | | | | | | | |



图 2－3－18　生成的数据透视表

（3）单击“数据透视表工具”的“数据透视表分析”选项卡“显示 / 隐藏”选项组中的“字段列表”按钮 ，可关闭 / 打开右侧的“数据透视表字段”窗口。

（4）选中表格区，设置为“所有框线”。

（5）在数据透视表中展开“地区”下拉列表，从中选择“华北”，此时数据透视表中只显示华北地区的销售记录，如图 2－3－19 所示。单击表中各下拉列表的选项，可得到不同的显示结果。

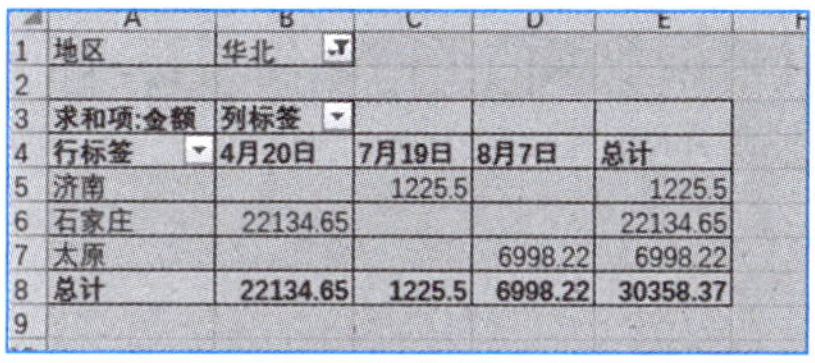

| | A | B | C | D | E |
|---|---|---|---|---|---|
| 1 | 地区 | 华北 | | | |
| 2 | | | | | |
| 3 | 求和项:金额 | 列标签 | | | |
| 4 | 行标签 | 4月20日 | 7月19日 | 8月7日 | 总计 |
| 5 | 济南 | | 1225.5 | | 1225.5 |
| 6 | 石家庄 | 22134.65 | | | 22134.65 |
| 7 | 太原 | | | 6998.22 | 6998.22 |
| 8 | 总计 | 22134.65 | 1225.5 | 6998.22 | 30358.37 |
| 9 | | | | | |

图 2－3－19　通过数据透视表查看华北地区的销售情况

# 工作任务四 Excel 图表制作

## 任务目标

（1）掌握图表的制作。
（2）掌握数据透视表及数据透视图。

## 任务描述

张璟到公司上班不久，领导递给她一份下属各分公司职工薪资表，让她分析下属各分公司薪资支出和人员结构情况，以便根据情况对各分公司的发展做出调整。要求分析结果直观和易于理解。

## 训练 1 图表的相关知识

### 一、图表的概念

Excel 图表体现了数据的图形化。用图的形式表示数据，使数据更加清晰易懂、形象直观，使比较或趋势变得一目了然。

### 二、图表的种类

Excel 2016 中大约包含 15 种内部的图表类型，每种图表类型中又有很多子类型，还可以通过自定义图表形式满足用户的各种需求。在组件众多的图表类型中，每种图表类型所表示的形式都不同，只有根据数据的不同和使用要求的不同来选用适合的图表类型，才能将数据更直观、更简洁地表示出来。

### 三、图表放置的位置

Excel 的图表位置是指绘制完成的图表在工作簿中显示的位置，它包含嵌入式图表和工作表图表两种位置形式，用户可根据需要随时改变图表的位置。

**1. 嵌入式图表**

嵌入式图表作为工作表的一部分进行保存，是一个图形对象，多用于和工作表数据一起显示或打印的情况。它是 Excel 2016 组件默认的图表放置位置。

**2. 工作表图表**

工作表图表作为具有特定工作表名称的独立工作表来保存，多用于需要独立于工作表数据来查看或编辑大而复杂的图表情况。

不管生成哪种图表，图表中的数据都会链接到工作表上的源数据，即当修改原工作表中的数据时，同时也会更新相应的图表。

## 四、图表中的基本元素

### 1. 图表区

整个图表以及图表中的数据。

### 2. 绘图区

在二维图表中，以坐标轴为界并包含所有数据系列的区域。

### 3. 图表标题

说明性的文本，可以自动在图表区顶部居中。

### 4. 数据系列

具有相同图案、颜色的数据标志就代表一个数据系列，这些数据源来自数据表中的行和列。可以在图表中绘制一个或多个数据系列。

### 5. 图例

由不同颜色的框组成，用于标识图表中的数据系列，显示各个系列的图案、颜色以及名称。

### 6. 数值轴和分类轴

数值轴是垂直坐标轴显示的数据，分类轴是水平坐标轴显示的数据，Excel 会根据工作表中的数据创建数值轴和分类轴上的相关数据。

### 7. 数值轴标题和分类轴标题

分别用来说明数值轴和分类轴的名称。

### 8. 坐标轴主要网格线

绘图区内的水平刻度线。

# 训练 2　公司薪资支出状况分析

## 一、完善“职工薪资支出情况表 .xlsx”的表结构及数据

具体要求：打开素材文件夹中的“职工薪资支出情况表 .xlsx”文件，并以原名另存到桌面上；在 Sheet1 工作表的第 1 列前增加“序号”列；在“工作时间”列后增加“工龄”列；填充新增列的数据。

（1）打开素材文件夹中的“职工薪资支出情况表 .xlsx”文件，将其另存到桌面上，文件名为“职工薪资支出情况表 .xlsx”。在 Sheet1 工作表中选定 A 列，单击“开始”选项卡“单元格”选项组中的“插入”按钮，插入一列，在 A2 单元格中输入列标题“序号”。选定 G 列，重复插入列的操作，在 G2 单元格中输入列标题“工龄”。

（2）在 A3 单元格中输入“1”，单击填充柄，按住“Ctrl”键，拖动填充柄至 A44，完成序号的填充。

（3）单击 G3 单元格，输入“=YEAR(TODAY()-YEAR(F3))”，按“Enter”键；选定 G3 单元格，打开“设置单元格格式”对话框，选择“数字”选项卡，选择“数值”型、“无小数”，单击“确定”按钮。双击填充柄，完成“工龄”字段的填充。

## 二、工作表格式设置

具体要求：调整工作表格式，使其整齐、美观，方便管理。［参考格式：表标题设置为楷体、18 号、加粗、蓝色，水平和垂直居中（A1:H1），行高 30；其他数据区域套用表格格式“表样式浅色 20”，水平和垂直居中；工作日期列设置为“yyyy-mm-dd”型。］

（1）选定 A1:H1，打开“设置单元格格式”对话框，选择“对齐”选项卡，在文本对齐方式中选定水平“居中”、垂直“居中”，文本控制项中选定“合并单元格”。在“字体”选项卡中设置字体为楷体、18 号、加粗、蓝色。单击“开始”选项卡“单元格”选项组中的“格式”按钮，选择“行高”命令，输入行高“30”，单击“确定”按钮。

（2）选定 A2:H44，单击“开始”选项卡“样式”选项组中的“套用表格格式”下拉按钮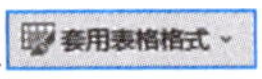

，选择“表样式浅色 20”；在“表格工具”“表设计”选项卡“表格样式”选项组中取消筛选；在“表格工具”“布局”选项卡的“对齐方式”选项组中设置水平和垂直居中。

（3）选定 F 列，打开“设置单元格格式”对话框，在“数字”选项卡“分类”列表中选择“自定义”，“类型”处输入“yyyy-mm-dd”，如图 2－4－1 所示。单击“确定”按钮，完成日期格式的设置。

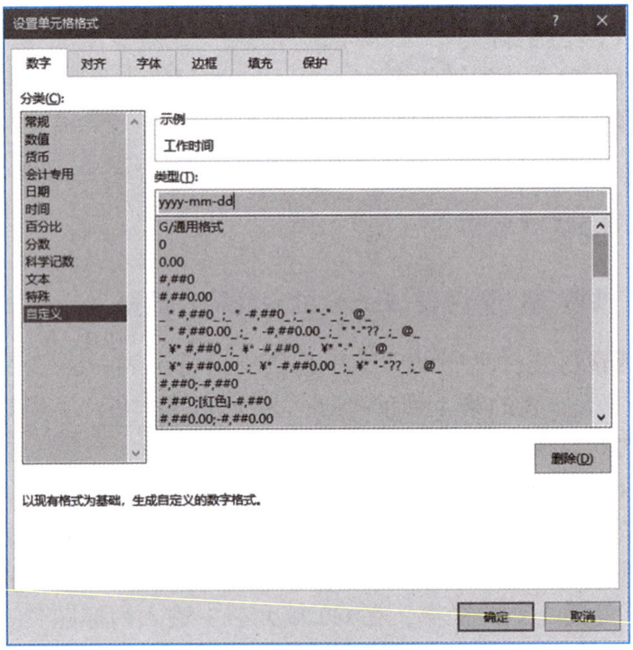


图 2－4－1 “自定义”格式设置

**提示：**

在表格套用了表样式后，只要单击该表格中的任一单元格，功能区就会出现“表格工具”选项卡，在该选项卡中还包含着“表设计”子选项卡，可通过单击该子选项卡下“表格样式”组中的相应按钮对套用的表格样式进行修改或单击该组的第一个按钮回到无表格样式的状态。

## 三、用饼图显示各公司薪资支出情况

具体要求：新建 Sheet1 工作表的副本，重命名为“分类汇总”；在“分类汇总”工作表中按“分公司”对“薪资”进行求和汇总。建立名为“分公司薪资汇总图”的工作表图表，用饼图显示 4 个分公司的薪资状况；图表标题为“各分公司薪资支出情况”，字体为华文行楷、32 号、加粗、居中、深红色；图例放在图表的底部，“无线条”，填充色为“橙色”；添加数据标签，标签包括类别名称、值、百分比、显示引导线，标签位置为“最佳匹配”。

图表练习

（1）单击 Sheet1 工作表标签，按住“Ctrl”键，拖放到 Sheet2 工作表后，完成对 Sheet1 工作表的复制。重命名新复制的工作表为“分类汇总”。

（2）在“分类汇总”工作表中，单击数据清单中“分公司”列的任意单元格，单击“开始”选项卡“编辑”选项组中的“排序和筛选”下拉按钮，在下拉菜单中选择“升序”命令，完成按“分公司”的升序排列。

（3）单击“表格工具”“表设计”选项卡“工具”选项组中的“转换为区域”按钮，确认后将表格转换为普通区域。

（4）选择“数据”选项卡“分级显示”选项组中的“分类汇总”按钮，在“分类汇总”对话框中选定对应的选项，如图 2－4－2 所示。单击“确定”按钮，实现按“分公司”对薪资的汇总。

（5）单击表左上角的 标签中的，收起记录。此时只显示 4 个分公司的薪资总额。

（6）作三维饼图，显示 4 个分公司的薪资状况。

1）在“开始”选项卡“编辑”选项组中，单击“查找与选择”下拉按钮，在下拉菜单中单击“定位条件”，弹出“定位条件”对话框。在“定位条件”对话框中选择“可见单元格”，单击“确定”按钮，如图 2－4－3 所示。

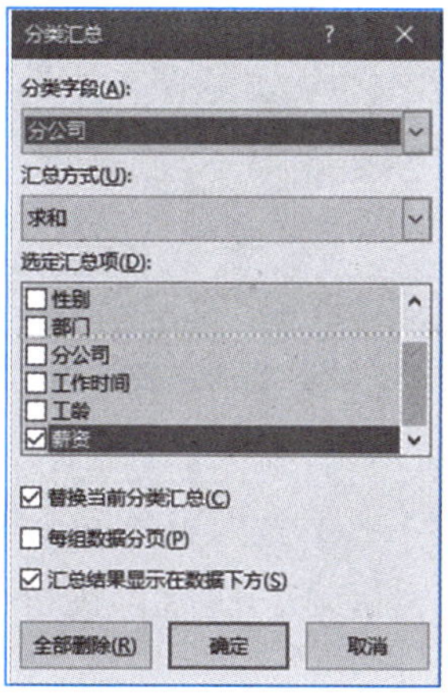


图 2－4－2　分类字段和汇总项的选定

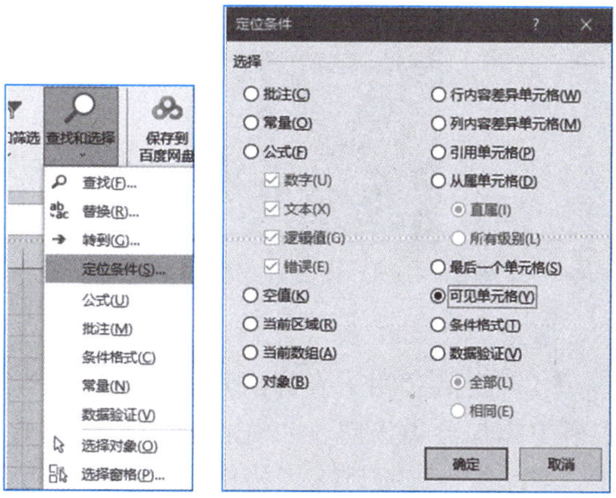


图 2－4－3　设定定位条件

2）单击“插入”选项卡“图表”选项组中的“插入饼图或圆环图”下拉按钮，在下拉菜单中选择“三维饼图”，在“位置功能区”单击“移动图表”按钮，在弹出的“移动图表”对话框中选择“新工作表”，输入图表名“分公司薪资汇总图”，生成一个名为“分公司薪资汇总图”的新工作表图表，如图 2-4-4 所示。

3）将图表标题修改为“各分公司薪资支出情况”。设置字体为华文行楷、32 号、加粗、居中、深红色。

4）选中图表图例并右击，选择“设置图例格式”命令，在弹出的“设置图例格式”对话框中，“图例位置”选择底部；“填充与线条”中设置填充为“纯色填充”，颜色为“橙色”，边框为“无线条”。

5）在饼图上选定数据系列并右击，选择“添加数据标签”命令，完成数据标签的添加；右击，并选择“设置数据标签格式”，在“设置数据标签格式”对话框中按图 2-4-5 所示进行设置，单击“关闭”按钮。设置字体格式为楷体、20 号。完成的“分公司薪资汇总图”效果如图 2-4-6 所示。

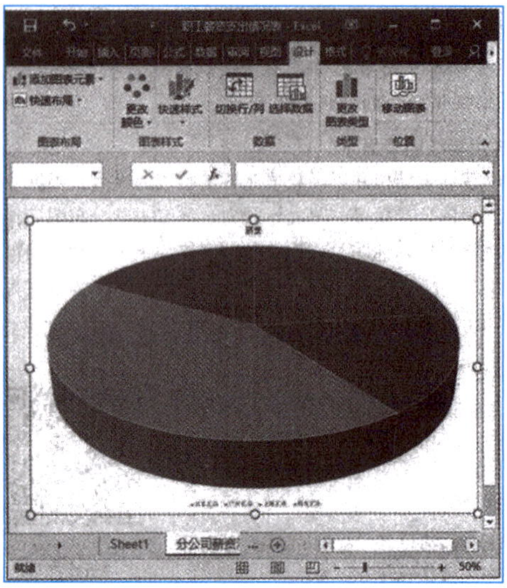


图 2-4-4　新生成的工作表图表

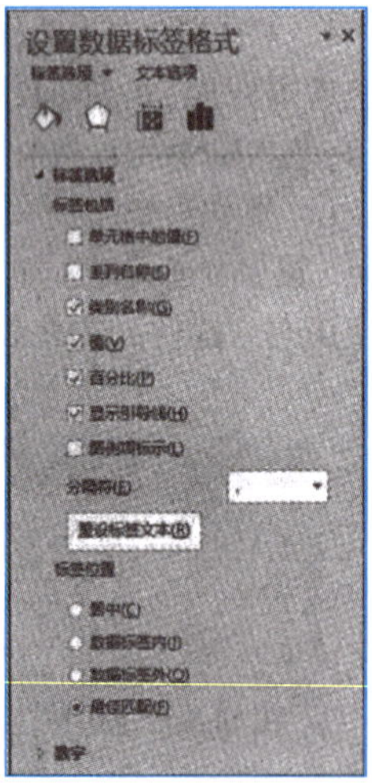


图 2-4-5　设置数据标签格式

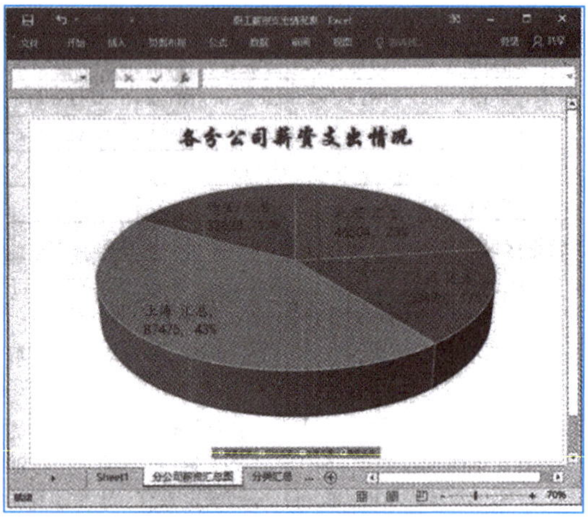


图 2-4-6　“分公司薪资汇总图”效果

提示：

（1）表格套用了表样式后，处于设计状态。此时“分类汇总”命令呈灰色。若要在表格中添加分类汇总，首先必须将该表格转换为常规数据区域，然后再进行分类汇总操作。请注意，这将删除表格格式以外的所有表格功能。

（2）利用“定位条件”，能选定可以看见的单元格（不包含被隐藏的单元格）。“定位条件”对话框中还有诸多选项，为我们提供强大的功能支持。

### 四、用折线图显示公司员工工龄情况

具体要求：在 Sheet2 工作表中，按图 2－4－7 所示建立表结构并用函数填充各工龄段的人数。根据统计数据，使用带数据标记的折线图显示员工工龄的分布状况，图表标题为“员工工龄分布图”，字体为隶书、14 号、加粗、紫色；不显示“图例”；垂直坐标轴标题为“工龄”，字体为隶书、10 号、加粗、红色，设置刻度最小值为 2，主要刻度值为 2，分类轴交叉于 2；垂直、水平坐标轴字体格式为宋体、10 号、红色；绘图区填充选择“渐变填充”；重命名工作表为“工龄分布图”。

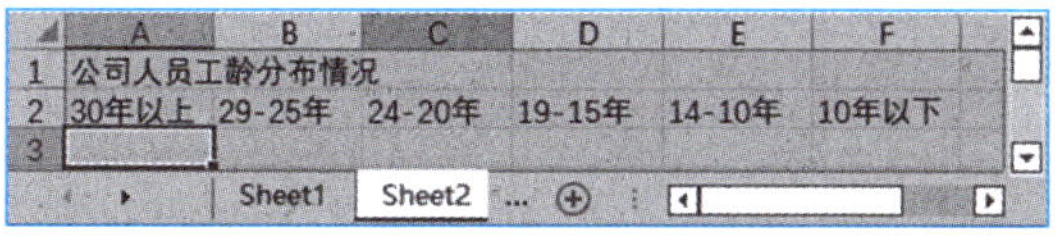


图 2－4－7　表结构的输入

（1）在 Sheet2 工作表中按图 2－4－7 所示，输入相应表结构。根据 Sheet1 工作表中的“工龄”字段用函数 COUNTIF 统计各段人数，具体表达式如表 2－4－1 所示。

表 2－4－1　统计各段工龄的表达式

| 字段名 | 单元格 | 输入表达式 |
|---|---|---|
| 30 年以上 | A3 | =COUNTIF(Sheet1!G3:G44,">=30") |
| 29—25 年 | B3 | =COUNTIF(Sheet1!G3:G44,">=25")-A3 |
| 24—20 年 | C3 | =COUNTIF(Sheet1!G3:G44,">=20")-COUNTIF(Sheet1!G3:G44,">=25") |
| 19—15 年 | D3 | =COUNTIF(Sheet1!G3:G44,">=15")-COUNTIF(Sheet1!G3:G44,">=20") |
| 14—10 年 | E3 | =COUNTIF(Sheet1!G3:G44,"<15")-F3 |
| 10 年以下 | F3 | =COUNTIF(Sheet1!G3:G44,"<10") |

（2）选定 A3:F3 单元格区域，单击“插入”选项卡“图表”选项组右下角的按钮，在弹出的对话框中选择“带数据标记的折线图”，如图 2－4－8 所示。单击“确定”按钮，在 Sheet2 工作表中插入折线图。

（3）选择“图表布局”选项组中的“快速布局”下拉按钮，选择布局 1，得到的图表布局如图 2－4－9 所示。

（4）单击“系列 1”（图例），按“Delete”键将其删除；选定“图表标题”，输入图表标题“员工工龄分布图”，设置字体格式为隶书、14 号、加粗、紫色；选定“坐标轴标题”，输入“工龄”，设置字体格式为隶书、10 号、加粗、红色；分别选定垂直和水平坐标轴，设置字体格式为宋体、10 号、红色。

（5）选定垂直坐标轴并右击，选择“设置坐标轴格式”命令，出现图 2－4－10 所示的“设置坐标轴格式”窗口。在其中设置刻度最小值为 2，主要刻度为 2；选中“横坐标轴交叉”组中的“坐标轴值”，设置其值为 2。

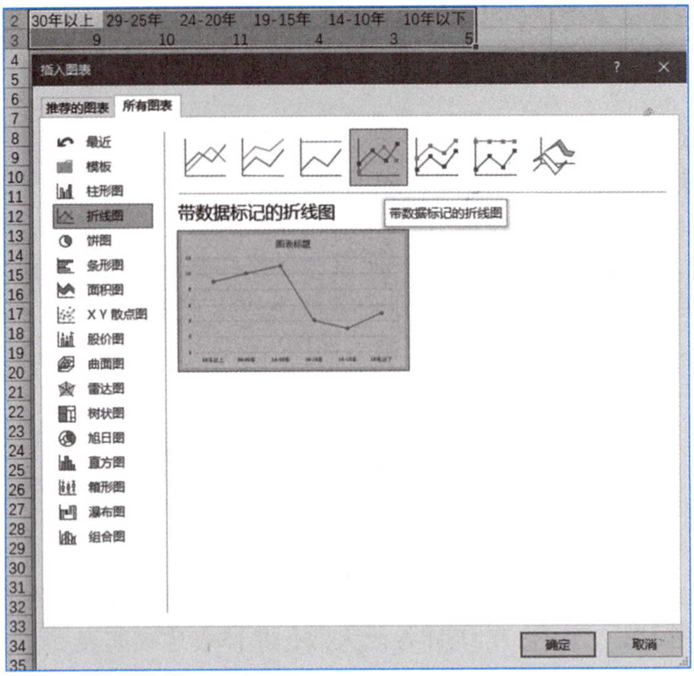


图 2－4－8　数据源选定和插入图表对话框操作

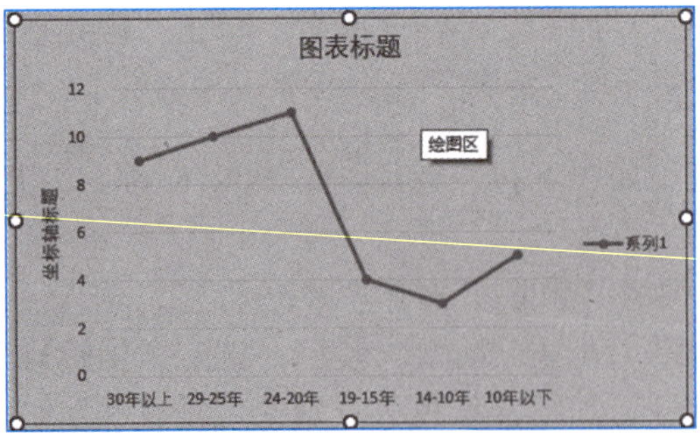


图 2－4－9　图表布局

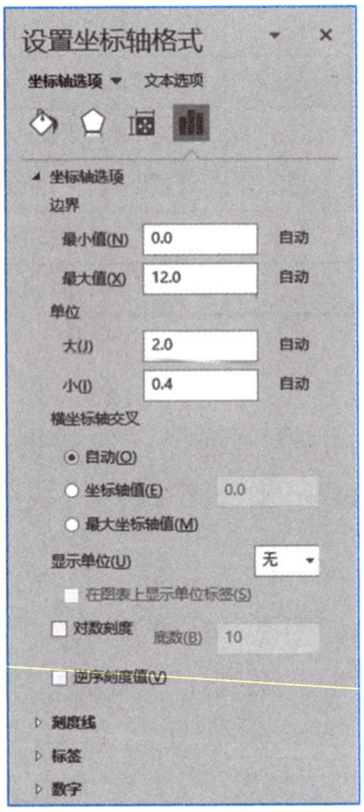


图 2－4－10　坐标轴刻度设置

（6）选中绘图区并右击，选择“设置图表区域格式”命令，在弹出的对话框中选择填充为“渐变填充”，在“预设渐变”里选择“浅色渐变—个性色 6”，单击“关闭”按钮。

（7）重命名工作表为“工龄分布图”，完成的“员工工龄分布图”效果如图 2－4－11 所示。

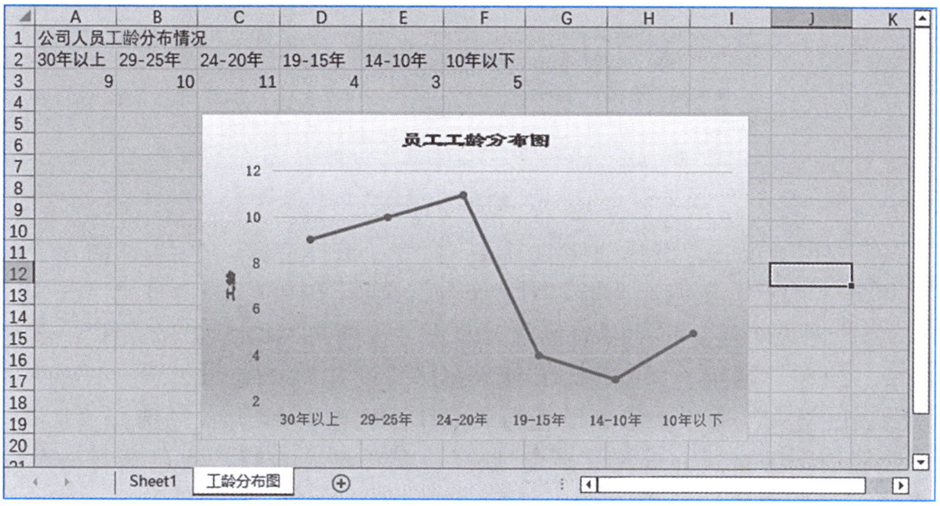


图 2－4－11　员工工龄分布图完成效果

## 五、用数据透视图显示各分公司的各部门人均薪资情况

具体要求：建立一个数据透视表及数据透视图，行标签是分公司，列标签是部门，对薪资求平均值。新建的数据透视表命名为“数据透视表”，表中数据全部保留 2 位小数。数据透视图移动到新工作表中，将新工作表命名为“人均薪资情况图”；修改图表布局，图表标题为“各公司人均薪资情况图”，字体为华文行楷、28 号、加粗、深蓝色；图表中其他字体格式为宋体、12 号；图表区填充纹理为“水滴”；绘图区填充为“浅色渐变一个性色 6”；网格线设置为蓝色。

（1）选定 Sheet1 工作表，单击数据清单，单击“插入”选项卡“图表”选项组“数据透视图”按钮 

，在弹出的“创建数据透视图”对话框中选择“新工作表”，单击“确定”按钮，形成新工作表。新工作表中包含“数据透视表”和“数据透视图”。

（2）将光标定位在“数据透视表”区域，用鼠标将“分公司”字段拖放到右下窗口的“行标签”中；“部门”字段拖放到“列标签”中；“薪资”字段拖放到“∑数值”中，单击放入的字段，在弹出的菜单中选择“值字段设置”，在“值字段设置”对话框的“计算类型”中选择“平均值”，单击“确定”按钮，如图 2－4－12 所示。

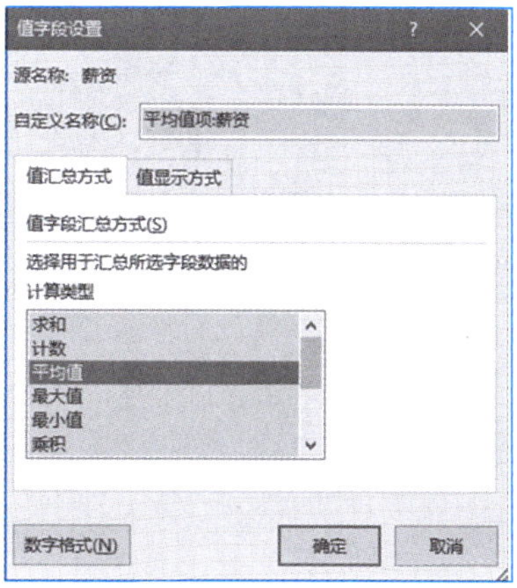


图 2－4－12　值字段设置

（3）设置“数据透视表”的全部数据项为“数值”

型、保留 2 位小数；重命名工作表为“数据透视表”。“数据透视表”效果如图 2－4－13 所示。

| | A | B | C | D | E |
|---|---|---|---|---|---|
| 1 | 平均值项:薪资 | 列标签 | | | |
| 2 | 行标签 | 培训部 | 软件部 | 销售部 | 总计 |
| 3 | 北京 | 5068.67 | 4523.00 | 4306.00 | 4599.90 |
| 4 | 广州 | 4255.17 | 4020.33 | 3463.33 | 3998.50 |
| 5 | 上海 | 5460.50 | 6060.50 | 6465.67 | 5952.82 |
| 6 | 西安 | 3480.67 | 4140.00 | 3771.50 | 3838.33 |
| 7 | 总计 | **4563.81** | **4745.14** | **4546.17** | **4619.21** |

图 2－4－13　部门平均薪资数据透视表效果

（4）右击数据透视图，选择“移动图表”命令，选择“新工作表”，输入“人均薪资情况图”，单击“确定”按钮。选择“图表布局”选项组中的“快速布局”下拉按钮，选择布局 1，修改图表布局。将“图表标题”改为“各公司人均薪资情况图”，设置其格式为华文行楷、28 号、加粗、深蓝色，其他字体格式设置为宋体、12 号。双击图表区，选择“设置图表区格式”命令，填充设置为“图片或纹理填充”，纹理选择“水滴”。单击绘图区，设置绘图区格式，选择“渐变填充”，预设渐变选择“浅色渐变—个性色 6”。双击网格线，设置主要网格线格式，选择“线条”，颜色选择“蓝色”。各公司人均薪资数据透视图效果如图 2－4－14 所示。单击图表中的各下拉列表，可得到不同的显示结果。

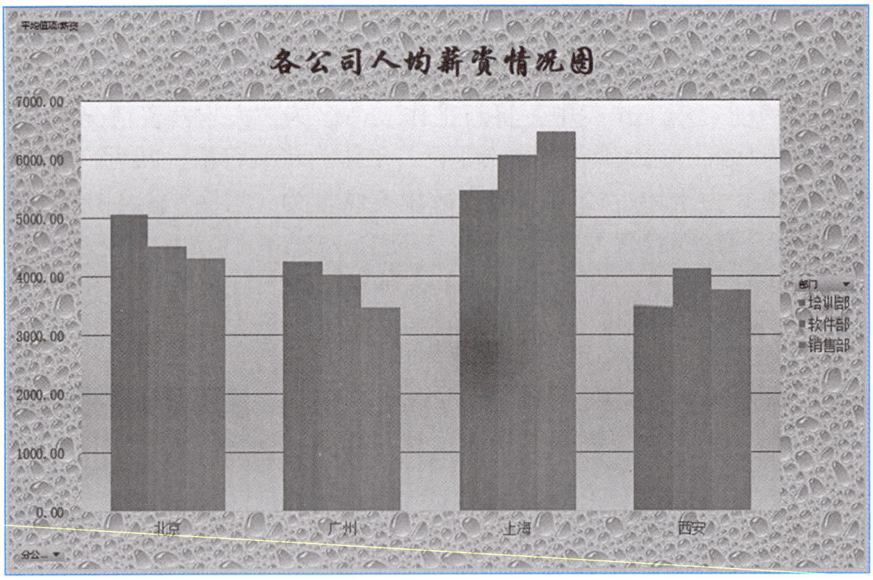


图 2－4－14　各公司人均薪资数据透视图效果

# 项目二

# 演示文稿制作

演示文稿制作是信息化办公的重要组成部分。借助演示文稿制作工具，可快速制作出图文并茂、富有感染力的演示文稿，并且可通过图片、视频和动画等多媒体形式展现复杂的内容，从而使表达的内容更容易理解。本主题包含演示文稿制作、动画设计、母版制作和使用、演示文稿放映和导出等内容。

## 能力目标

（1）了解演示文稿的应用场景，熟悉相关工具的功能、操作界面和制作流程；

（2）掌握演示文稿的创建、打开、保存、退出等基本操作；

（3）熟悉演示文稿不同视图方式的应用；

（4）掌握幻灯片的创建、复制、删除、移动等基本操作；

（5）理解幻灯片的设计及布局原则；

（6）掌握在幻灯片中插入各类对象的方法，如文本框、图形、图片、表格、音频、视频等对象；

（7）理解幻灯片母版的概念，掌握幻灯片母版、备注母版的编辑及应用方法；

（8）掌握幻灯片切换动画、对象动画的设置方法及超链接、动作按钮的应用方法；

（9）了解幻灯片的放映类型，会使用排练计时进行放映；

（10）掌握幻灯片不同格式的导出方法。

## 素养目标

（1）提升学生独立思考能力和自主学习意识；

（2）培养学生实事求是的工作态度；

（3）提升学生的社会公德、个人品德，培养责任担当意识。

## 知识导图

- 演示文稿制作
  - 制作毕业答辩演示文稿
    - 了解演示文稿的应用场景
    - 掌握演示文稿的创建
    - 熟悉演示文稿不同视图方式的应用
  - 美化毕业答辩幻灯片
    - 理解幻灯片的设计及布局原则
    - 掌握在幻灯片中插入各类对象的方法
    - 理解幻灯片母版的概念
    - 了解幻灯片的放映类型

# 工作任务一 制作毕业答辩演示文稿

## 任务目标

（1）掌握利用 PowerPoint 2016 创建演示文稿的基本过程。

（2）掌握演示文稿的基本编辑和操作技巧。

## 任务描述

黎阳马上就要进行毕业答辩了，按照要求，在答辩时，首先要自述 5 分钟，介绍自己论文的主要内容。为了将自己的论文内容更好地展示给答辩老师，黎阳制作了毕业答辩演示文稿，如图 3－1－1 所示。

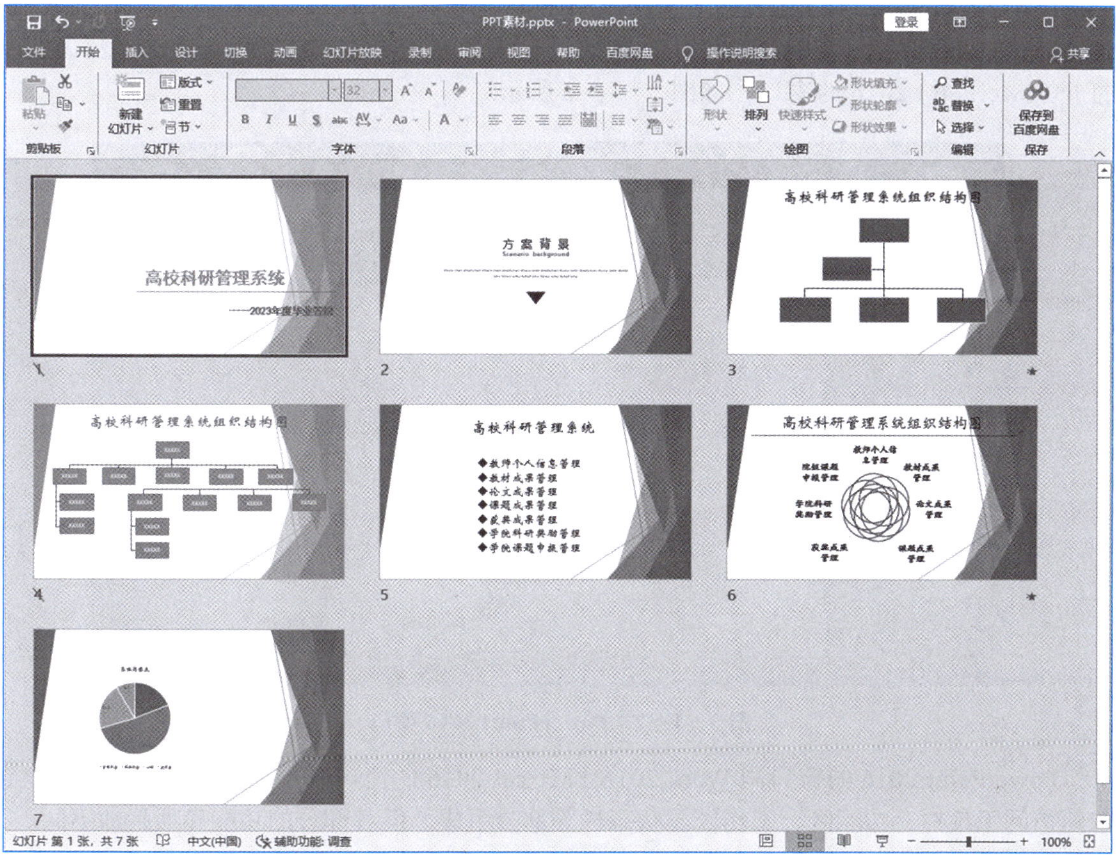


图 3－1－1 毕业答辩演示文稿

## 训练 1　认识演示文稿

### 一、演示文稿与幻灯片

#### 1. 演示文稿

演示文稿是指由 PowerPoint 创建的扩展名为“ .pptx”的文件，用来在介绍情况、阐述计划和实施方案、演讲、介绍产品等的时候向大家展示一系列材料。这些材料包括文字、表格、图形、图像、图表、视频、声音等，并按照幻灯片的方式组织起来，能够生动形象地表达出所要介绍的内容。一个演示文稿由若干张幻灯片组成。

#### 2. 幻灯片

幻灯片是演示文稿中的一个页面。一份完整的演示文稿是由若干张幻灯片相互联系，并按一定的顺序排列组成的。

### 二、PowerPoint 2016 的窗口组成

PowerPoint 2016 是 Microsoft Office 2016 的一个组件，启动和退出 PowerPoint 2016 的方法与 Word 2016 和 Excel 2016 的启动、退出方法相同。启动 PowerPoint 2016 后，打开 PowerPoint 2016 的窗口，如图 3－1－2 所示。

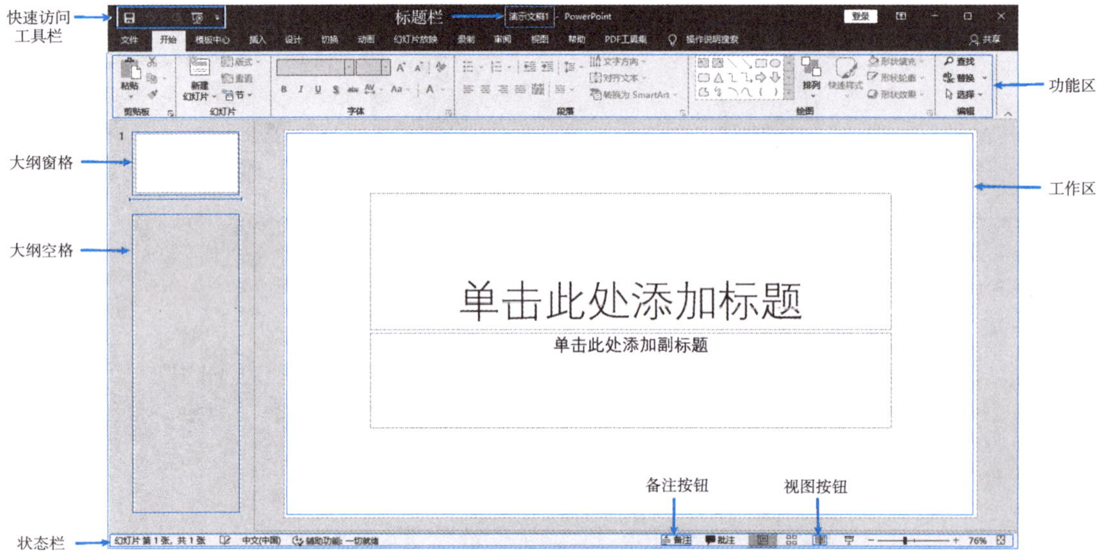


图 3－1－2　PowerPoint 2016 窗口

PowerPoint 2016 的窗口同 Word 2016 和 Excel 2016 的窗口基本相同，也是由标题栏、快速访问工具栏、功能区、工作区、状态栏等部分组成，但各部分的功能和项目却不同。

#### 1. 标题栏

标题栏位于窗口顶端，用来显示当前演示文稿的标题，主要包含控制菜单按钮、当前演示文稿名称、程序名、“最小化”按钮、“最大化 / 还原”按钮和“关闭”按钮。

### 2. 快速访问工具栏

快速访问工具栏位于标题栏左侧，主要有“保存”按钮、“撤销”按钮、“恢复”按钮、放映按钮，还可以单击右侧根据需要自定义功能按钮。在编辑演示文稿的过程中，可能会有一些常见或重复性的操作，可以使用快速访问工具栏。

### 3. 功能区

PowerPoint 2016 的功能区和 PowerPoint 2010、PowerPoint 2013 的类似。普通视图下，PowerPoint 2016 功能区包含 9 个选项卡，在每个选项卡中集成了各种操作命令，而这些命令根据完成任务的不同分布在各个不同的组中，功能区中的每个按钮可以执行一个具体的操作，或是显示下一级菜单命令。另外，PowerPoint 2016 增加了“操作说明搜索”按钮 操作说明搜索，在这里输入想要的功能，即可直接转到相应的功能进行操作或查询帮助。当选中某个对象时，如表格、图片等，在功能区中会出现与之相关的选项卡，用来进行设计和布局操作。各选项卡及包含的主要功能如表 3-1-1 所示。

表 3-1-1　PowerPoint 各选项卡及包含的主要功能

| 选项卡 | 主要功能 | 对应演示文稿制作流程 |
|---|---|---|
| 开始 | 插入新幻灯片，将对象组合在一起以及设置幻灯片上的文本格式 | 准备素材，确定方案，开始制作演示文稿 |
| 插入 | 将表、形状、图表、页眉或页脚插入演示文稿 | 增加演示文稿的信息量，提升说服力 |
| 设计 | 自定义演示文稿的背景、主题设计和颜色或页面设置 | 装饰处理 |
| 切换 | 可对当前幻灯片进行应用、更改或删除切换效果等操作 | |
| 动画 | 可对幻灯片上的对象进行应用、更改或删除动画等操作 | |
| 幻灯片放映 | 开始幻灯片放映、自定义幻灯片放映的设置和隐藏单个幻灯片 | 预演与展示 |
| 视图 | 查看幻灯片母版，备注母版，幻灯片浏览，打开或关闭标尺、网格线和绘图指导 | 提升演示整体质量 |
| 审阅 | 检查拼写、更改演示文稿中的语言或比较当前演示文稿与其他演示文稿的差异 | 审核校对 |
| 文件 | 保存现有文件和打印演示文稿 | 完成制作打包发布 |

### 4. 幻灯片 / 大纲窗格

幻灯片位于工作区的左面，用于显示各幻灯片的缩略图和大纲视图，可以在此处添加新幻灯片或复制、删除、移动幻灯片。

### 5. 工作区

工作区位于功能区的下面、视图区的右边，是幻灯片的编辑区。

### 6. 状态栏

状态栏显示 PowerPoint 的状态信息。

### 7. 备注栏

备注栏用来写幻灯片的备注信息。

### 8. 视图按钮

在窗口右下角有4个视图切换按钮，从左至右依次是“普通视图”“幻灯片浏览视图”“阅读视图”“幻灯片放映视图”，用户也可以在“视图”选项卡“演示文稿视图”组中选择相关方式以适用于不同场合的需要。

## 三、视图模式

PowerPoint 2016 中一共有 5 种视图方式，分别是普通视图、大纲视图、幻灯片浏览视图、备注页视图、阅读视图。

### 1. 普通视图

这是一种最常用的视图方式，PowerPoint 启动后默认为普通视图方式。选择“演示文稿视图”组的“普通”按钮，在该视图下窗口被分成 3 个区域：幻灯片窗格、大纲窗格和备注窗格。拖动窗格的边框可以调整窗格的尺寸。

在幻灯片窗格中可以查看和编辑每张幻灯片中对象的布局效果，是制作幻灯片的主要场所。

在大纲窗格中显示每一张幻灯片的缩略图，选中某张缩略图时，可以在右边的幻灯片窗格中查看演示文稿以及设计更改的效果。可以在这里添加新幻灯片，复制、删除、移动幻灯片。

使用备注窗格，可以添加备注信息，但在幻灯片放映时不显示备注信息。

### 2. 大纲视图

大纲视图中，PowerPoint 将分级显示标题和正文，为用户提供集中组织材料、编写大纲的环境。每个标题将显示在包含大纲选项卡以及幻灯片图标和幻灯片编号的窗格的左侧。

### 3. 幻灯片浏览视图

在该视图中，按序号由小到大的顺序显示演示文稿中全部的幻灯片缩略图，如图 3-1-3 所示，以对幻灯片进行复制、移动或删除等操作。在幻灯片浏览视图中不能对幻灯片的内容直接进行编辑。

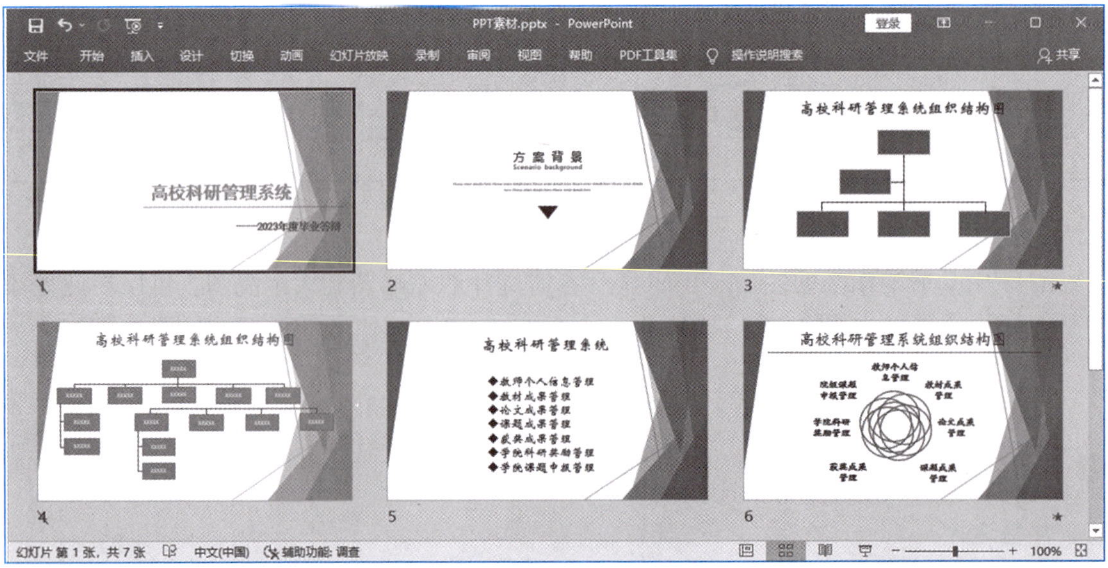


图 3-1-3　幻灯片浏览视图

### 4. 备注页视图

备注页视图用于输入和编辑备注信息，如图 3－1－4 所示。在普通视图中也可以输入备注信息。如果在备注页视图下，无法看清备注信息，可在“视图”选项卡中选择“显示比例”命令

，选择一个合适的显示比例。在备注视图中不能对幻灯片的内容直接进行编辑。

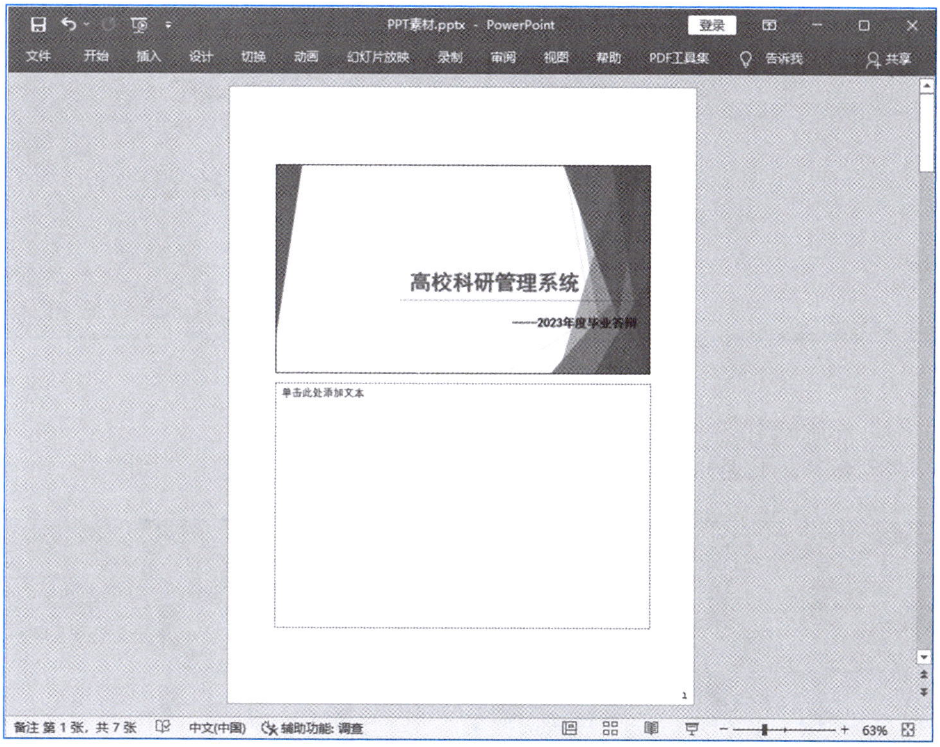


图 3－1－4　备注页视图

### 5. 阅读视图

在阅读视图中，演示文稿中的幻灯片内容可以以全屏的方式显示出来，如果用户设置了画面切换效果、动画效果等，在该视图方式下能全部显示出来，如图 3－1－5 所示。在阅读视图中不能对幻灯片的内容直接进行编辑。

## 四、幻灯片版式

幻灯片版式用于确定幻灯片包含的对象以及各对象之间的位置关系。版式由占位符组成，不同的占位符可以放置不同的对象。标题和文本占位符可以放置文字，内容占位符可以放置表格、图表、图片、图形、剪贴画等。PowerPoint 2016 提供了如图 3－1－6 所示的内置幻灯片版式，每种版式都显示了需要添加文本或图形的各种占位符的位置，用户也可以创建满足自身需求的自定义版式。

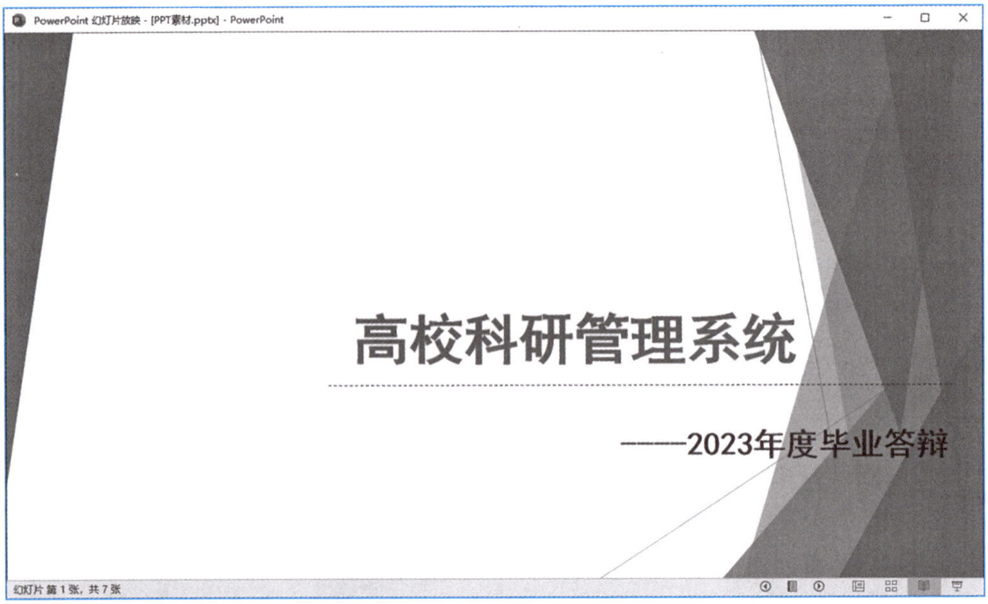


图 3－1－5　阅读视图

使用幻灯片版式有如下几种情况：

（1）在创建新幻灯片时，用户根据需要选择相应的幻灯片版式，如图 3－1－7 所示。

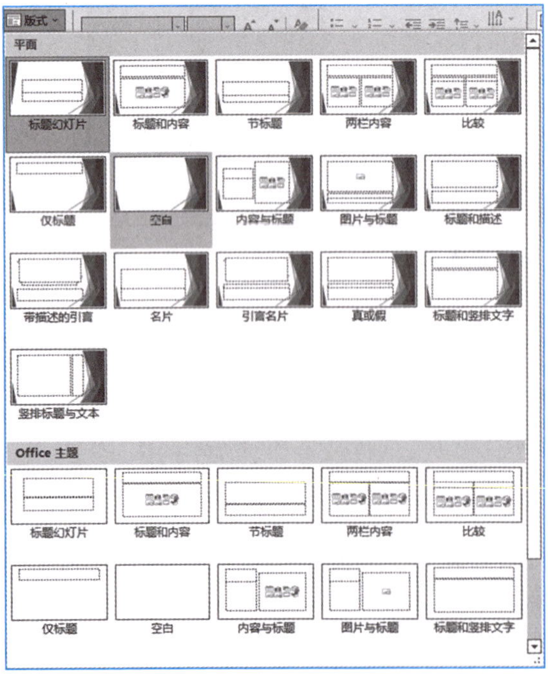


图 3－1－6　幻灯片版式

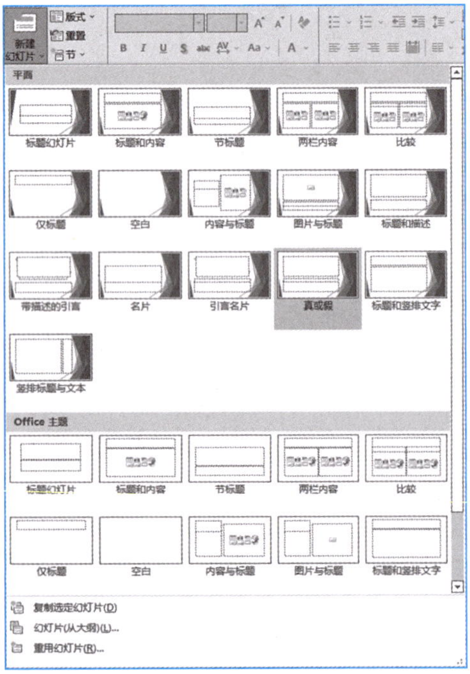


图 3－1－7　根据版式新建幻灯片

（2）在演示文稿制作过程中，也可以更改幻灯片版式，具体操作步骤如下：

1）选择需要修改幻灯片版式的幻灯片。

2）选择“开始”选项卡“幻灯片”组中的“版式”命令，在出现的下拉列表中选择相应的版式。

**提示：**

占位符是指幻灯片中的一种边框，这种边框带有虚线或阴影线，在这些框内可以放置标题、文本、图片、图表、表格等。

### 五、幻灯片的编辑

演示文稿由幻灯片组成，幻灯片是演示文稿的组成单位，设计演示文稿也可以说是设计每一张幻灯片，最后将这些幻灯片组织起来的过程。一般情况下，当新建一张幻灯片时，都要对它进行编辑。幻灯片的编辑包括对幻灯片文字、段落、项目符号、编号、图片、表格等的编辑。

## 训练 2　制作毕业答辩演示文稿

### 一、启动 PowerPoint 2016

启动 PowerPoint 2016 的方法有以下几种：

（1）单击“开始”按钮，选择“所有程序”“ Microsoft Office 2016”中的“ Microsoft PowerPoint 2016”命令。

（2）双击桌面上的 PowerPoint 2016 快捷方式图标。

（3）打开任一已经创建的 PowerPoint 2016 演示文稿。

执行上述（1）和（2）操作时，系统都会自动创建一个空白演示文稿，文件名默认为“演示文稿 1”。

### 二、新建演示文稿

（1）选择“文件”中的“新建”命令，将切换至“新建”页面，如图 3－1－8 所示。单击“空白演示文稿”，弹出“新建演示文稿”页面。

图 3－1－8　“新建演示文稿”任务窗格

**提示：**

PowerPoint 2016 提供了一系列创建演示文稿的方法，包括创建一个空演示文稿、根据主题进行创建等。

（2）选择默认标题版式。第一张幻灯片的默认版式为标题版式，如果要使用不同的版式，选择“开始”选项卡“幻灯片”组中的“版式”命令，在出现的下拉列表中选择相应的版式。

（3）在幻灯片的“单击此处添加标题”处输入文本“高校科研管理系统”。

（4）在幻灯片的“单击此处添加副标题”处输入文本“——2023 年度毕业答辩”。

## 三、编辑幻灯片

### 1. 格式化文本

将主标题“高校科研管理系统”设置为“黑体”“加粗”“蓝色”；副标题“——2023 年度毕业答辩”设置为字体“黑体”，字号 32，字体样式“加粗”，字体颜色“红色”。

操作步骤如下：

（1）选定标题“高校科研管理系统”，右击并选择快捷菜单中的“字体”命令，打开“字体”对话框（或选择“开始”选项卡中“字体”组右下角按钮），弹出“字体”对话框，如图 3－1－9 所示。

（2）设置字体为“黑体”，字体样式为“加粗”，字体颜色为“蓝色”，如图 3－1－10 所示，单击“确定”按钮。

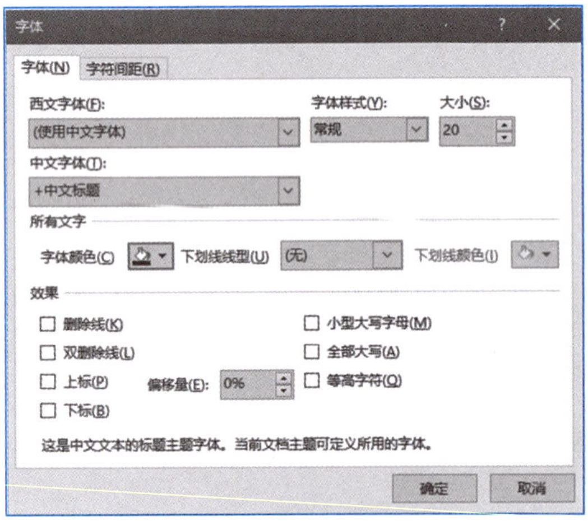


图 3－1－9 “字体”对话框

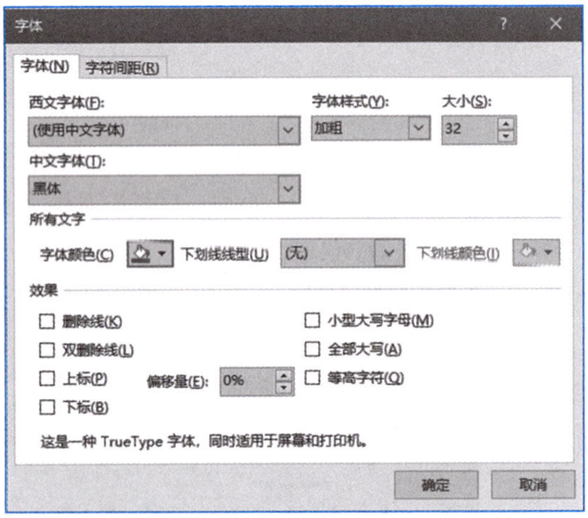


图 3－1－10 设置后的“字体”对话框

（3）选定副标题“——2023 年度毕业答辩”，选择“开始”选项卡“字体”组中“字体”下拉列表，选择“黑体”。

（4）单击“字号”下拉列表，选择“32”。

（5）单击“加粗”按钮 B，加粗。

（6）单击“字体颜色”下拉箭头 A，选择颜色方块中的“红色”。

### 2. 对齐文本

标题“高校科研管理系统”，居中对齐；副标题“——2023 年度毕业答辩”，右对齐。

操作步骤如下：

（1）选定标题“高校科研管理系统”，选择“开始”选项卡“段落”组中“居中”按钮，使标题居中显示。

（2）选定副标题“——2023 年度毕业答辩”，选择“开始”选项卡的“段落”选项组中“右对齐”按钮，使副标题右对齐。

字体格式化、对齐后的幻灯片如图 3－1－11 所示。

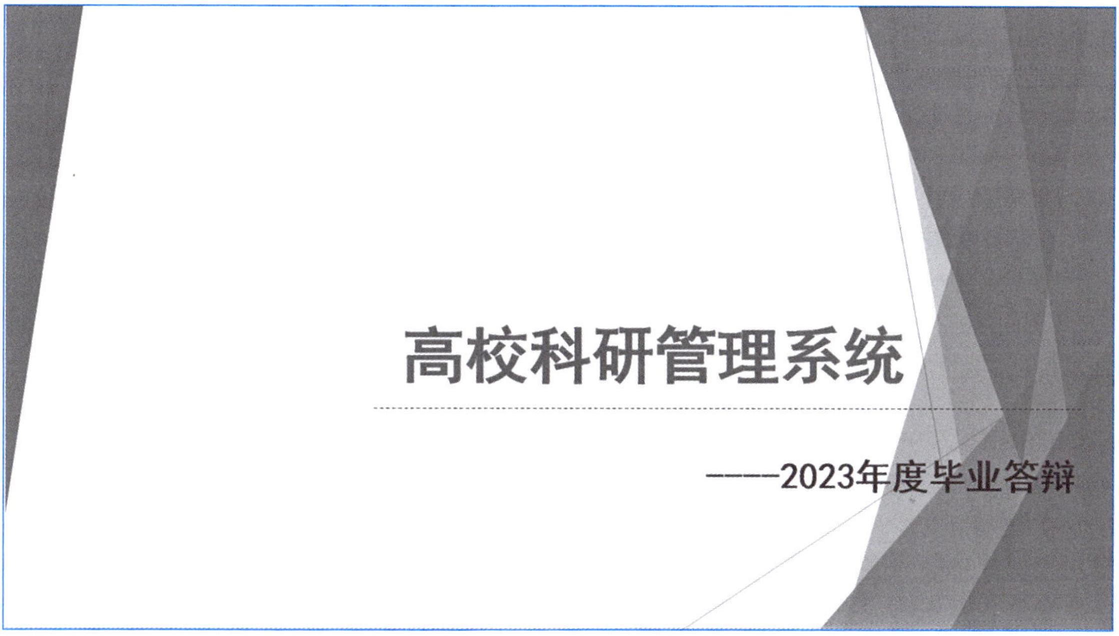


图 3－1－11　字体格式化、对齐后的幻灯片

### 3. 调整行距

标题“高校科研管理系统”，双倍行距，段前 6 磅、段后 6 磅。

操作步骤如下：

（1）选定标题“高校科研管理系统”，选择“开始”选项卡“段落”组右下角按钮，弹出“段落”对话框，如图 3－1－12 所示。

（2）在“行距”数值框中调整数值为“2 倍行距”，在“段前”数值框中调整数值为“6”，在“段后”数值框中调整数值为“6”，如图 3－1－13 所示，单击“确定”按钮。

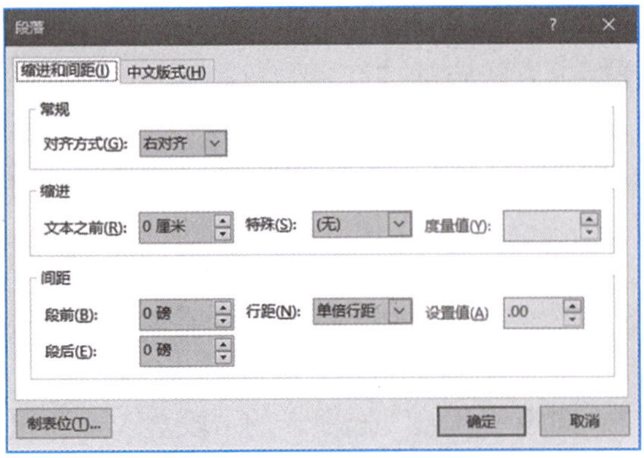


图 3－1－12 “段落”对话框

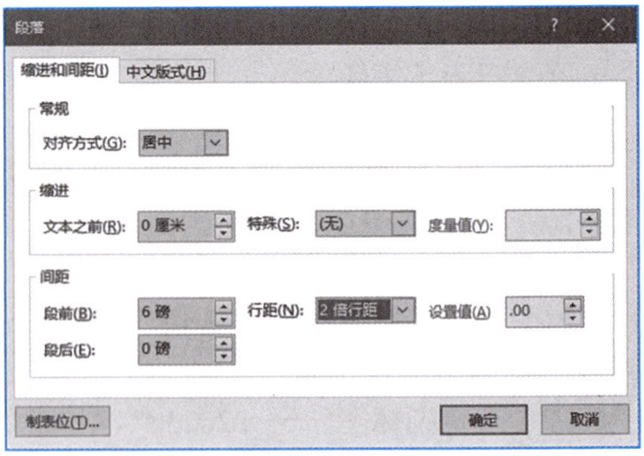


图 3－1－13 设置后的“段落”对话框

#### 4. 调整标题文本框大小

（1）单击标题文本任一位置，标题周围出现选定状态的文本框，边框上有可以用来调整大小的尺寸柄。

（2）将鼠标指针指向右边的尺寸柄，当鼠标指针变成左右箭头时，拖动鼠标，将文本框拉长，使标题在一行内显示出来。

将鼠标指针指向水平方向的尺寸柄，拖动鼠标，可以实现高低调整。

将鼠标指针指向角上的尺寸柄，拖动鼠标，可以实现上、下、左、右成比例调整。

#### 5. 移动标题位置

（1）单击标题文本任一位置，标题文本框处于选定状态。

（2）将鼠标指针指向文本框上的任一位置，当鼠标指针变成十字箭头时，拖动鼠标，移动标题到合适位置。

### 四、管理幻灯片

#### 1. 插入新幻灯片

在第一张幻灯片的后面插入两张新的幻灯片，版式为“标题和内容”；在第三张幻灯片中根据素材输入文本。

操作步骤如下：

（1）选择“开始”选项卡“幻灯片”组中的“新建幻灯片”按钮 

，插入第二张幻灯片。(如需插入其他版式的幻灯片，可单击“新建幻灯片”按钮，在弹出的列表中选择)。

（2）右击第二张幻灯片（或在第二张幻灯片的下面空白处右击），在快捷菜单中选择“新建幻灯片”命令，插入第三张幻灯片。

（3）根据素材在第三张幻灯片的标题占位符和文本占位符中输入相应内容。

#### 2. 复制幻灯片

根据第三张幻灯片复制出其余幻灯片。

操作步骤如下：

（1）选定第三张幻灯片，选择“开始”选项卡“剪贴板”组中的“复制”按钮 ；单击第三张幻灯片的下方，定位第四张幻灯片的位置，选择“开始”选项卡“剪贴板”

组中的“粘贴”按钮，即可复制出第四张幻灯片。

（2）根据以上方法，分别用第三张幻灯片复制出其余幻灯片。

幻灯片的复制、移动、删除练习

提示：

在制作演示文稿的过程中，如果用户当前创建的幻灯片与已存在的幻灯片风格基本一致，只是其中的部分文本不同，则采用复制幻灯片的方法，再在其基础上做相应的修改会更方便。

使用鼠标拖动复制幻灯片：在幻灯片浏览视图下，选定需复制的幻灯片，按住“Ctrl”键不放，拖动鼠标至目标位置，所选定的幻灯片也可以被复制。

使用复制幻灯片命令：在左侧大纲窗格幻灯片选项卡下，选择要复制的幻灯片并右击，在弹出的快捷菜单中选择“复制幻灯片”命令，将在选定幻灯片的后面复制出新的幻灯片。将新的幻灯片移动到目标位置，完成幻灯片的复制。

如果要移动幻灯片，只需将“复制”换成“剪切”。或者按住鼠标左键不放并拖动鼠标，也可将幻灯片移动到目标位置。

如果要删除幻灯片，选定要删除的幻灯片，按“Delete”或“Del”键。或者右击要删除的幻灯片，在弹出的快捷菜单中选择“删除幻灯片”命令。

## 五、插入可视化项目

向幻灯片中插入各种可视化项目，如图片、表格、图表、SmartArt 图形、声音和视频等对象，可以大大增强幻灯片的视觉效果。

### 1. 插入 SmartArt 图形

在第二张幻灯片的标题占位符中输入“高校科研管理系统组织结构图”，在第二个占位符的位置上插入组织结构图。

操作步骤如下：

（1）选定第二张幻灯片，单击标题占位符，输入“高校科研管理系统组织结构图”；

（2）在“插入”选项卡“插图”组中，单击 SmartArt 按钮 SmartArt，弹出如图 3－1－14 所示的对话框。

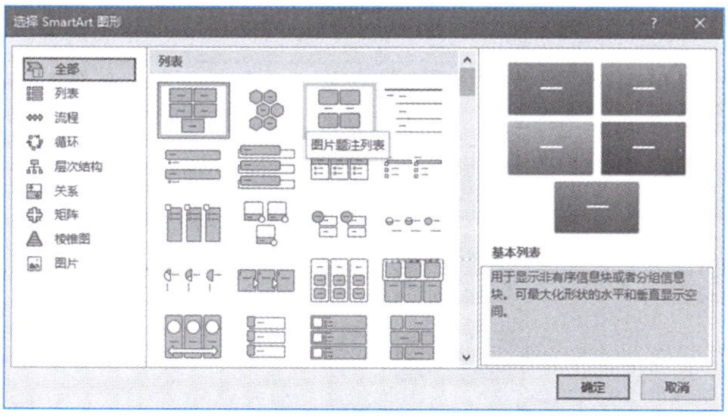


图 3－1－14 “选择 SmartArt 图形”对话框

（3）选择“层次结构”中的“组织结构图”布局，单击“确定”按钮，弹出如图 3－1－15 所示的对话框。

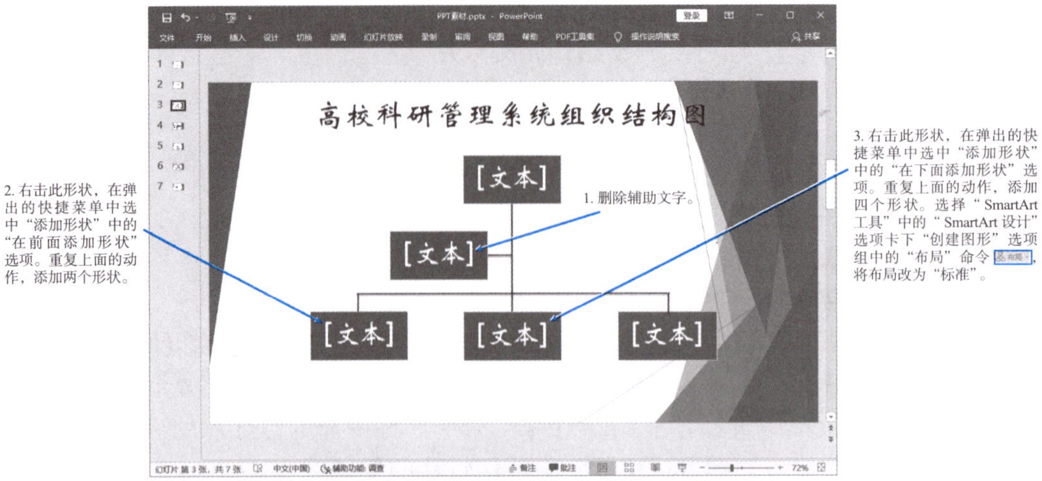


图 3－1－15　“在此处键入文字”对话框

（4）单击“组织结构图”，选择“SmartArt 工具”下的“SmartArt 设计”选项卡，如图 3－1－16 所示，选择“简单填充”样式，完成组织结构图的布局，并输入组织结构图中的内容，如图 3－1－17 所示。

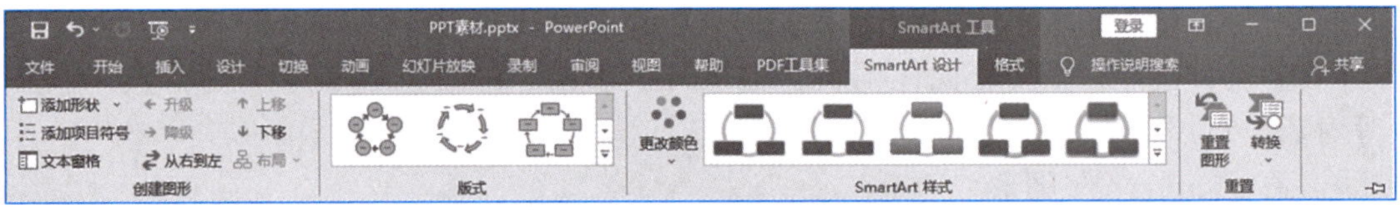


图 3－1－16　SmartArt 工具

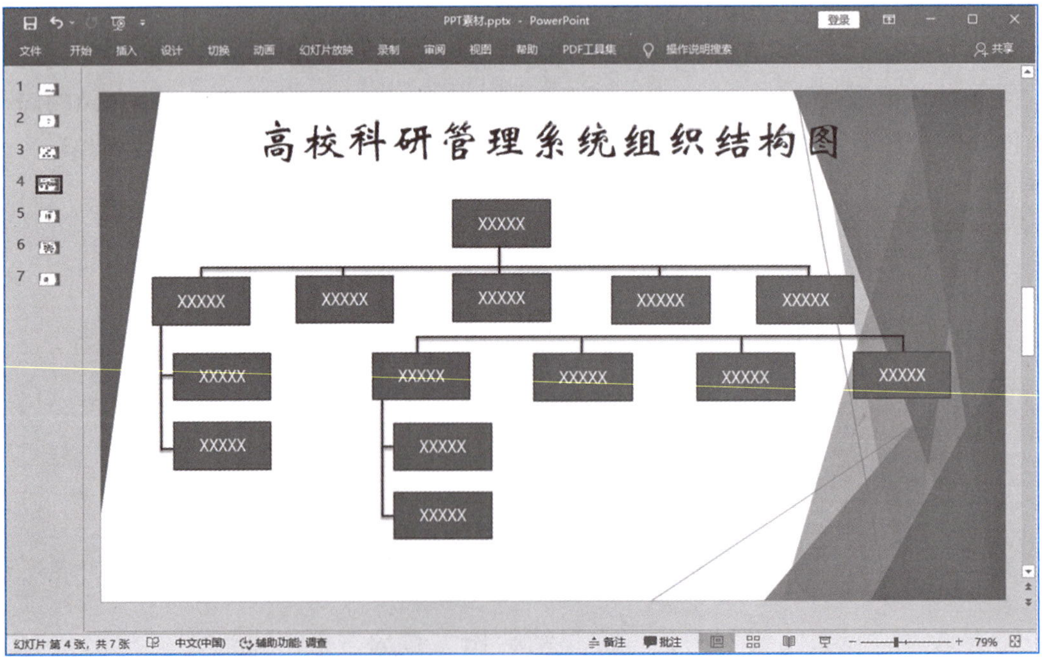


图 3－1－17　组织结构图

**提示：**

单击 SmartArt 图形会出现“SmartArt 工具”下的“格式”和“SmartArt 设计”选项卡，在此可以完成 SmartArt 图形的各项设置。

## 2. 插入项目符号

在第三张幻灯片中修改项目符号为◆，根据样张修改第四、五、六张幻灯片的内容，并修改相应项目符号。

在 PowerPoint 2016 中除标题幻灯片中输入的文本没有项目符号和编号以外，其他带有文本输入版式中的文本都有默认的项目符号和编号。当用户对默认设置不满意时可以更改，具体步骤如下：

（1）在第三张幻灯片中选定需要在其前面插入项目符号的文本行。

（2）单击“开始”选项卡“段落”组中的“项目符号”按钮或“编号”按钮，打开下拉列表框选择“项目符号和编号”，如图 3－1－18 所示。

（3）在“项目符号”图示列表中选择合适的项目符号“◆”，单击“确定”按钮。应用项目符号的幻灯片效果如图 3－1－19 所示。

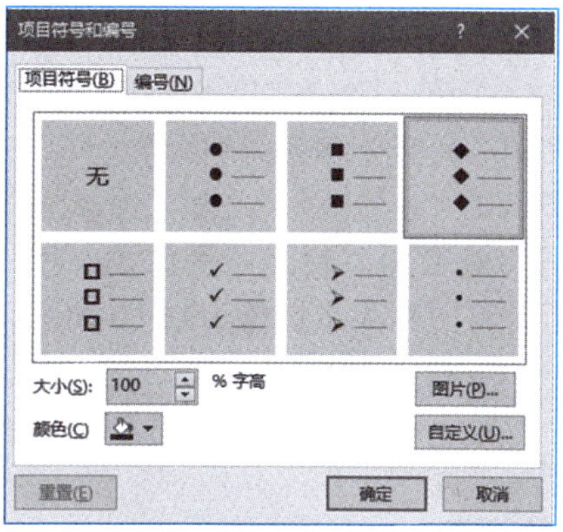


图 3－1－18 “项目符号和编号”对话框

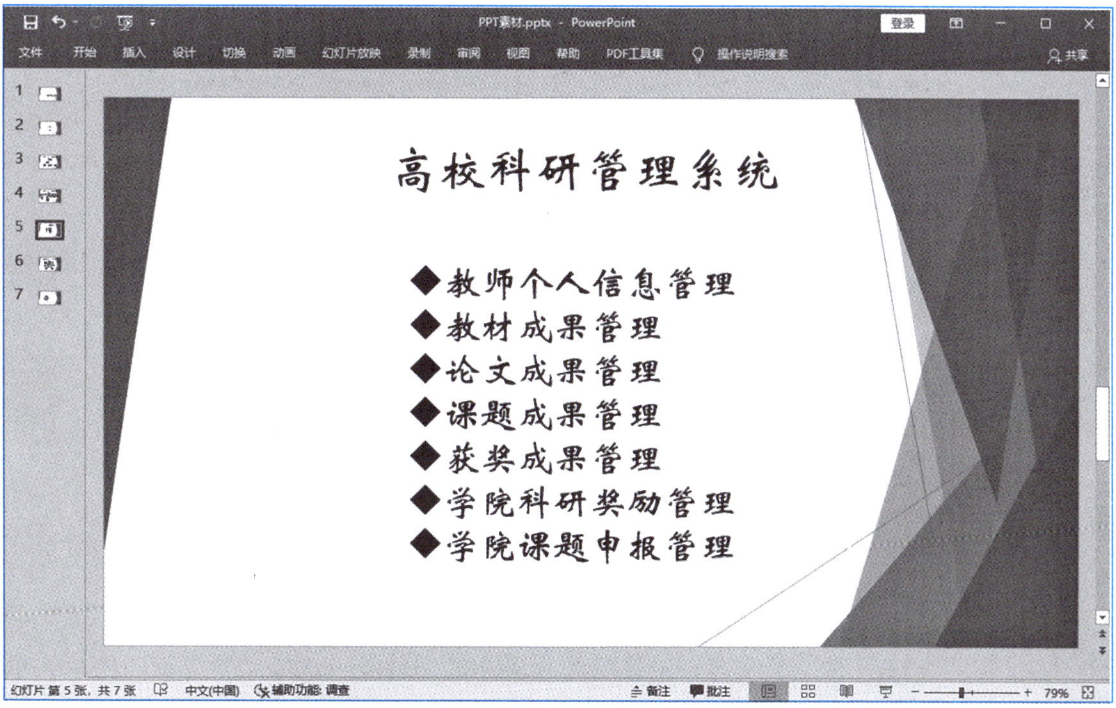


图 3－1－19 应用项目符号的幻灯片

（4）其他幻灯片中的内容及项目符号的修改方法同上。

**提示：**

如果项目符号不合适，单击“项目符号和编号”对话框中的“自定义”按钮 自定义(U)...，弹出“符号”对话框，如图 3－1－20 所示。选择合适的符号，单击“确定”按钮。返回“项目符号与编号”对话框，在“颜色”下拉列表中选择合适的颜色，单击“确定”按钮。

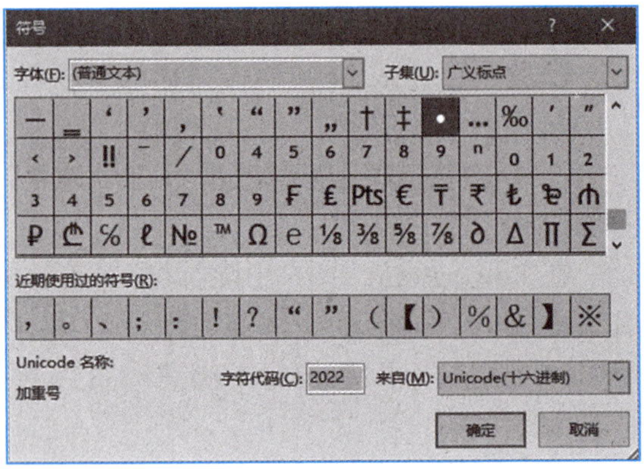


图 3－1－20 “符号”对话框

### 3. 插入图片

在第七张幻灯片中标题占位符处输入文本“科研管理系统登录界面”，插入样图所示图片。图片样式为“映像圆角矩形”，图片效果为“发光－橙色 8pt 发光个性色 2”，将图片大小设置为高 10 厘米，宽 15 厘米。

插入图片、表格、艺术字练习

步骤如下：

（1）选定第七张幻灯片，单击“标题”占位符，输入“科研管理系统登录界面”。

（2）在“插入”选项卡“图像”组中，选择“图片”按钮，或者选择幻灯片中占位符内的按钮，弹出如图 3－1－21 所示的对话框。

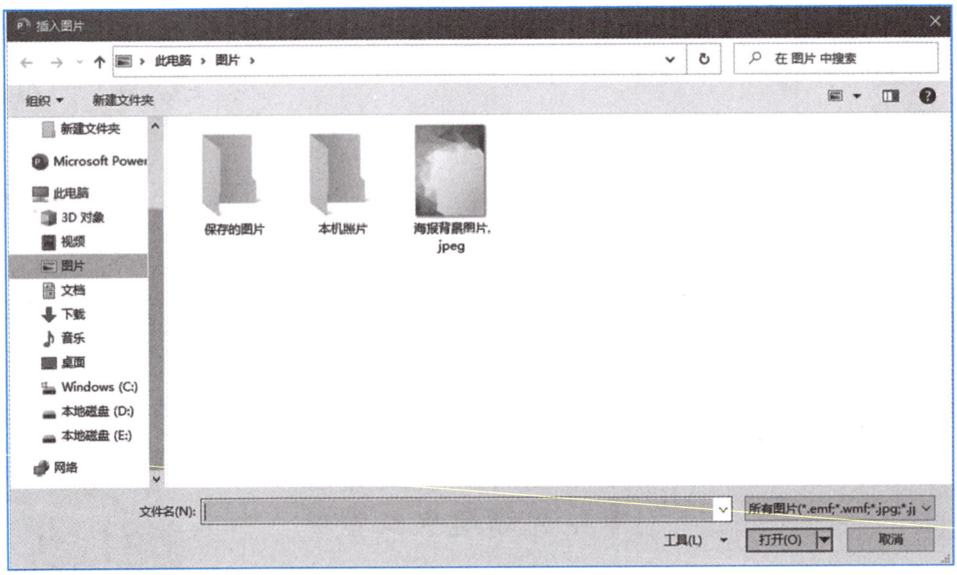


图 3－1－21 “插入图片”对话框

（3）在“查找范围”下拉列表中找到图片所在的文件夹，选定“主界面”图片，单击“插入”按钮。

（4）将图片插入指定位置，同时出现“图片工具”下的“图片格式”选项卡，如图 3－1－22 所示。

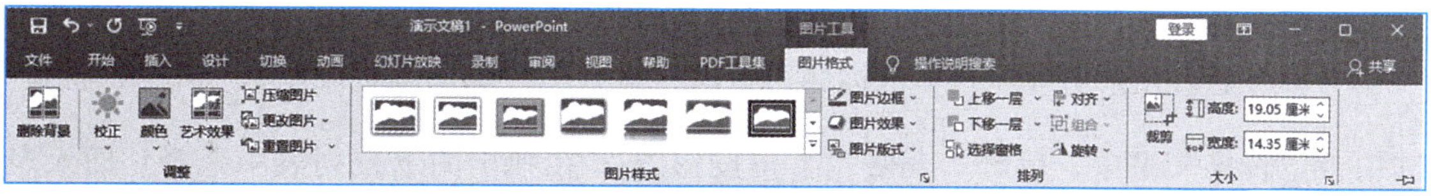


图 3－1－22 “图片工具”下的“图片格式”选项卡

（5）选中图片，选择“图片工具”下的“图片格式”选项卡，在“图片样式”组中选择“映像圆角矩形”；单击“图片效果”下拉按钮 图片效果，在下拉列表中单击“发光”，然后在弹出的窗口中选择“橙色 8pt 发光个性色 2”。也可以单击“格式”选项卡“图片样式”组中的按钮，在幻灯片右边的“设置图片格式”栏中进行设置，如图 3－1－23（a）所示。

（6）在“大小”组的高度和宽度数值框中输入 10 厘米和 15 厘米，完成图片大小的设置。也可以单击“大小”组中的按钮，在幻灯片右边的“设置图片格式”栏中进行设置，如图 3－1－23（b）所示。

（7）在第八张幻灯片中输入标题，并连续插入四张图片。然后选中四张图片，单击“图片版式”下拉按钮 图片版式，弹出的窗口如图 3－1－24 所示。在窗口中选择“图片题注列表”，对四张图片进行自动排版。在每个图片下面输入相应的文字。

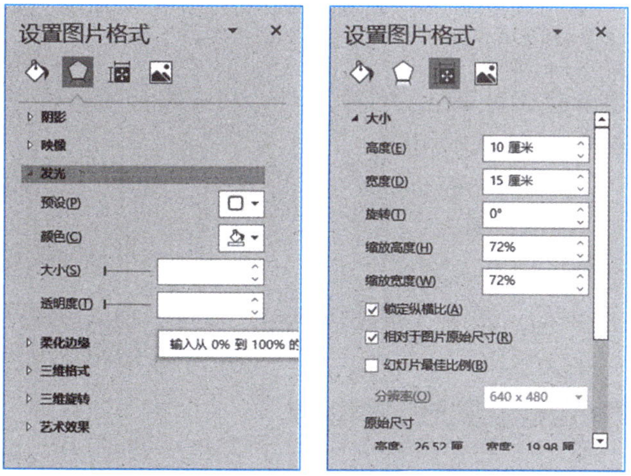


（a）效果　　（b）大小与属性

图 3－1－23 “设置图片格式”对话框

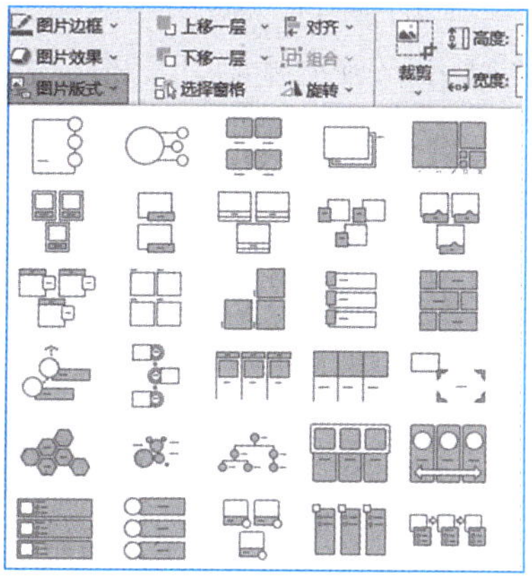


图 3－1－24 “图片版式”窗口

**提示：**

插入的图片可以是本机上的图片，也可以是与本机相连的远程计算机上的图片。

图片的移动和大小的调整方法同形状的移动和大小的调整方法是一样的。

插入形状的方法同插入图片类似。插入形状时，选择“插入”选项卡“插图”组中的“形状”按钮 形状，在弹出的列表中选择所绘的形状。

### 4. 插入表格

在第九张幻灯片中输入标题文本“系统调试阶段调查”，并插入五行五列表格。

操作步骤如下：

（1）选定第九张幻灯片，单击标题占位符，输入“系统调试阶段调查”；在“插入”选项卡“表格”组中，单击“表格”下拉按钮 表格，在弹出的下拉列表中选择“插入表格”命令，或者选择幻灯片中占位符内的 按钮，弹出“插入表格”对话框。

（2）在“列数”和“行数”数值框中设置列数为 5、行数为 5，单击“确定”按钮，将表格插入幻灯片的相应位置。同时显示“表格工具”下的“表设计”和“布局”选项卡，如图 3－1－25 所示。

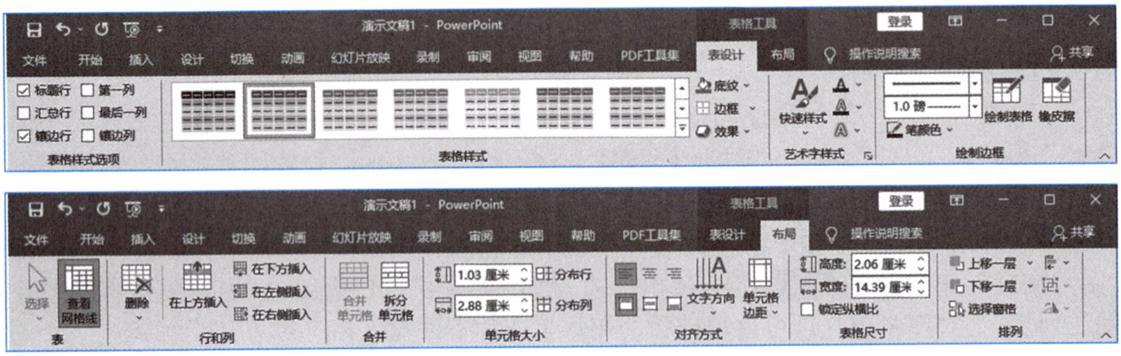


图 3－1－25 “表格工具”下的“表设计”和“布局”选项卡

（3）根据样张内容输入表格内容。

（4）通过“表设计”和“布局”选项卡完成对表格的各项设计。将表格调整至适当的大小，并放于幻灯片的左边，操作方法与 Word 基本相同。

### 5. 插入图表

在第九张幻灯片中插入基于左边表格中数据的图表。

操作步骤如下：

（1）单击“插入”选项卡“插图”组中的“图表”按钮 图表，弹出“插入图表”对话框，如图 3－1－26 所示。

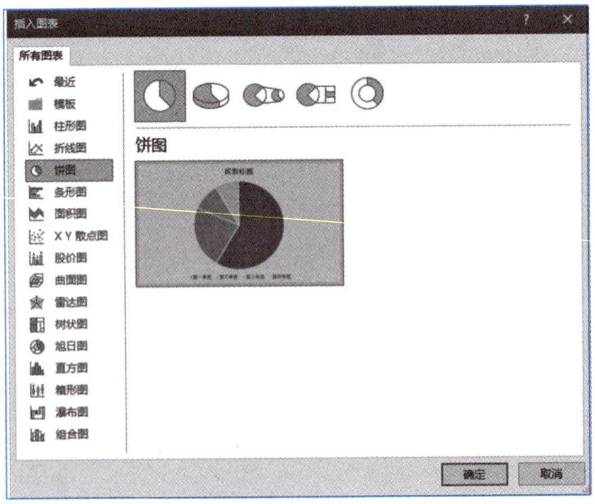


图 3－1－26 “插入图表”对话框

（2）在窗口左侧选择“饼图”，单击“确定”按钮，弹出编辑图表界面，如图 3－1－27 所示。

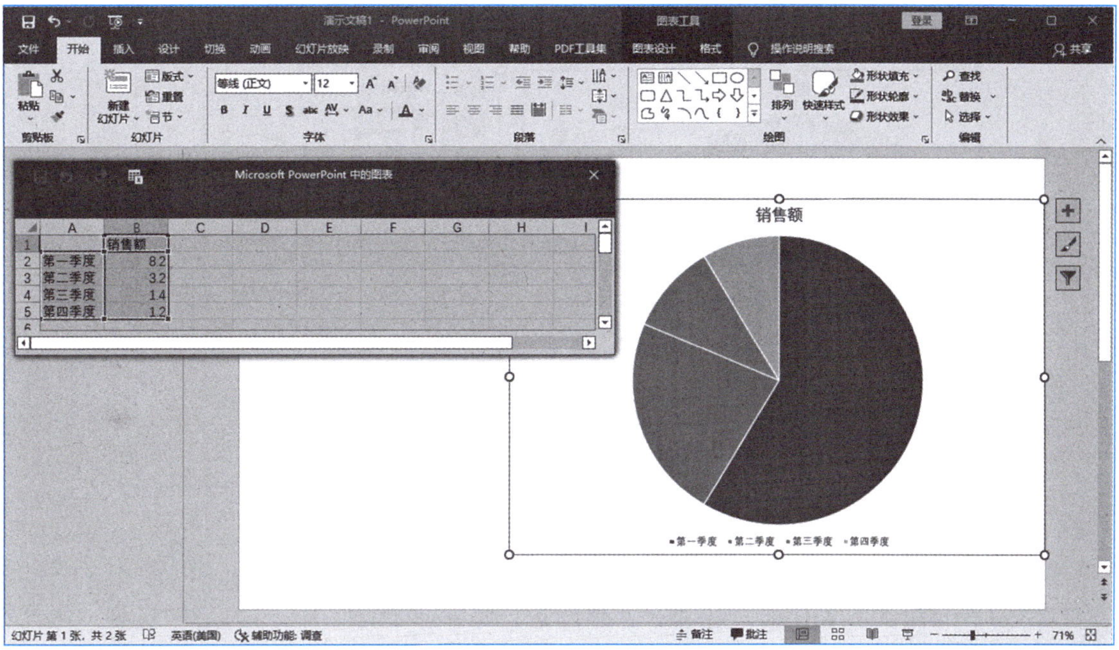


图 3－1－27　编辑图表界面

（3）适当调整图表的大小，并将图表放于表格右侧。

（4）根据表格中的数据，在上面的 Excel 模板表格中替换数据，即用表格中的“总体满意度”替换“销售额”，用“非常满意”替换“第一季度”，用“19.1%”替换原模板表格中的第一季度数据。以此类推，依次替换全部数据，如图 3－1－28 所示。系统自动根据表格中的数据制成图表。

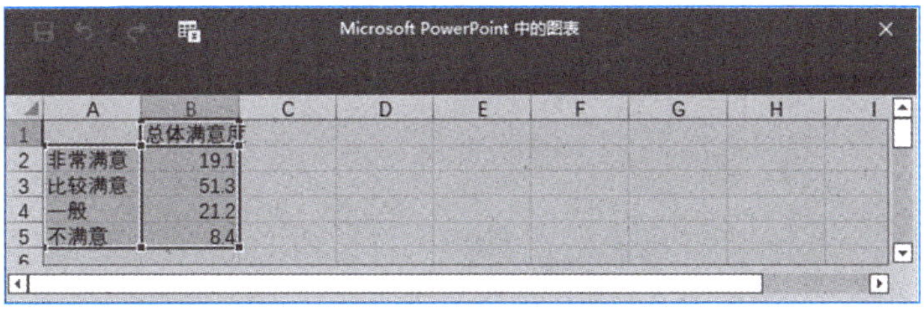


图 3－1－28　编辑图表数据源

（5）在“图表工具”的“图表设计”和“格式”选项卡中对图表进行图表样式设置，并选择数据和编辑数据，如图 3－1－29 所示。

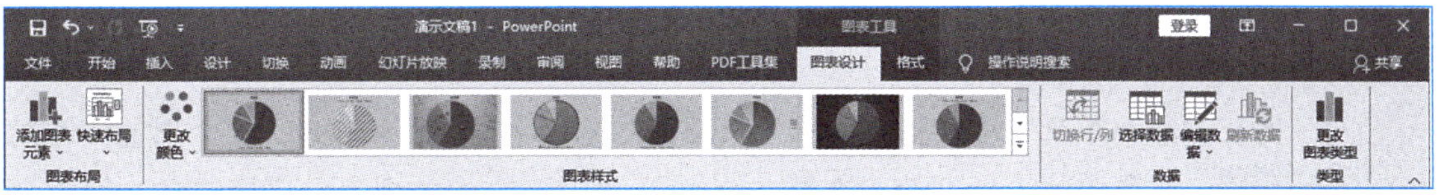


图 3－1－29　“图表工具”

（6）选中图表，单击图表右边的“图表元素”按钮，选中数据标签，单击其右边的三角按钮，在弹出的列中选择“数据标注”，如图 3－1－30 所示。再适当调整图表的高度、宽度，完成图表插入操作。

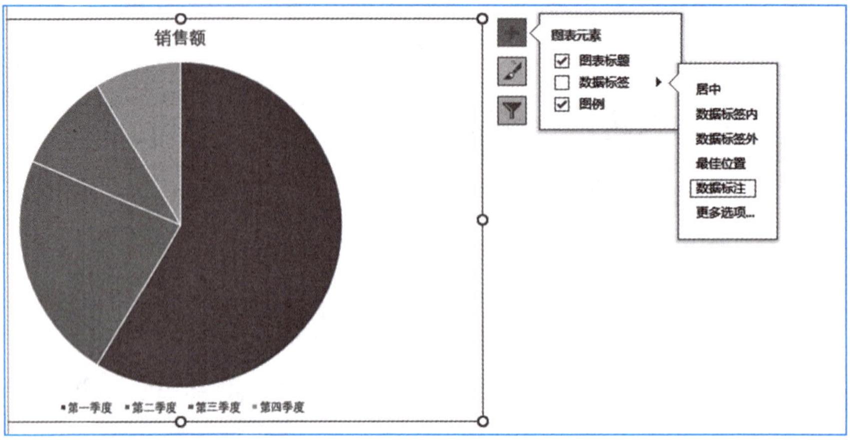


图 3－1－30　编辑图表

### 6. 插入艺术字

在最后一张幻灯片中插入艺术字“感谢您，请多多指教！”，艺术字样式为“填充：蓝色，主题色 5；边框：浅绿，背景色 1；清晰阴影：蓝色，主题色 5”，文本效果为“左牛角形”。

操作步骤如下：

（1）单击“插入”选项卡“文本”组中的“艺术字”按钮，如图 3－1－31 所示。

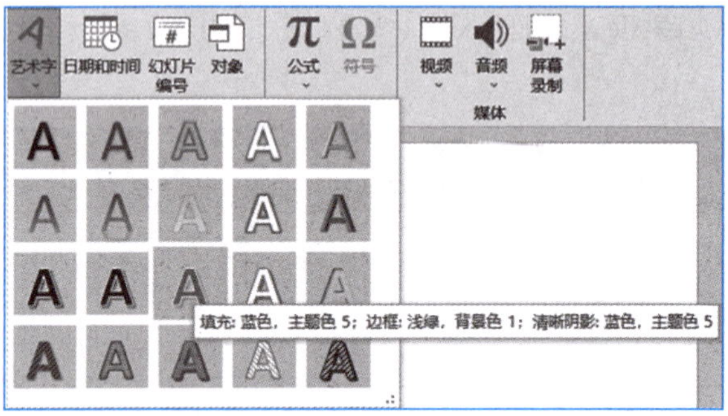


图 3－1－31　插入艺术字

（2）选择艺术字样式为第三行第三列的“填充：蓝色，主题色 5；边框：浅绿，背景色 1；清晰阴影：蓝色，主题色 5”。

（3）在出现的占位符中输入“感谢您，请多多指教！”，设置字体为“华文隶书”，并适当调整艺术字的大小。

（4）选择“绘图工具”下“形状格式”选项卡“艺术字样式”组中的“文本效果”下拉按钮 文本效果，在弹出的下拉列表中选择“转换”，然后在弹出的列表中选择“左牛角形”。

### 7. 插入音频

在最后一张幻灯片中插入音乐，并使音乐在幻灯片载入时自动播放。

操作步骤如下：

（1）单击“插入”选项卡“媒体”组中的“音频”下拉按钮 音频，选择“PC 上的音频”，在弹出的“插入音频”对话框中选择素材文件夹中的“谢谢你，我的老师 .mp3”。同时出现“音频工具”下的“播放”选项卡，如图 3－1－32 所示。

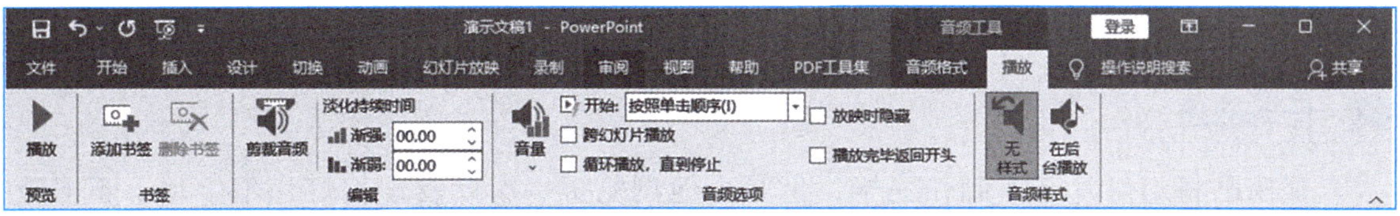


图 3－1－32 “音频工具”下的“播放”选项卡

（2）在“播放”选项卡“音频选项”组中单击“开始”右侧的列表框，选择“自动”。选中“放映时隐藏”复选框。

（3）在“播放”选项卡“编辑”组中单击“剪裁音频”按钮 剪裁音频，弹出如图 3－1－33 所示的对话框。

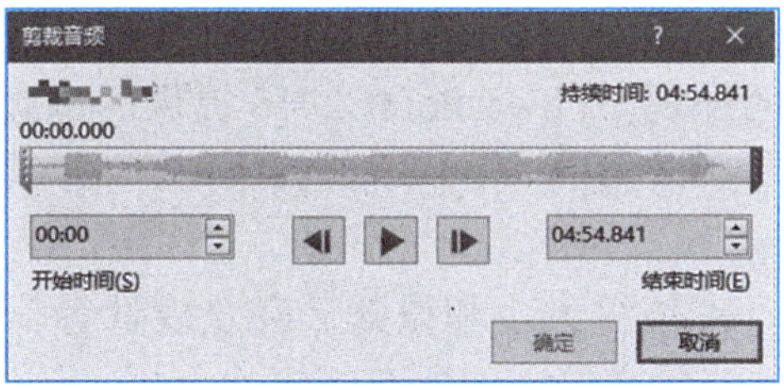


图 3－1－33 “剪裁音频”对话框

（4）在“剪裁音频”对话框中调整开始时间为“00:07”。或拖动绿色竖条到 7s 的位置，单击“确定”按钮。

## 六、保存演示文稿

将所制作的演示文稿保存到桌面上，文件名为“毕业答辩演讲稿 .pptx”。

操作步骤如下：

（1）选择“文件”中的“保存”命令，弹出“另存为”对话框。

（2）在打开的“另存为”对话框中输入演示文稿的文件名“毕业答辩演讲稿 .pptx”，单击“保存”按钮。

演示文稿另存练习

# 工作任务二 美化毕业答辩幻灯片

## 任务目标

（1）掌握演示文稿动画效果的设置方法。
（2）理解超链接的概念，掌握演示文稿中超链接的应用。
（3）掌握演示文稿的放映设置和发布操作。

## 任务描述

李杨已将幻灯片基本制作完毕，但是，他浏览了一次后发现幻灯片不生动，不能吸引别人。于是，他想美化幻灯片。

### 训练 1 幻灯片基本概念及放映方法

#### 一、母版

母版就像现实生活中的模型一样，保存着幻灯片的背景图案、文本格式等格式方案，母版外观的改变将会影响到演示文稿中每张幻灯片的外观，并且后续再插入的幻灯片在格式上都与母版相同，因此母版常用于统一演示文稿中每张幻灯片的格式，可以通过设计母版来改变所有幻灯片的外观。PowerPoint 2016 提供的母版类型有幻灯片母版、讲义母版和备注母版。

**1. 幻灯片母版**

幻灯片母版包含字形、占位符大小和位置、背景设计等信息，其作用是方便用户进行全局更改，并快速应用到演示文稿中的所有幻灯片上。

**2. 讲义母版**

讲义母版用来设置讲义的打印格式，添加或修改幻灯片讲义视图中每页讲义上出现的页眉或页脚信息。应用讲义母版，用户可以将多张幻灯片设置在一页中进行打印。讲义是发给观众的资料，因此其中的内容并不出现在幻灯片中。

**3. 备注母版**

备注母版用来对幻灯片添加备注或对备注进行格式设置。

#### 二、主题

主题是指演示文稿的设计风格，包括色彩搭配、设计元素等。通过主题的使用，可以快速统一演示文稿内所有幻灯片的设计风格。PowerPoint 2016 内置了大量主题，在编辑、美化演示文稿时可直接使用。

在制作演示文稿之前应根据文稿内容选择主题样式，不同的主题可以使用的样式也有所不同。若先制作幻灯片，再选择主题，主题中所包含的幻灯片版式也会随之发生变化，这时可以根据实际需要，在“变体”功能组中更改应用，选择主题的颜色、字体、效果和背景样式等。

## 三、动画

PowerPoint 2016 中的动画包括幻灯片页面元素动作和幻灯片之间的切换动作。灵活地组合各种动画可以达到 Flash 动画的效果，使演示文稿瞬间生动起来，从而使内容的讲解更富有感染力。

在 PowerPoint 2016 中，幻灯片页面元素动画包括“进入”“强调”“退出”等动画效果。文本、图片、形状、图表等元素均可以添加动画效果。元素动画除了“进入”“强调”“退出”三种主要的动画效果外，还有路径动画效果，通过路径动画可以更为灵活地在演示文稿中实现更多复杂的动画效果。

设置好幻灯片页面元素动画之后，还可以为这张幻灯片添加切换效果，实现前后两张幻灯片之间的和谐过渡，避免突兀，且能吸引观看者注意文稿内容的变化。可以手动为每一张幻灯片逐个设置切换效果及效果选项，也可以直接进行全部应用，一键设置演示文稿内所有幻灯片的切换效果。

## 四、演示文稿的放映

打开演示文稿后，启动幻灯片放映常用的有以下三种方法：

（1）选择视图切换按钮中的“幻灯片放映”命令。

（2）单击“幻灯片放映”选项卡下“开始放映幻灯片”选项组中的“从头开始”按钮或“从当前幻灯片开始”按钮，如图 3－2－1 所示。

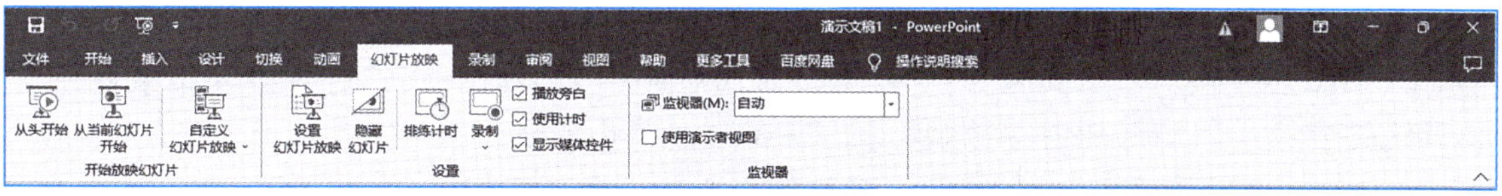


图 3－2－1　幻灯片放映选项卡

（3）按“F5”键从第一张幻灯片开始放映，按“Shift+F5”组合键从当前幻灯片开始放映。

## 五、设置放映方式

幻灯片放映时可以根据使用者的不同，通过设置不同的放映方式满足各自的需要。单击“幻灯片放映”选项卡下“设置”选项组中的“设置幻灯片放映”按钮，即可打开“设置放映方式”对话框，如图 3－2－2 所示。

### 1.“放映类型”选项组

在对话框的“放映类型”选项组中，有三种放映方式，分别是：“演讲者放映（全屏幕）”方式、“观众自行浏览（窗口）”方式、“在展台浏览（全屏幕）”方式。

（1）“演讲者放映（全屏幕）”方式：以全屏幕形式显示，可以通过快捷菜单或“PageDown”键、“PageUp”键显示不同的幻灯片。这种方式下系统提供了绘图笔进行勾画。

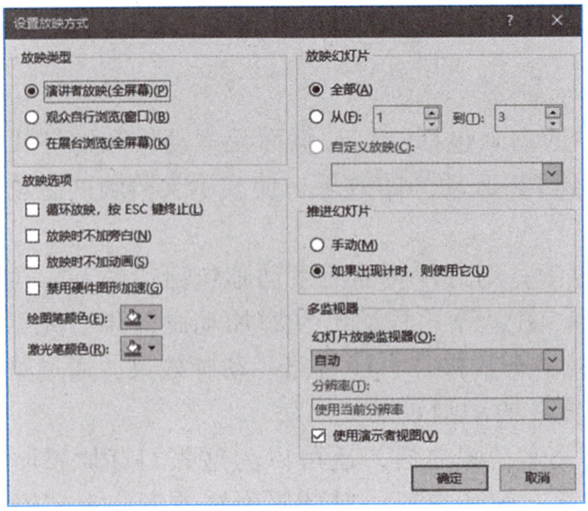


图 3－2－2 “设置放映方式”对话框

（2）“观众自行浏览（窗口）”方式：以窗口形式显示，可以利用状态栏上的“上一张”按钮◎或“下一张”按钮◎进行浏览，或单击“菜单”按钮▤，在打开的菜单中浏览所需幻灯片；还可以利用该菜单中的“复制幻灯片”命令将当前幻灯片复制到 Windows 的剪贴板上。

（3）“在展台浏览（全屏幕）”方式：以全屏形式在展台上做演示，在放映过程中，除保留鼠标指针用于选择屏幕对象外，其余功能全部失效（连终止也要按“Esc”键），因为此时不需要现场修改，也不需要提供额外功能，以免破坏画面。

### 2.“放映选项”选项组

在对话框的“放映选项”选项组中，提供了以下四种放映选项：

（1）循环放映，按 ESC 键终止：在放映过程中，当最后一张幻灯片放映结束后，会自动跳转到第一张幻灯片继续放映，按“Esc”键终止放映。

（2）放映时不加旁白：在放映幻灯片的过程中不播放任何旁白。

（3）放映时不加动画：在放映幻灯片的过程中，先前设定的动画效果将不起作用。

（4）禁用硬件图形加速：在放映时，不使用硬件图形加速功能。

## 六、幻灯片的隐藏

用户可以根据需要在放映时，将不需要放映的幻灯片隐藏，而不必将这些幻灯片删除，操作步骤如下：

（1）选择需要隐藏的幻灯片。

（2）选择“幻灯片放映”选项卡下的“隐藏幻灯片”按钮，如图 3－2－3 所示。

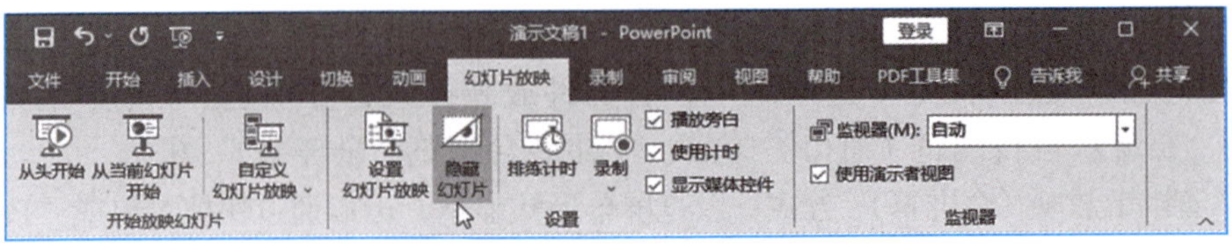


图 3－2－3 隐藏幻灯片

隐藏了的幻灯片仍然保留在演示文稿文件中，在幻灯片浏览视图中同样可以使用以上方法实现幻灯片的隐藏。

## 训练 2　美化幻灯片

### 一、应用主题

将演示文稿中所有幻灯片的主题设置为“回顾”主题，调整颜色方案为“蓝色”，字体为“春分华文楷体”，效果为“磨砂玻璃”，第一张幻灯片设成图片背景，最后一张幻灯片设置背景样式为“样式 7”，其余幻灯片自定义背景样式为“渐变填充”。

主题与背景格式练习

操作步骤如下：

（1）打开“毕业答辩演讲稿 .pptx”文件，选择“设计”选项卡“主题”选项组中的“回顾”主题并右击，在弹出的快捷菜单中选择“应用于所有幻灯片”命令，应用后的效果如图 3－2－4 所示。

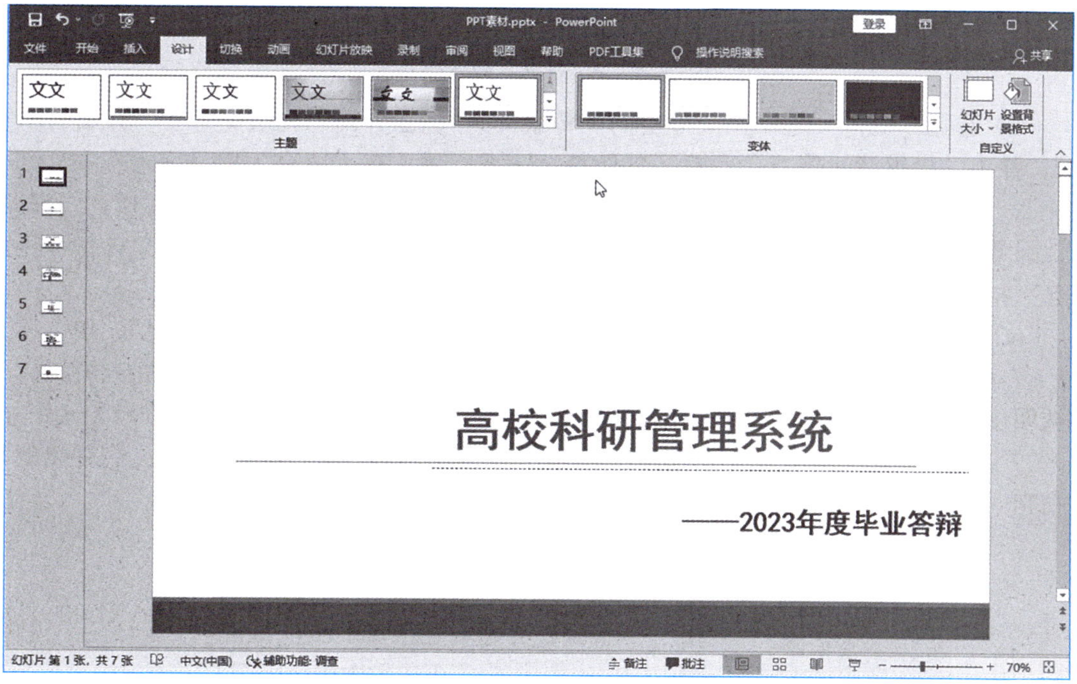


图 3－2－4　应用主题后的效果

（2）选择“变体”组右侧的，弹出下拉列表，选中“颜色”，在弹出的“自定义”颜色列表中选择“蓝色”方案，如图 3－2－5 所示。

（3）选择“变体”组下拉菜单中的“字体”，在弹出的列表中选中“春分华文楷体”。

**提示：**

可以自定义主题的颜色和字体，命名后将其保存，然后在列表中出现自定义的颜色和字体，选择后生效。

（4）选择“变体”组下拉菜单中的“效果”，在弹出的列表中选中“磨砂玻璃”。

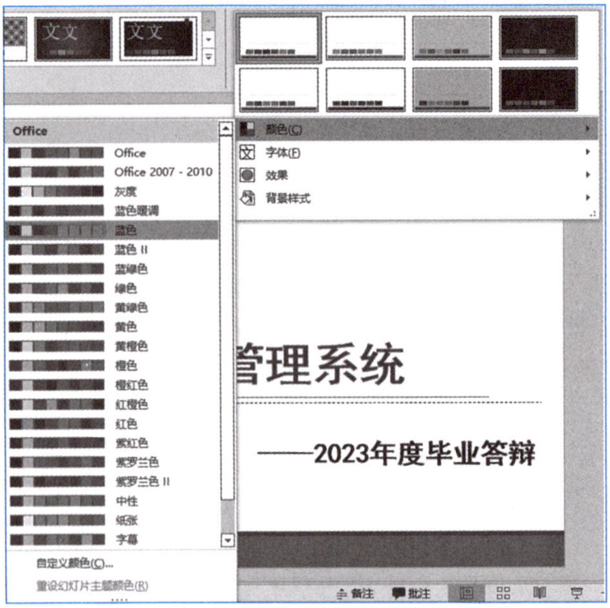


图 3－2－5　改变主题颜色方案

（5）选择“变体”组下拉菜单中的“背景样式”，在弹出的列表中选中“设置背景格式”，弹出“设置背景格式”窗格，如图 3－2－6 所示。在“填充”栏目下，选中“渐变填充”，在下面的“预设渐变”“类型”“方向”“角度”“渐变光圈”等各项中进行适当的调整，设置颜色为“白色”，并对位置、透明度、亮度等进行适当设置。最后单击“应用到全部”按钮 应用到全部(L)，使演示文稿中所有幻灯片的背景都是相同的背景。

（6）选中第一张幻灯片，在“设置背景格式”中选中“图片或纹理填充”，单击下方“插入”按钮 插入(R)...，在素材文件夹中选中“校园.jpg”后，单击“插入”按钮将其打开。将透明度调成 2%。不要单击“应用到全部”按钮，只将第一张幻灯片的背景设置成图片。

（7）选定最后一张幻灯片，选择“变体”组下拉菜单中的“背景样式”，在弹出的样式窗口（如图 3－2－7 所示）中选择“样式 7”。

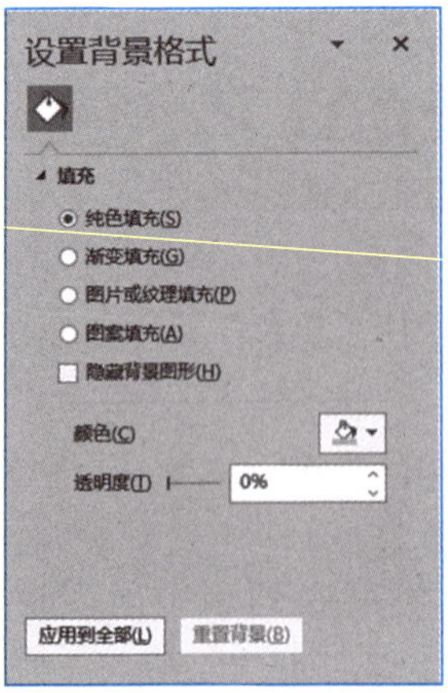


图 3－2－6　“设置背景格式”窗格

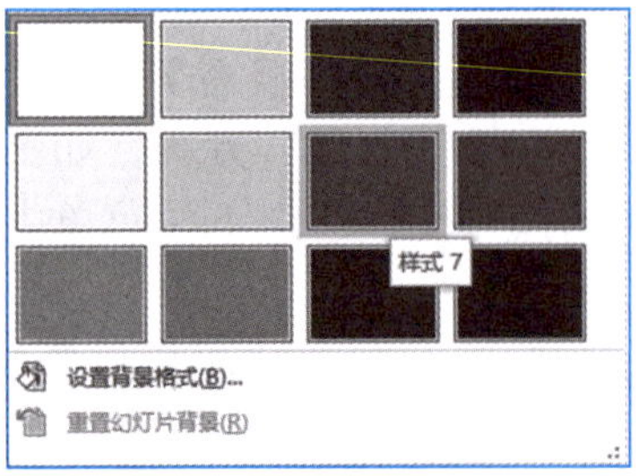


图 3－2－7　设置背景样式

## 二、设置幻灯片母版

### 1. 为演示文稿设置幻灯片母版

在母版中插入学院 Logo，设置字体及页脚等，使整个演示文稿具有统一的风格。

操作步骤如下：

（1）在“视图”选项卡“母版视图”组中选中“幻灯片母版”按钮，出现编辑“幻灯片母版”界面，如图 3－2－8 所示。

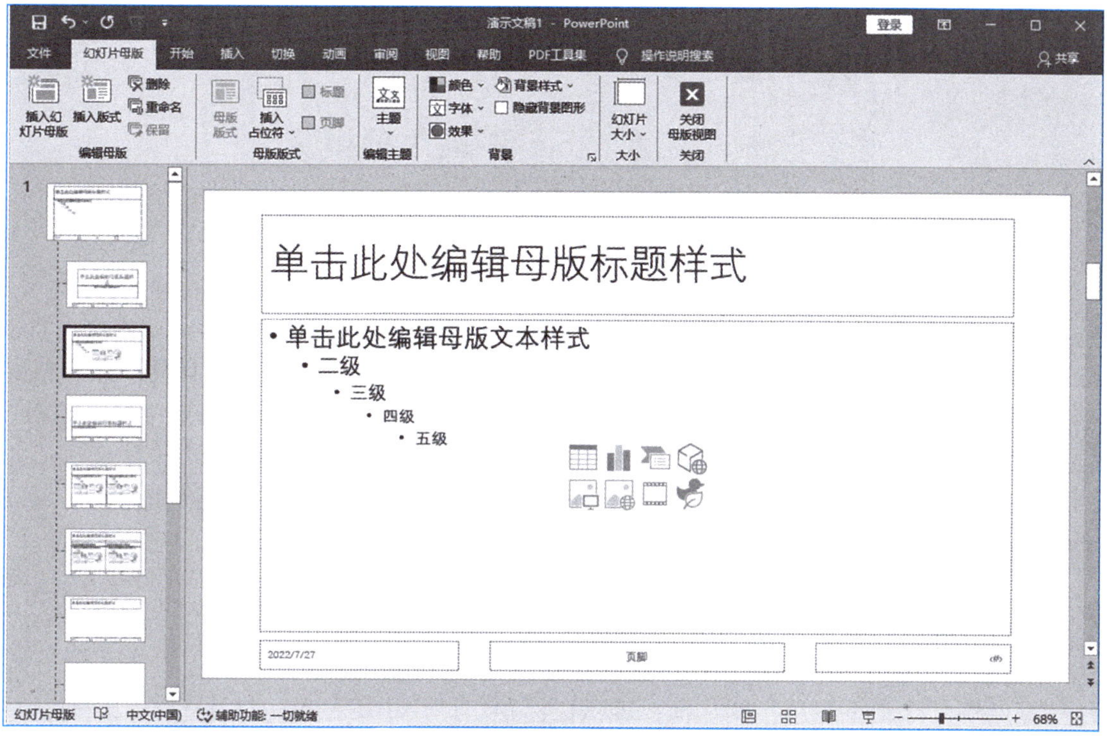


图 3－2－8　编辑“幻灯片母版”界面

（2）删除“标题”版式和“标题和内容”版式以外的其他版式。

（3）选择“标题和内容”版式，单击“插入”选项卡中的“图片”按钮，插入素材文件夹中的“Logo.jpg”图片。适当调整大小，将图片放于幻灯片的左上角。

（4）选择“标题和内容”版式，在“插入”选项卡“文本”组中单击“页眉和页脚”按钮，出现如图 3－2－9 所示的“页眉和页脚”对话框。

选中“日期和时间”复选框，选中“自动更新”单选按钮，选中“幻灯片编号”“页脚”“标题幻灯片中不显示”复选框，在页脚的文本框中输入“天津职业技术师范大学”。然后单击“全部应用”按钮回到编辑界面。

（5）选择“标题和内容”版式，选中标题占位符，在“开始”选项卡“字体”选项组中设置字体为“隶书”，字号为 48 号。

（6）单击“幻灯片大小”按钮，选择“宽屏 16 ∶ 9”。

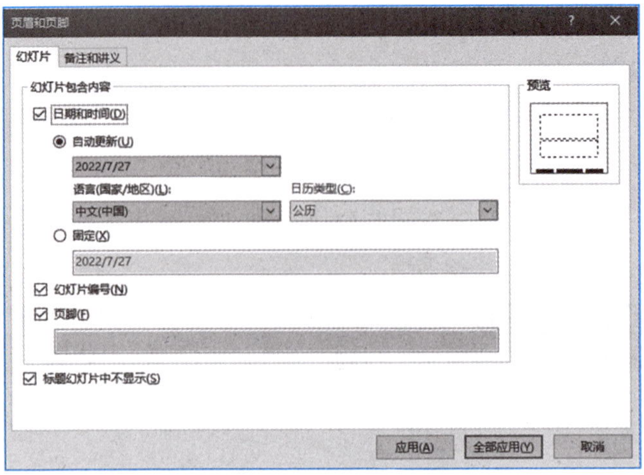


图 3－2－9 “页眉和页脚”对话框

（7）单击“幻灯片母版”选项卡中的“关闭母版视图”按钮

。

提示：

要使每张幻灯片在同一位置都出现某个对象，可以在母版中插入该对象，并调整好对象的大小和位置等格式。在幻灯片母版中插入的对象，只能在幻灯片母版中进行编辑。

幻灯片包含内容主要有以下几个方面。

“自动更新”单选按钮：显示的日期和时间随系统日期和时间的变化而变化；还可以打开下拉列表从中选择喜欢的日期和时间格式。

“固定”单选按钮：显示给定的日期和时间。

“幻灯片编号”复选框：给幻灯片加上序号。

“页脚”复选框：为每张幻灯片加上相同的页脚。

“标题幻灯片中不显示”复选框：表示在标题幻灯片中不显示幻灯片序号、日期、页脚等内容。

### 2. 修改讲义母版

（1）选择“视图”选项卡“母版视图”选项组中的“讲义母版”按钮

，切换到讲义母版视图中。

（2）在讲义母版中，修改页眉、页脚、日期、编号数字等。

（3）单击“讲义母版”选项卡中的“关闭母版视图”按钮，回到幻灯片普通视图。

### 3. 修改备注母版

（1）选择“视图”选项卡“母版视图”选项组中的“备注母版”按钮

，切换到备注母版视图中。

（2）在备注母版的页眉区、日期区、幻灯片区、备注文本区、页脚区、数字区中分别进行设置。

（3）单击“备注母版”选项卡中的“关闭母版视图”按钮，回到幻灯片普通视图。

### 三、将文字转换为 SmartArt 图形

幻灯片中的文字显示在文本框中，显得不美观，且如果对每个文本框进行形状填充、形状轮廓、形状效果等的设置，效率很低。PowerPoint 2016 提供了一种非常实用的功能，即将文本框中的文字转换为 SmartArt 图形，利用 SmartArt 图形修饰文字，这大大增强了幻灯片的视觉效果。

将第三、四、五、六张幻灯片文本框中的文字转换为 SmartArt 图形。

操作步骤如下：

（1）选定第三张幻灯片。选中文本框中的所有文字。

（2）单击“开始”选项卡“段落”选项组中的“转换为 SmartArt”按钮 转换为 SmartArt，弹出“转换为 SmartArt 图形”界面，如图 3-2-10 所示。

（3）在该界面中选择“基本维恩图”，转换后第三张幻灯片的效果如图 3-2-11 所示。

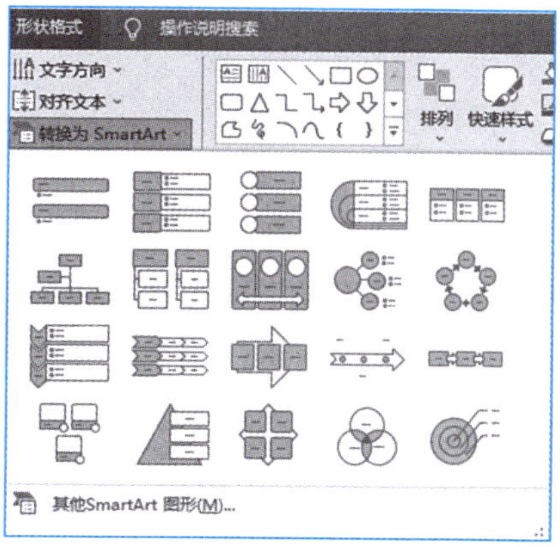


图 3-2-10 转换为 SmartArt 图形界面

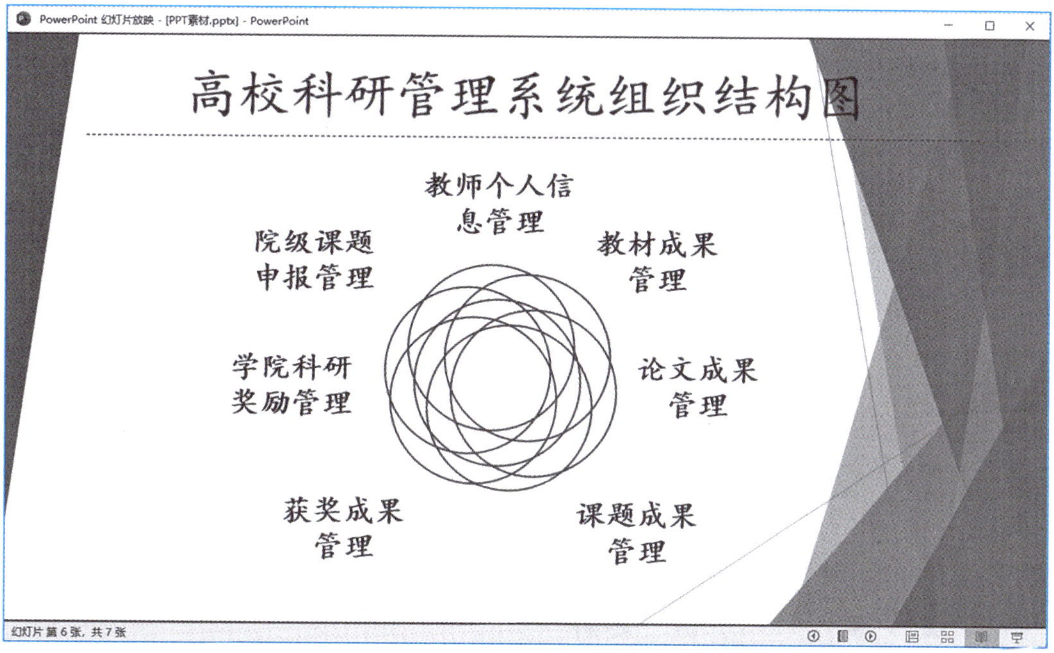


图 3-2-11 转换后第三张幻灯片的效果

（4）按上述步骤将第四张幻灯片中的文字转换为 SmartArt 图形中的“梯形列表”；将第五张幻灯片中的文字转换为 SmartArt 图形中的“基本矩阵”；将第六张幻灯片中的文字转换为 SmartArt 图形中的“棱锥形列表”。

（5）单击“SmartArt 工具”选项卡，可以对以上四张幻灯片中的 SmartArt 图形“更改颜色”或进行“SmartArt 样式”设置。

## 四、为幻灯片元素添加动画

### 1. 设置第一张幻灯片

将第一张幻灯片中的标题“高校科研管理系统”设置为“百叶窗”动画效果，单击鼠标时开始；副标题“——2023 年度毕业答辩”设置为“圆形扩展”动画效果，在“上一动画之后，延迟 1s 开始”。背景格式为“隐藏背景图形”。

动画练习

操作步骤如下：

（1）选择第一张幻灯片，选中标题“高校科研管理系统”。

（2）选择“动画”选项卡，如图 3－2－12 所示。

图 3－2－12 “动画”选项卡

（3）因为在图 3－2－12 中没有直接显示“百叶窗”，所以单击“动画”选项组右侧的▾，弹出动画选择界面，如图 3－2－13 所示。

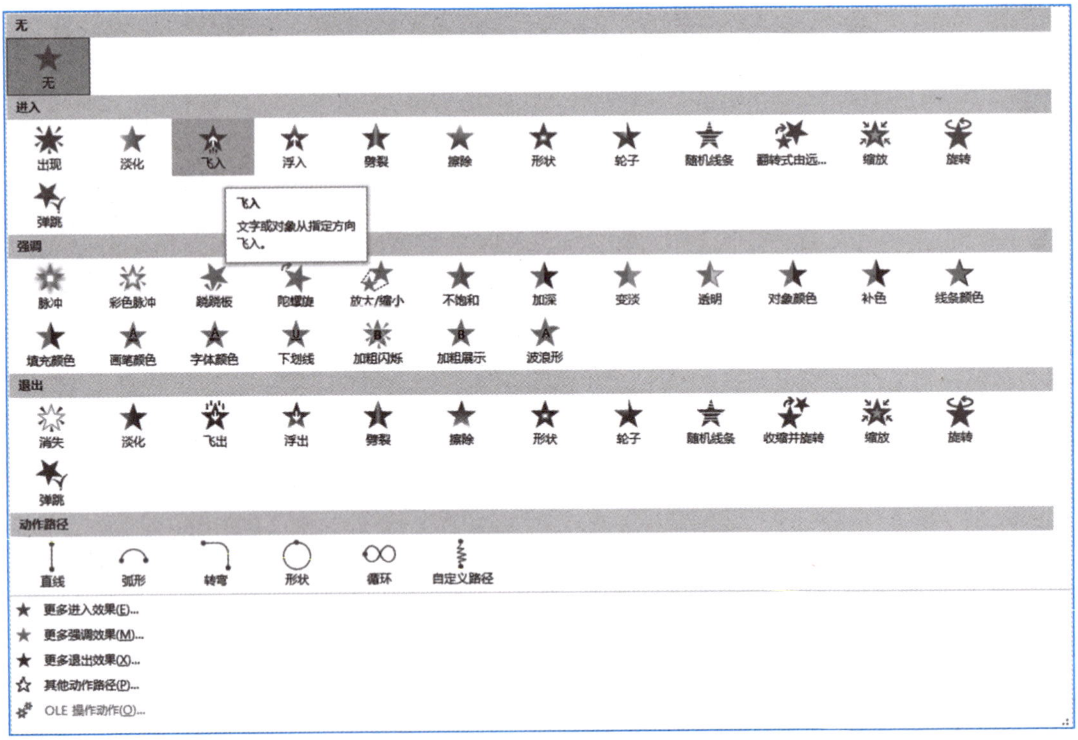


图 3－2－13 动画选择界面

（4）在动画选择界面中选择“更多进入效果”，弹出“更改进入效果”对话框，如图 3－2－14 所示，选择“百叶窗”。然后在“动画选项卡”的“计时”选项组中单击 开始: 单击时 ▾。

（5）选中副标题，然后按步骤（2）、（3）、（4）的顺序，在“更改进入效果”对话框中选择“圆形扩展”。在“开始：上一动画之后”中选择“上一动画之后”，在“持续时间：”中设置持续时间为 1s。

（6）单击“动画选项卡”预览组中的“预览”按钮，对本页的动画效果进行预览。

（7）选择“设计”选项卡，单击“变体”组下拉菜单“背景样式”列表中的“设置背景格式”命令，弹出“设置背景格式”窗格，选中“隐藏背景图形”复选框，然后单击“关闭”按钮。

### 2. 设置第二张幻灯片

将第二张幻灯片中的标题进入动画效果设置为“擦除”，自左侧。将组织结构图的动画效果设置为按层次自左下部依次飞入。

操作步骤如下：

（1）在第二张幻灯片中选择标题，在“动画”选项卡“动画”选项组中直接单击“擦除”。在“计时”选项组中的“开始：”右侧选择“上一动画之后”。

（2）在“动画”选项组中单击“效果选项”按钮，在弹出的如图 3－2－15 所示的“方向”菜单中选择“自左侧”。

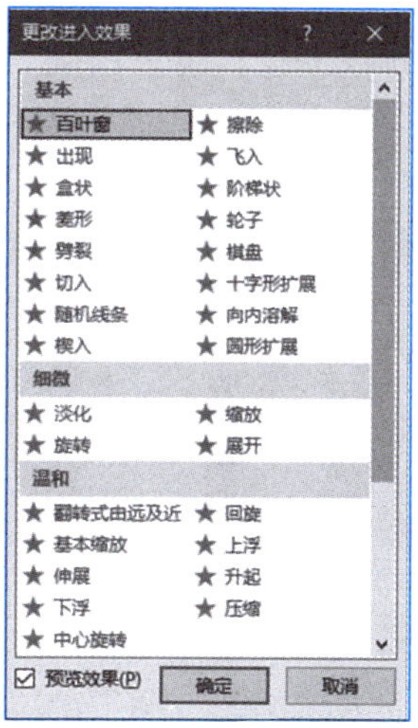


图 3－2－14 “更改进入效果”对话框

图 3－2－15 “方向”菜单

（3）选中第二张幻灯片的组织结构图对象。在“动画”选项组中直接选择“飞入”或者单击“高级动画”选项组中的“添加动画”按钮，在弹出的界面中选择“飞入”。

（4）单击“高级动画”选项组中的“动画窗格”按钮，弹出“动画窗格”窗口，如图 3－2－16 所示。

（5）在“动画窗格”中选择“效果选项”，出现如图 3－2－17 所示的页面。在其中选择“SmartArt 动画”，在“组合图形”右侧的列表中选择“作为一个对象”。

（6）选择“计时”，在其中“开始”右侧的列表中选择“单击时”

（7）选择“效果”，在其中“设置”下面的“方向”处，选择“自左下部”。

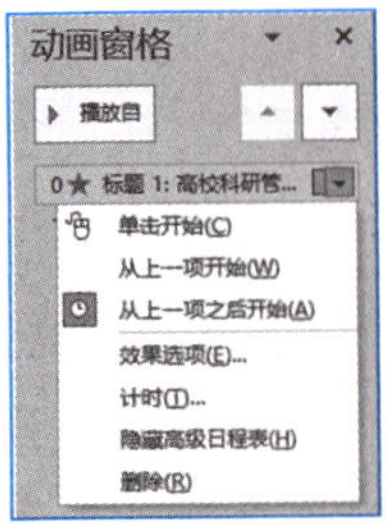


图 3－2－16　动画窗格

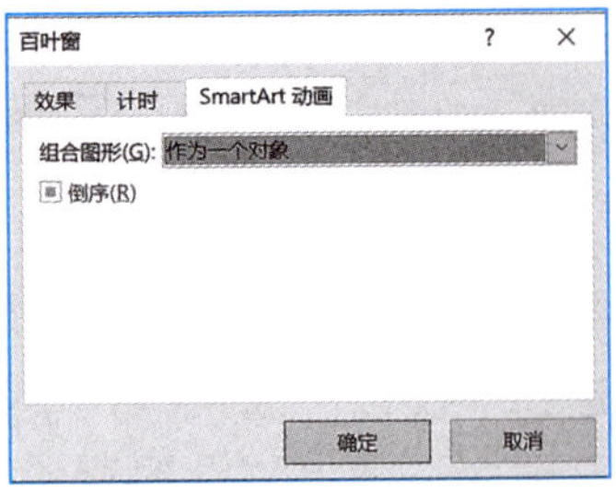


图 3－2－17　SmartArt 动画效果

### 3. 设置第三张幻灯片

设置第三张幻灯片的动画效果：标题，“曲线向上”；SmartArt 图形，“轮子”。

操作步骤如下：

（1）选中第三张幻灯片的 SmartArt 图形。在“动画”选项组中直接选择“轮子”或者单击“高级动画”选项组中的“添加动画”，在弹出的界面中选择“轮子”。

（2）单击“效果选项”，弹出如图 3－2－18 所示的列表。在其中选择轮辐图案为“2 轮辐图案（2）”，选择序列为“逐个”。

**提示：**

不同的动画，其“效果选项”也不一样。

（3）在“计时”选项组中进行设置。开始：“上一动画之后”；持续时间：“01：00”。

（4）在第三张幻灯片中选择标题，选择“高级动画”选项组中的“添加动画”，弹出如图 3－2－19 所示的“添加动画”界面。

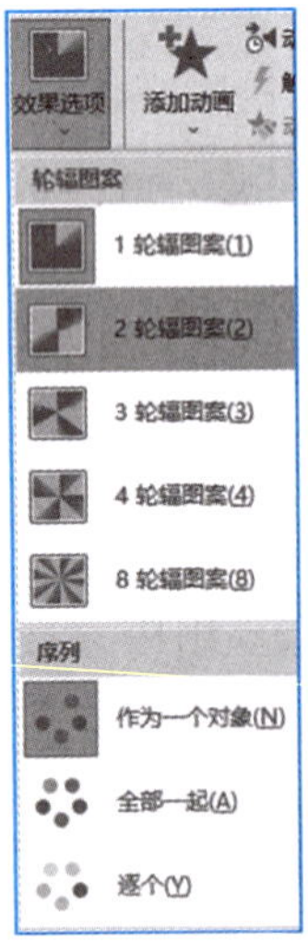


图 3－2－18　效果选项

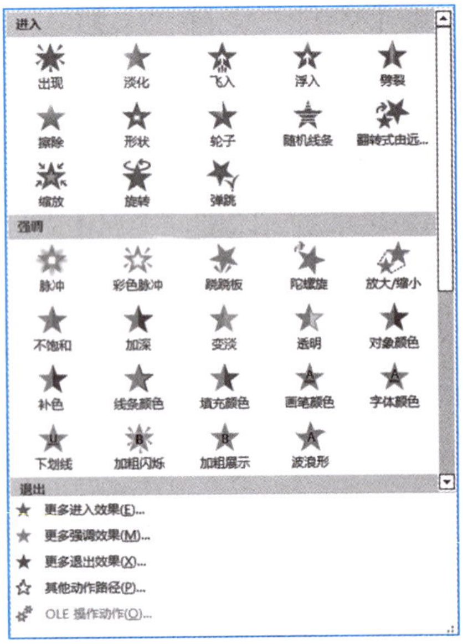


图 3－2－19　“添加动画”界面

（5）在“添加动画”界面中选择“更多进入效果”，弹出“更改进入效果”对话框。选择“华丽”型下面的“曲线向上”。在“计时”选项组中“开始：”右侧的列表中选择“上一动画之后”。

（6）单击“效果选项”右下角的，弹出“效果选项”对话框，选择“效果”选项卡，在其中设置声音为“风铃”，动画播放后“不变暗”，动画文本“整批发送”。

（7）预览动画效果，发现 SmartArt 图形先于标题出现，需要调整动画顺序。

（8）打开“动画窗格”，在动画窗格里选中“标题 1 高校科研管理系统”，将其向上拖动到最上面。

提示：

当“动画窗格”中有多个对象时，可以使用“重新排序”的和按钮来调整动画效果的顺序。

**4. 设置第四张幻灯片**

设置第四张幻灯片的动画效果：标题，“浮入”“下浮”；SmartArt 图形，“飞入”“自左侧”“逐个”“倒序”。

操作步骤如下：

（1）在第四张幻灯片中选择标题，在“动画”选项卡“动画”选项组中直接单击“浮入”。在“计时”组中“开始:”右侧的列表框中选择“上一动画之后”。

（2）单击“效果选项”，选择“下浮”。

（3）选中 SmartArt 图形。在“动画”选项组中直接选择“飞入”。

（4）单击“效果选项”，选择方向为“自左侧”，序列为“逐个”。

（5）在“计时”选项组中进行设置。开始：“单击”。持续时间：“1s”。

（6）单击“效果选项”右下角的，弹出“效果选项”对话框，选择“ SmartArt 动画”选项卡，选中“倒序”复选框。

**5. 设置第五张幻灯片**

设置第五张幻灯片的动画效果：标题，“擦除”“自左侧”，持续时间为 2s；SmartArt 图形，“弹跳”“移至屏幕中央”。

操作步骤如下：

（1）在第五张幻灯片中选择标题，在“动画”选项卡“动画”选项组中直接单击“擦除”。在“计时”组中“开始:”右侧的列表框中选择“上一动画之后”。

（2）单击“效果选项”，选择“自左侧”。在计时选项组中将持续时间设置成 2s。

（3）选中 SmartArt 图形，调整其宽度至原宽度的一半左右。在“动画”组中直接选择“弹跳”。

（4）单击“效果选项”，选择序列为“作为一个对象”。

（5）继续选中 SmartArt 图形。选中“高级动画”选项组中的“添加动画”。在出现的“添加动画”界面中选择“动作路径”为“直线”。

（6）在“效果选项”中选择方向为“自右侧”，适当调整路径长度。

**6. 设置第六张幻灯片**

设置第六张幻灯片的动画效果：标题，“缩放”“自对象中心”；SmartArt 图形，“翻转式由远及近”。

操作步骤如下：

（1）在第六张幻灯片中选择标题，在“动画”选项卡“动画”选项组中直接单击

“缩放”。在“计时”选项组中“开始:”右侧的列表框中选择“上一动画之后”。

（2）单击“效果选项”，选择“对象中心”。

（3）选中 SmartArt 图形。在“动画”选项组中直接选择“翻转式由远及近”。

（4）单击“效果选项”，选择序列为“作为一个对象”。

**7. 设置第七张幻灯片**

设置第七张幻灯片的动画效果：标题，“出现”；图片，“向内溶解”。

操作步骤如下：

（1）在第七张幻灯片中选择标题，在“动画”选项卡“动画”选项组中直接单击“出现”。在“计时”选项组中“开始:”右侧的列表框中选择“上一动画之后”。

（2）选中图片，单击“添加动画”，在弹出的界面中选择“更多进入效果”命令，在其中选择“向内溶解”。

**8. 设置第八张幻灯片**

设置第八张幻灯片的动画效果：标题，“擦除”“自左侧”，持续时间为 2s；SmartArt 图形，“飞入”“自底部”“逐个”。

操作步骤如下：

（1）在第八张幻灯片中选择标题，在“动画”选项卡“动画”选项组直接单击“擦除”。在“计时”选项组中“开始:”右侧的列表框中选择“上一动画之后”。

（2）单击“效果选项”，选择“自左侧”。在“计时”选项组中将持续时间设置成 2s。

（3）选中 SmartArt 图形，在“动画”选项组中直接选择“飞入”。

（4）单击“效果选项”，选择方向为“自底部”，序列为“逐个”。

**9. 设置第九张幻灯片**

设置第九张幻灯片的动画效果：标题，“擦除”“自左侧”，持续时间为 2s；表格，“中度样式 4- 强调 1”“随机线条”“垂直”；图表，“轮子”“作为一个对象”“轮辐图案（1）”。

操作步骤如下：

（1）在第八张幻灯片中单击标题占位符，单击“动画”选项卡“高级动画”选项组中的“动画刷”按钮

。

（2）第九张幻灯片中单击标题占位符，完成标题动画的设置。

（3）单击表格，选择“表格工具”“设计”选项卡，在“表格样式”选项组中选择“中度样式 4- 强调 1”。

（4）单击表格，选择“动画”选项卡，在“动画”选项组中选择“随机线条”，在“效果选项”中选择“垂直”。

（5）选中图表，在“动画”选项组中选择“轮子”，在“效果选项”中选择“作为一个对象”，即“轮辐图案（1）”。

**10. 设置第十张幻灯片**

设置第十张幻灯片的背景格式：“隐藏背景图形”，音乐自动响起。

操作步骤如下：

（1）选中第十张幻灯片，选择“设计”选项卡，单击最右侧的“设置背景格式”，弹出“设置背景格式”窗格，选中“隐藏背景图形”复选框，然后单击“关闭”按钮。

（2）选择“音频”对象，出现“音频工具”选项卡，如图 3－2－20 所示。

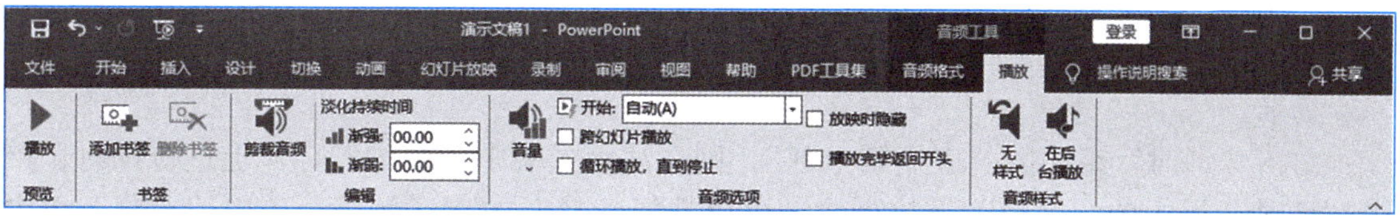


图 3－2－20 “音频工具”选项卡

（3）在“音频选项”选项组“开始”右边的下拉列表框中选择“自动”，选中“放映时隐藏”复选框。

## 五、设置幻灯片的切换动画效果

第一张幻灯片不设置切换效果，第五张幻灯片的切换效果设置为“擦除”，其余幻灯片的切换效果设置为“随机”，换片方式为“单击鼠标时”。

幻灯片切换练习

操作步骤如下：

（1）任选一张幻灯片，单击“切换”选项卡，进入如图 3－2－21 所示的界面。

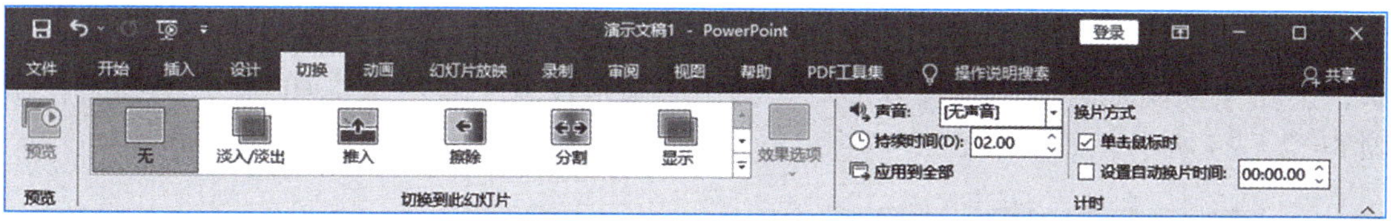


图 3－2－21 “切换”选项卡

（2）单击“切换到此幻灯片”选项组中右侧的 ，弹出幻灯片切换效果窗口，如图 3－2－22 所示。选择“华丽型”中的“随机”。

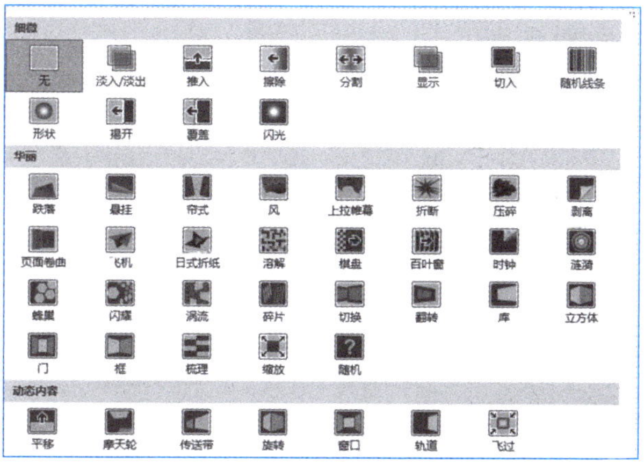


图 3－2－22 幻灯片切换效果窗口

（3）在“换片方式”中，选中“单击鼠标时”复选框，单击“应用到全部”按钮

。

（4）选择第一张幻灯片，选择“切换到此幻灯片”选项组中的“无”。

（5）选择第五张幻灯片，选择“切换到此幻灯片”选项组中的“擦除”。在“换片方式”中，选中“单击鼠标时”复选框。

**提示：**

单击“计时”组中的“应用到全部”，则在演示文稿中所有的幻灯片上进行计时；单击“计时”组中的“声音”下拉列表，可以选择切换时的声音效果；单击“预览”组中的“预览”按钮

，可以预览所设效果。

## 六、创建交互式放映效果

对第三张幻灯片中的文字“教师个人信息管理”“教材成果管理”“论文成果管理”分别创建超链接，在放映过程中，单击对应文字可分别链接到第四、五、六张幻灯片，在第四、五、六张幻灯片中分别创建“返回”的动作按钮，在幻灯片放映过程中，单击“返回”按钮，返回到第三张幻灯片。操作步骤有以下几步。

### 1. 创建动作按钮超链接

（1）选定第四张幻灯片，选择“插入”选项卡“插图”组中的“形状”，出现如图 3－2－23 所示的下拉列表，在最下面的“动作按钮”形状中选择“空白”。

（2）将鼠标移到第四张幻灯片的右下角，鼠标指针变成十字形状，按住鼠标左键画出一个长方形后，弹出“操作设置”对话框，如图 3－2－24 所示。

动作按钮练习

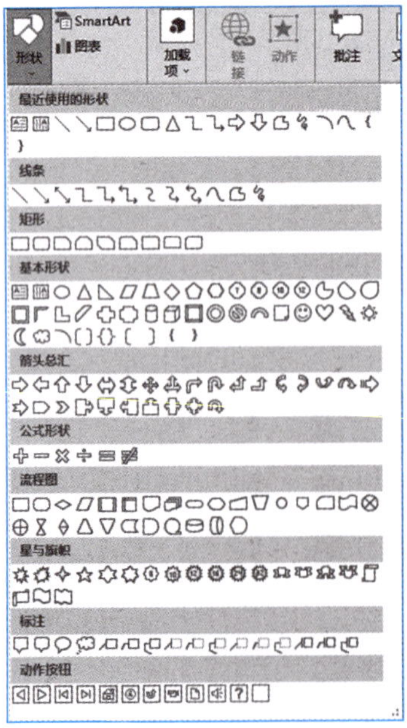


图 3－2－23 “形状”下拉列表

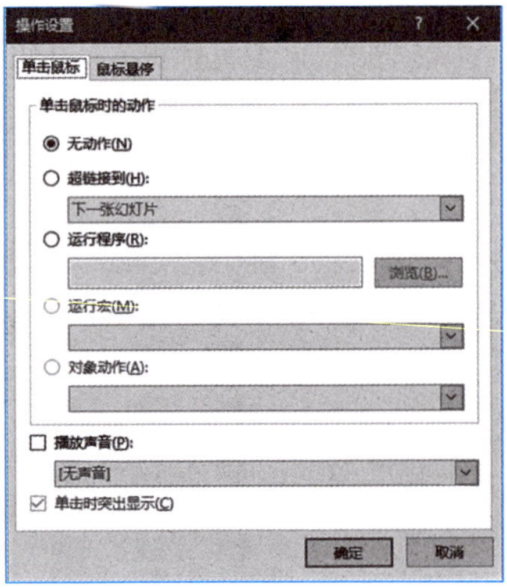


图 3－2－24 “操作设置”对话框

（3）在“操作设置”对话框中选择“单击鼠标”选项卡。在“超链接到”下拉列表框中选择“幻灯片…”，弹出“超链接到幻灯片”对话框，如图 3-2-25 所示。选择幻灯片标题“3. 幻灯片 3”，依次单击“确定”按钮。

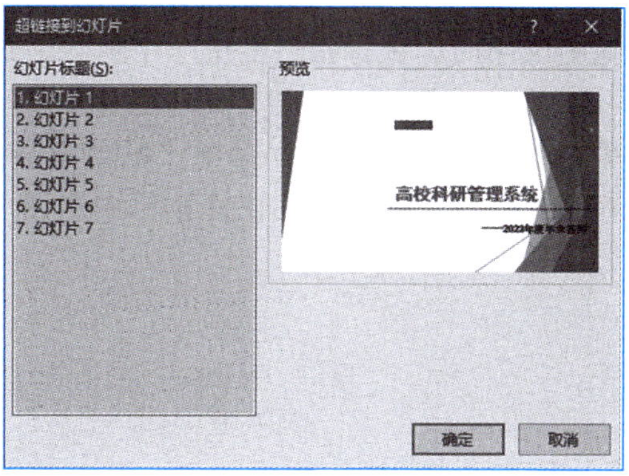


图 3-2-25 “超链接到幻灯片”对话框

（4）右击第四张幻灯片中的动作按钮形状，在快捷菜单中选择“编辑文字”命令，输入文字“返回”。

（5）可在第五、六张幻灯片中用同样的方法添加“返回”动作按钮。因动作按钮的动作相同，也可以将第四张幻灯片中的“返回”动作按钮复制到第五、六张幻灯片中。

### 2. 利用超链接命令创建超链接

（1）在第三张幻灯片中选定文本“教师个人信息管理”。

（2）选择“插入”选项卡“链接”选项组中“动作”按钮 

，打开“操作设置”对话框，设置方法同上，这里不再赘述。

（3）选择“插入”选项卡下“链接”选项组中的“超链接”按钮 

；或者在选定对象上右击，在弹出的快捷菜单中选择“超链接”命令，均会打开如图 3-2-26 所示的对话框。选择“链接到”的位置为“本文档中的位置”，在“请选择文档中的位置”中，选择“4. 幻灯片 4”，单击“确定”按钮。

链接和动作练习

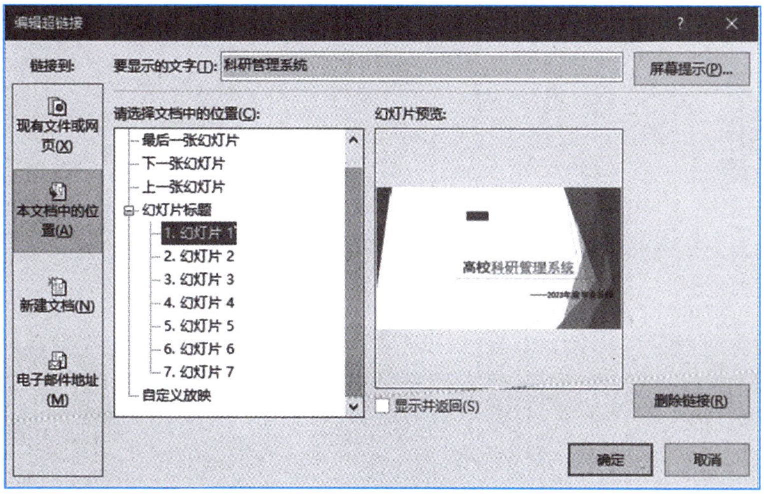


图 3-2-26 “编辑超链接”对话框

（4）对第三张幻灯片中的“教材成果管理”和“论文成果管理”进行超链接操作的步骤同上。

提示：

如果为文本设置超链接，文本下面会出现下划线。放映幻灯片时，当鼠标指针经过这些文字时，鼠标指针变成小手形状，这说明此对象上建立了超链接。

如果要删除超链接，选中建立超链接的文本后，选择“插入”选项卡下“链接”组中的“超链接”按钮，弹出“编辑超链接”对话框，单击“删除链接”按钮；或者右击超链接对象，在弹出的快捷菜单中选择“取消超链接”命令。

# 项目四 信息检索

信息检索是人们查询信息和获取信息的主要方式，是查找信息的方法和手段。掌握网络信息的高效检索方法，是现代信息社会对高素质技术技能人才的基本要求。本主题包含信息检索基础知识、搜索引擎使用技巧、专用平台信息检索等内容。

## 能力目标

（1）理解信息检索的基本概念，了解信息检索的基本流程；

（2）掌握常用搜索引擎的自定义搜索方法，掌握布尔逻辑检索、截词检索、位置检索、限制检索等检索方法；

（3）掌握通过网页、社交媒体等不同信息平台进行信息检索的方法；

（4）掌握通过期刊、论文、专利、商标、数字信息资源平台等专用平台进行信息检索的方法。

## 素养目标

（1）培养学生科学检索、获取和应用信息的能力；

（2）提高学生的自学能力、研究能力、社会适应能力和信息综合素养。

## 知识导图

- 信息检索
  - 信息检索基础
    - 信息检索的概念及意义
    - 信息检索的发展与一般流程
  - 信息检索方法
    - 掌握常用搜索引擎的自定义搜索方法
    - 掌握布尔逻辑检索、截词检索、位置检索、限制检索等检索方法
  - 信息检索工具
    - 掌握通过期刊、论文、专利、商标、数字信息资源平台等专用平台进行信息检索的方法

# 工作任务一 信息检索基础

## 任务目标

能够理解信息检索在学习、生活中的重要作用。

## 任务描述

（1）学习信息检索的概念及意义。
（2）学习信息检索的发展与一般流程。

## 训练 1 信息检索的概念及意义

### 一、信息检索的概念

信息检索（information retrieval）是指人们从一定的信息集合中查询信息和获取信息的过程，是查找信息的方法和手段。

狭义的信息检索仅指信息查询、信息搜索，即用户根据需要，采用一定的方法，借助检索工具，从信息集合中找出所需要信息的过程。

广义的信息检索是指将信息按一定的方式进行加工、整理、组织并存储起来，再根据用户特定的需要将相关信息准确查找出来的过程。

### 二、信息检索的意义

#### 1. 学习信息检索有助于快速获取知识，提高学习效率

信息检索可以从完全公开的图书资料中获得大量的新知识和新技术，这为进入更广阔的知识领域提供了可能。信息检索可以找到更好的学习资源、更适合的学习方式，节省学习时间，提高学习效率。

#### 2. 学习信息检索有助于减少课题的重复研究，减少资源浪费

科研工作者通过信息检索从最初的选题、立项开始，继承前人科研成果，避免重复研究，将自己的工作建立在较高的起点上。科研工作中的试验、撰写报告、成果鉴定和申报奖项等，都离不开信息检索。忽视信息检索而导致的重复劳动，会造成大量人力、物力、财力的浪费。

#### 3. 学习信息检索有助于践行终身教育的理念

学校教育的宗旨在于促进学生身心全面发展，使其具备终身学习能力，养成不断反思进取的学习习惯。教育贯穿人的一生，唯有全面的终身教育才能够培养完善的人，防止知识老化，不断更新知识，适应当代信息社会发展的需求。信息检索是终身学习的基础。

## 训练 2　信息检索的发展与一般流程

### 一、信息检索的发展阶段

信息检索最初应用于图书馆的参考咨询和文献索引工作以及科技信息机构，后来逐渐扩大到教育、军事、商业等其他领域，并与各种管理信息系统结合在一起。

"信息检索"一词出现于 20 世纪 50 年代，随着 1946 年第一台计算机的问世，计算机技术逐步走进信息检索领域，并与信息检索的理论紧密结合。计算机信息检索经历了以下三个阶段：

（1）脱机检索阶段（20 世纪 50 年代中期到 20 世纪 60 年代中期）。

（2）联机检索阶段（20 世纪 60 年代中期到 20 世纪 70 年代初）。

（3）网络化联机检索阶段（20 世纪 70 年代初到现在）。

### 二、信息检索的发展方向

计算机信息检索的实现，大大方便和加速了信息资源的交流和利用，并对社会经济的发展和人们的科研方式产生了深远的影响，极大地促进了科技的进步。目前，信息检索已经有了更多的发展方向：

（1）个性化检索。

（2）地理位置感知检索。

（3）跨语言检索。

（4）多媒体检索。

（5）情境检索。

### 三、信息检索的一般流程

#### 1. 分析需要进行信息检索的问题

通过分析信息检索的问题明确检索的目的及问题的内容和形式。

#### 2. 了解并选择信息检索工具

了解信息检索工具的信息源、主要检索途径及相应功能。选择信息检索工具的方法及原则如下：

（1）从熟悉的信息检索工具中选择；

（2）通过网络在线帮助选择；

（3）就近原则，方便查阅；

（4）选择与查询信息相关度高的网络搜索引擎。

#### 3. 确定检索词

选择规范化的检索词或使用各学科在国际上通用的、国外文献中出现过的术语作检索词。

#### 4. 制定检索策略并实施

选择一种或几种合适的检索方法进行检索，具体实施步骤如图 4－1－1 所示。

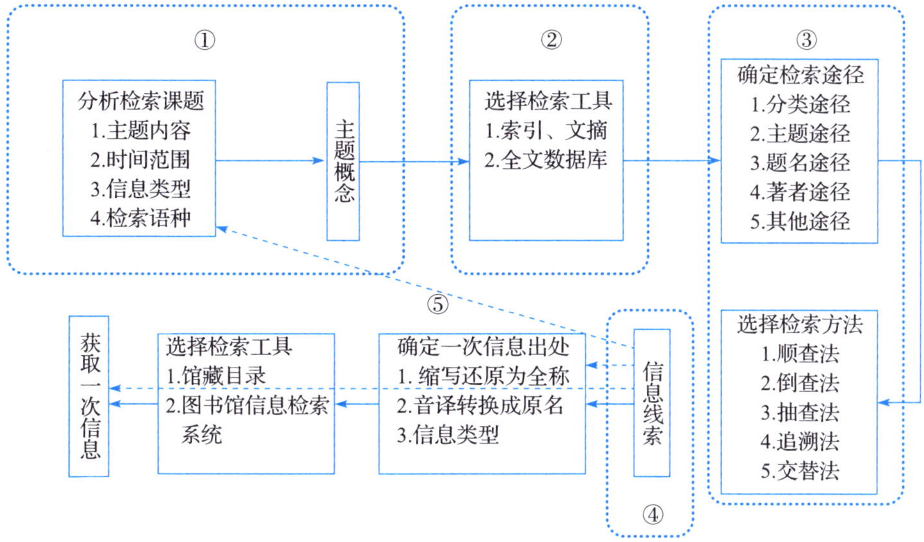


图 4-1-1　选择合适的检索方法的具体实施步骤

### 5. 获取、整理并分析检索结果

将所获得的检索结果加以系统整理，筛选出符合检索需求的检索结果。

# 工作任务二 信息检索方法

## 任务目标

（1）能够养成利用信息检索解决问题的习惯。
（2）掌握常用搜索引擎的使用技巧并进行相应的检索。
（3）能够使用 CNKI 检索等工具学习与专业相关的知识。

## 任务描述

（1）学习不同的信息检索方法。
（2）选择合适的信息检索方法以得到更有利的检索结果。

### 一、布尔逻辑检索

布尔逻辑检索是指利用布尔逻辑运算符连接各个检索词，然后由计算机进行相应的逻辑运算，以找出所需信息的方法。布尔逻辑检索由数学家乔治·布尔提出，是目前应用最普遍的信息检索方法。

布尔逻辑检索常用的运算符有以下三种：

（1）逻辑与：AND（或 *），用来表示其所连接的两个检索项的交叉部分，即交集部分，如图 4－2－1 所示。其检索式为“A AND B”（或“A * B”），表示让系统检索同时包含检索词 A 和检索词 B 的信息，用于缩小检索范围，提高查准率。

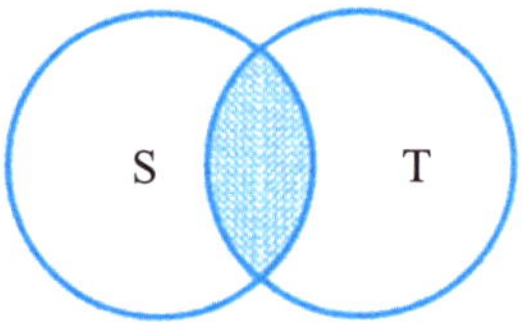

图 4－2－1　逻辑与

（2）逻辑或：OR（或 +），用 OR 连接检索词 A 和检索词 B，其检索式为“A OR B”（或“A+B”），表示让系统查找含有检索词 A 或检索词 B，或同时包含检索词 A 和检索词 B 的信息，用于扩大检索范围，提高查全率，如图 4－2－2 所示。

（3）逻辑非：NOT（或 –），用 NOT 连接检索词 A 和检索词 B，其检索式为“A NOT B”（或“A – B”），表示检索含有检索词 A 而不含检索词 B 的信息，即将包含检索词 B 的信息集合排除掉，用于缩小检索范围，排除不需要的信息，如图 4－2－3 所示。

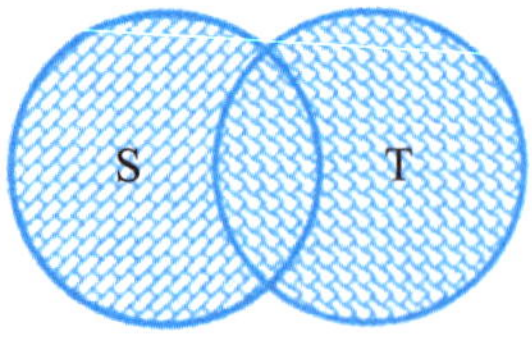

图 4－2－2　逻辑或

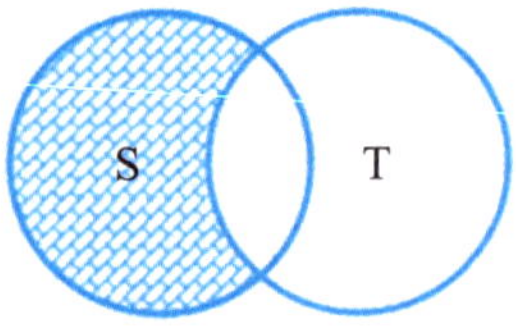

图 4－2－3　逻辑非

当检索词中同时出现以上三个运算符时，检索顺序为：NOT → AND → OR。同时，可以用半角或英文括号来调整运算顺序。

不同的信息检索工具使用布尔逻辑检索时，可以有不同的表现形式和使用规则。

例如：

（1）“高职院校 AND 天津”是指查找所有天津高职院校的资料，检索结果中要同时出现“高职院校”和“天津”两个词，如图 4－2－4 所示。一般地，AND 连接的检索词越多，搜索的结果越少，可以排除更多的干扰信息，检索出更有用的信息。

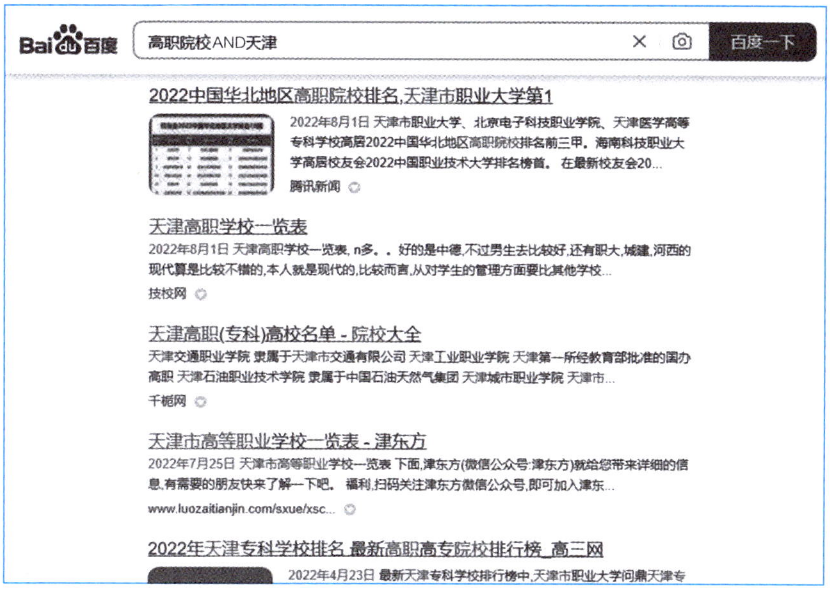


图 4－2－4　AND 连接

（2）“信息检索 OR 信息查询”是指查找包含“信息检索”或“信息查询”中至少一个检索词的资料，如图 4－2－5 所示。一般地，OR 连接的检索词越多，搜索的结果就越多，因此在检索一些专业词汇或学术知识时可以用 OR 连接更多同义检索词，检索出更多有用的信息。

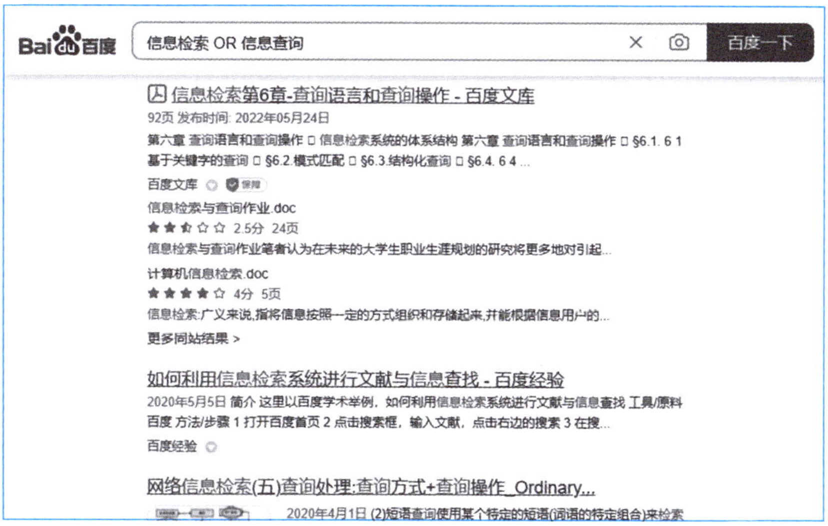


图 4－2－5　OR 连接

（3）“咖啡功效 NOT 意式咖啡”是指查找包含“咖啡功效”检索词但排除“意式咖啡”检索词的资料。

## 二、位置检索

位置检索又称邻近检索，它是指允许指定两个单词之间的顺序或间隔的单词数的检索。常见的位置运算符有以下几种：

（1）“(w)”运算符：“(w)”运算符中“w”的含义为“with”，表示其两侧的检索词必须紧密相连，除空格和标点符号外，不得插入其他词或字母，两词的词序不可以颠倒。例如，“information（w）technology”表示检索结果中只包含“information technology”词组的记录。运算符还可以使用简略形式“( )”。

（2）“(nw)”运算符：“(nw)”运算符中“w”的含义为“word”，表示此运算符两侧的检索词必须按前后邻接的顺序排列，顺序不可颠倒，而且检索词之间最多有 *n* 个其他词。

（3）“(N)”运算符：“(N)”运算符中“N”的含义为“near”，表示其两侧的检索词必须比较临近，除空格和标点符号外，不得插入其他词或字母，两词的词序可以颠倒。可以用“(nN)”运算符表示允许两词间最多插入 *n* 个其他词。

（4）“(F)”运算符：“(F)”运算符中“F”的含义为“field”。这个运算符表示其两侧的检索词必须在同一字段（例如同在题目字段或文摘字段）中出现，词序没有限制，中间可插入任意检索词项。

（5）“(S)”运算符：“(S)”运算符中“S”的含义是“Sub-field/sentence”，表示只要在此运算符两侧的检索词出现在某记录的同一个子字段内（例如，在文摘中的一个句子就是一个子字段），此记录就会被命中。要求被连接的检索词必须同时出现在记录的同一句子（同一子字段）中，不限制它们在此子字段中的相对次序，中间插入词的数量也不限。例如“high（W）strength（S）steel”表示只要在同一句子中检索出含有“high strength”和“steel”形式的均为命中记录。

## 三、截词检索

截词检索允许检索结果与输入的检索词有一定的不同，它是一种防止漏检从而提高查全率的检索技术。目前，大多数检索系统都可提供截词检索功能。

常用的截词符有：“*”，通常代表 0 个或无数个字符；“?”，通常代表有限个字符；“$”，通常代表 0 个或 1 个字符。

根据截断的位置不同，截词检索可以分为以下几类：

（1）前截词，检索结果后部与检索词一致，如：“*素养”表示检索结果可以为职业素养、核心素养等。

（2）后截词，检索结果前部与检索词一致，如：“大学生信息*”表示检索结果有大学生信息素养、大学生信息登记表等。

（3）中间截词，检索结果前部和后部与检索词一致，如“c ? t”表示检索结果有 cat，cut 等。

## 四、限制检索

限制检索是指通过限制检索范围，使检索结果更准确的方法。常用的方法是字段限制检索。

字段限制检索是把检索词限定在检索数据库记录中某个特定字段下，控制检索结果的相关性的检索方法。搜索引擎中常用的字段有：

（1）ti（title），表示查找标题中包含检索词的页面；

（2）u（URL），表示查找网址中包含检索词的页面；

（3）link，表示查找链接至某网站的页面；

（4）py（publication year），表示指定出版年份进行检索；

（5）la（language），表示查找指定语种的文章。

例如："Information retrieval"/ti，表示"Information retrieval"短语要出现在检索结果的标题中，字段中加入双引号表示里面的内容在检索结果中必须与输入的形式完全相同。

# 工作任务三 信息检索工具

## 任务目标

（1）掌握常用搜索引擎的使用技巧并进行相应的检索。
（2）能够使用 CNKI 检索等工具学习与专业相关的知识。

## 任务描述

学习使用不同的信息检索工具。

### 训练 1 搜索引擎

搜索引擎是一个工具或软件，可以使用户在互联网上找到特定的网站或网页。互联网上有数十亿个网站，有数万亿篇关于各种主题的文章，搜索引擎可以帮助用户从各种网站上找到相关信息。

#### 一、搜索引擎的工作原理

搜索引擎工作的基本原理主要有以下三个方面，每一步程序都非常复杂，此处只进行简单介绍，不做详述。

（1）抓取网页。
（2）分析网页。
（3）查询服务。

#### 二、搜索引擎的类型

按照信息采集方式的不同，搜索引擎可以分为机器人搜索引擎和人工采集搜索引擎。

**1. 机器人搜索引擎**

机器人搜索引擎使用检索程序（indexer），俗称“蜘蛛”（spider）程序或“机器人”（robot）程序抓取网页，创建网页数据库，如谷歌和百度就属于此类。

**2. 人工采集搜索引擎**

人工采集搜索引擎不使用“蜘蛛”或“机器人”程序，而使用人工采集信息。它的特点是：数据库资源相对较少，由人工控制，更新慢，但检索结果相关度高。最具代表性的搜索引擎是“Yahoo !”。

### 训练 2 百度搜索引擎

#### 一、基本搜索

百度搜索引擎是全球最大的中文搜索引擎，致力于让网民更便捷地获取信息，找到需求的内容。百度有超过千亿的中文网页数据库，可以瞬间找到相关的搜索结果。

仅需在百度搜索栏中输入查询内容并按“Enter”键，或者单击“百度一下”按钮，便可得到相关资料。百度搜索引擎会搜索中文分类条目、资料库中的网站信息以及新闻资料库等，搜索完毕后将检索的结果显示出来，单击某一链接即可查看详细内容。百度搜索引擎界面如图 4-3-1 所示。

图 4-3-1　百度搜索引擎界面

百度搜索引擎输入的查询内容可以是一个词语、多个词语、一句话等。利用百度进行检索时不需要使用符号“AND”或“+”，百度会在多个以空格隔开的词语之间自动添加“+”。百度提供符合全部查询条件的资料，并把最相关的网页排在前面。例如，想了解大学生需要具备的信息素养，在搜索框中输入“大学生 信息素养”会比输入“大学生信息素养”更容易得到满意的结果。

## 二、百度识图

常规的图片搜索是通过输入关键词搜索到互联网上相关的图片资源的，而百度识图则能通过上传图片来搜索到互联网上与这张图片相似的其他图片资源，同时也能找到与这张图片相关的信息，如图 4-3-2 所示。

## 三、高级搜索

如果想要通过百度搜索更快或更精准地进行检索，可以在网页的“设置”里面选择“高级搜索”，如图 4-3-3 所示。此时，打开“高级搜索”对话框，如图 4-3-4 所示。

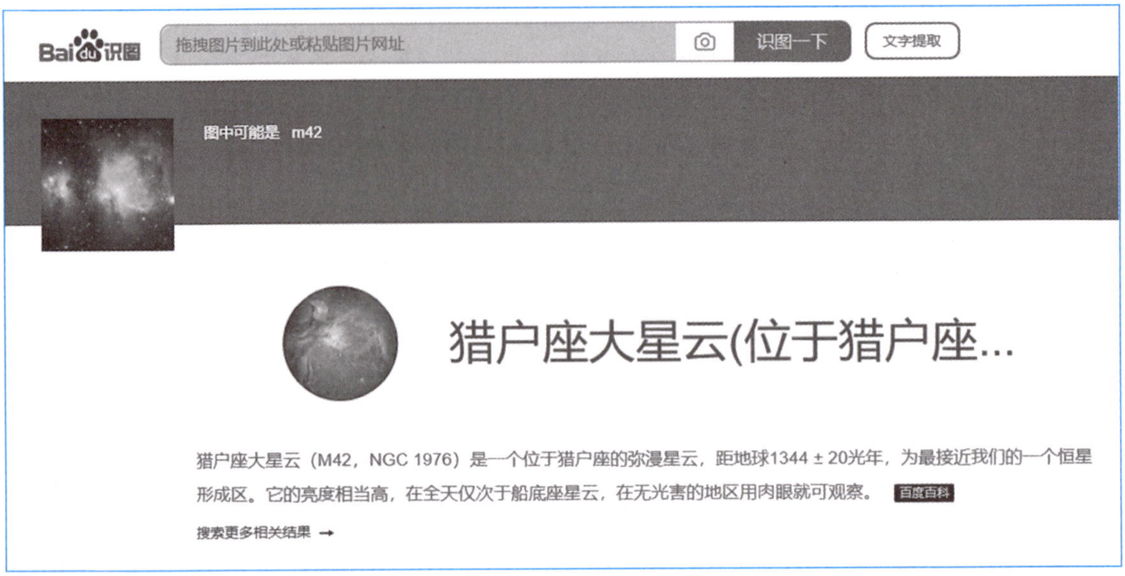


图 4－3－2　百度识图

图 4－3－3　网页“设置”

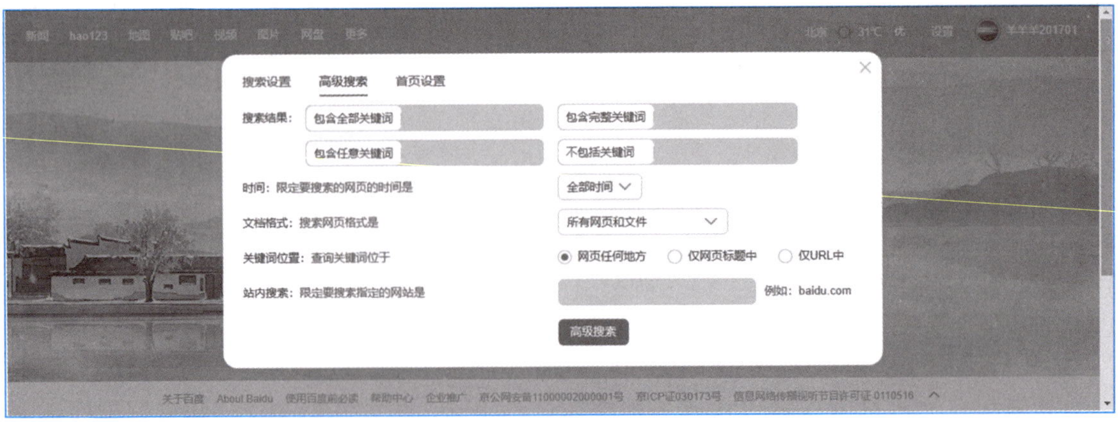


图 4－3－4　“高级搜索”对话框

高级检索的主要功能有以下几个方面。

### 1. 完全匹配

在“高级搜索”对话框“搜索结果”中的“包含完整关键词”文本框中输入“新一代信息技术”可让百度显示的结果和输入的关键词完全匹配。在输入关键词的时候加上英文双引号也可以得到完全匹配的结果，如图 4－3－5 所示。

图 4－3－5　完全匹配

### 2. 限制文档格式

再次打开“高级搜索”对话框，单击“文档格式”右边的下拉列表，选择“Adobe Acrobat PDF（.pdf)”格式，则会限制包含“新一代信息技术”的文档格式为 PDF 格式，如图 4－3－6 所示。搜索栏中的“filetype”表示的是字段限制检索命令“文件类型”。

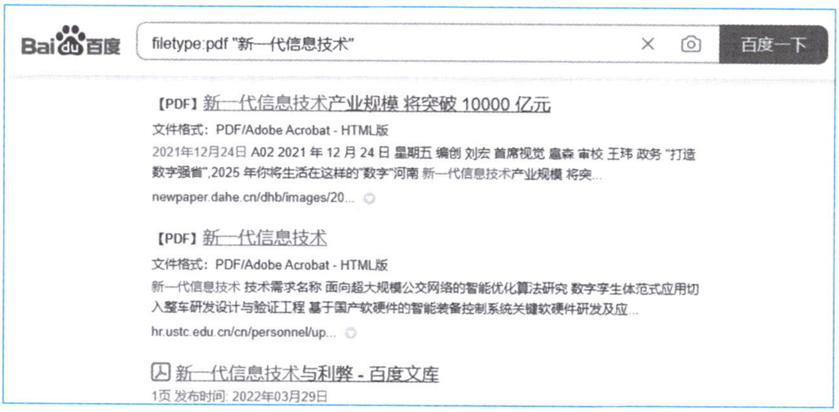


图 4－3－6　限制文档格式

### 3. 标题关键词

单击“高级搜索”对话框中“关键词位置”右边的“仅网页标题中”单选按钮，可以使检索词只出现在网页的标题中，如图 4－3－7 所示。

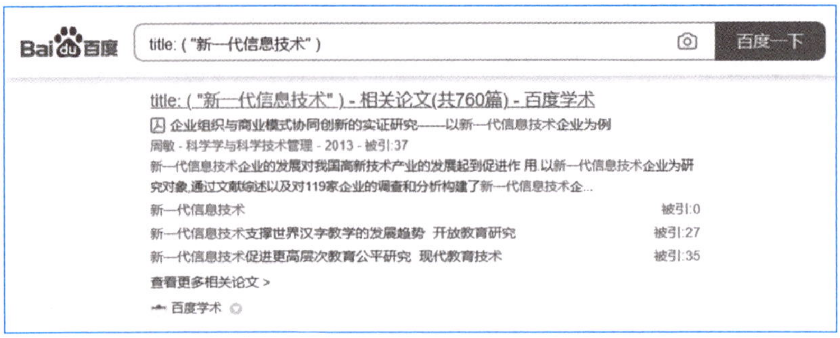


图 4－3－7　标题关键词

## 训练 3　中国知网

中国知识基础设施工程（China National Knowledge Infrastructure，CNKI），即中国知网，始建于 1999 年 6 月，是以实现全社会知识资源传播共享与增值利用为目标的信息化建设项目。在论文写作时，经常要用到中国知网的数据库进行检索，常用的检索方式有一框式检索和高级检索。

### 一、一框式检索

登录中国知网首页（https://www.cnki.net/），便进入“一框式检索”的页面，可以通过直接在搜索栏里输入检索词进行检索，如图 4－3－8 所示。

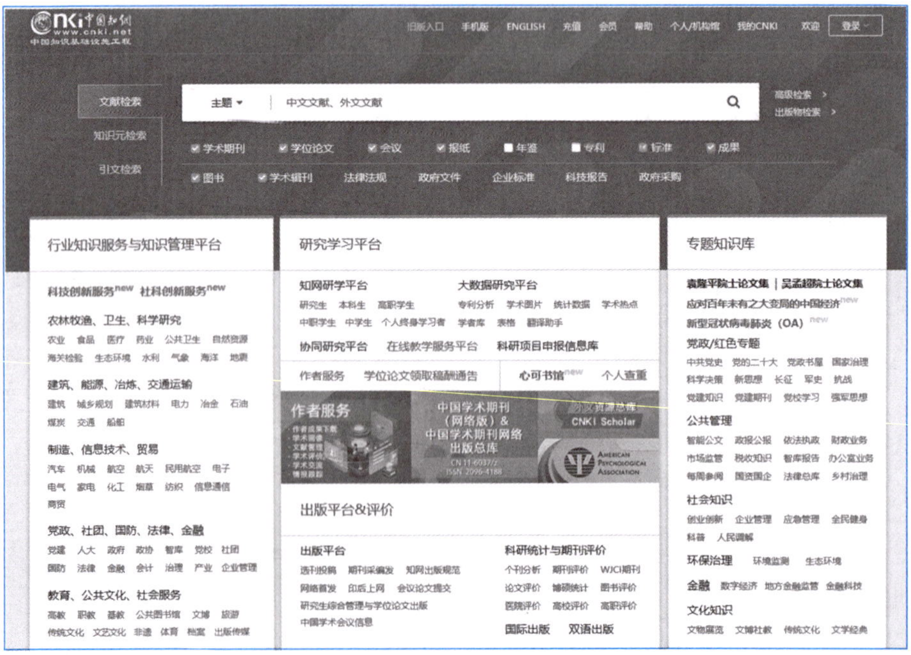


图 4－3－8　一框式检索

例如，在搜索栏中输入检索词“新一代信息技术”，在检索结果中有四千多条文献，检索结果范围太广，不利于得到满意的文献。根据查找需要，按照相关“主题”“学科”“发表年度”对检索结果进行筛选，如图 4－3－9 所示，最终得到符合需求的四条文献。

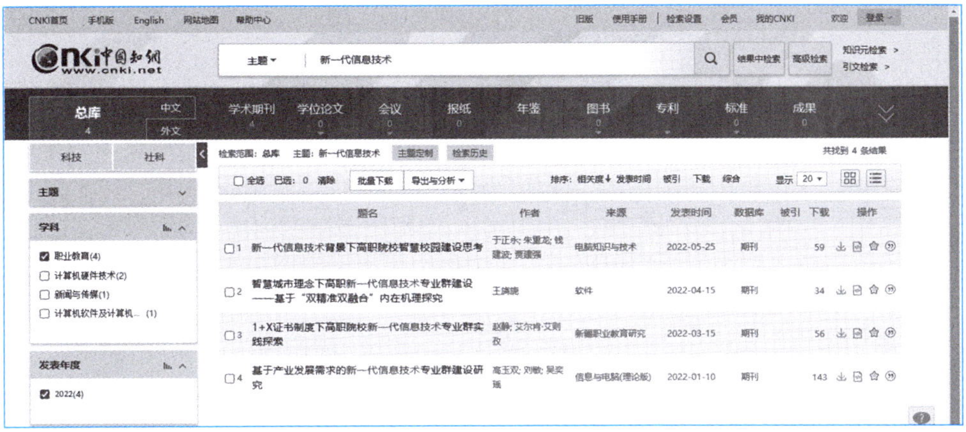


图 4－3－9 一框式检索示例

## 二、高级检索

中国知网的高级检索功能是精确查找文献的一大利器。高级检索能进行快速有效的组合检索，检索结果命中率高。

中国知网的高级检索可以同时设定多个检索字段，输入多个检索词，根据布尔逻辑（“AND”“OR”“NOT”三种关系）在检索中对检索词进行“并”“或”“非”关系限定，更精准地查找到想要的文献资源。因此在使用高级检索时，一定要对检索词进行分析，将检索词拆分，对检索词中的模糊词、同义词等也进行检索。

高级检索可以对作者、发表时间、文献来源与支持基金等限定条件进行同一层次的筛选，确保检索结果与检索需求的相关度高。另外，高级检索还可以从文献分类目录、跨库选择及新型出版模式三大类里进行筛选，精准找到需要的文献资源。

# 项目五 新一代信息技术

新一代信息技术是以人工智能、量子信息、移动通信、物联网、区块链等为代表的新兴技术。它既是信息技术的纵向升级，也是信息技术之间及其与相关产业的横向融合。本主题包含新一代信息技术的基本概念、技术特点、典型应用、技术融合等内容。

## 能力目标

（1）理解新一代信息技术及其主要代表技术的基本概念；
（2）了解新一代信息技术各主要代表技术的技术特点；
（3）了解新一代信息技术各主要代表技术的典型应用；
（4）了解新一代信息技术与制造业等产业的融合发展方式。

## 素养目标

（1）培养社会责任感；
（2）树立严谨的科学研究态度，培养匠心精神；
（3）增强民族自信心，激发爱国热情；
（4）树立正确学习目标，坚定学习信念，明确把握专业知识学习的重点及方向，大大提高学习效率和学习质量，逐步成长为德才兼备、全面发展的专业人才。

## 知识导图

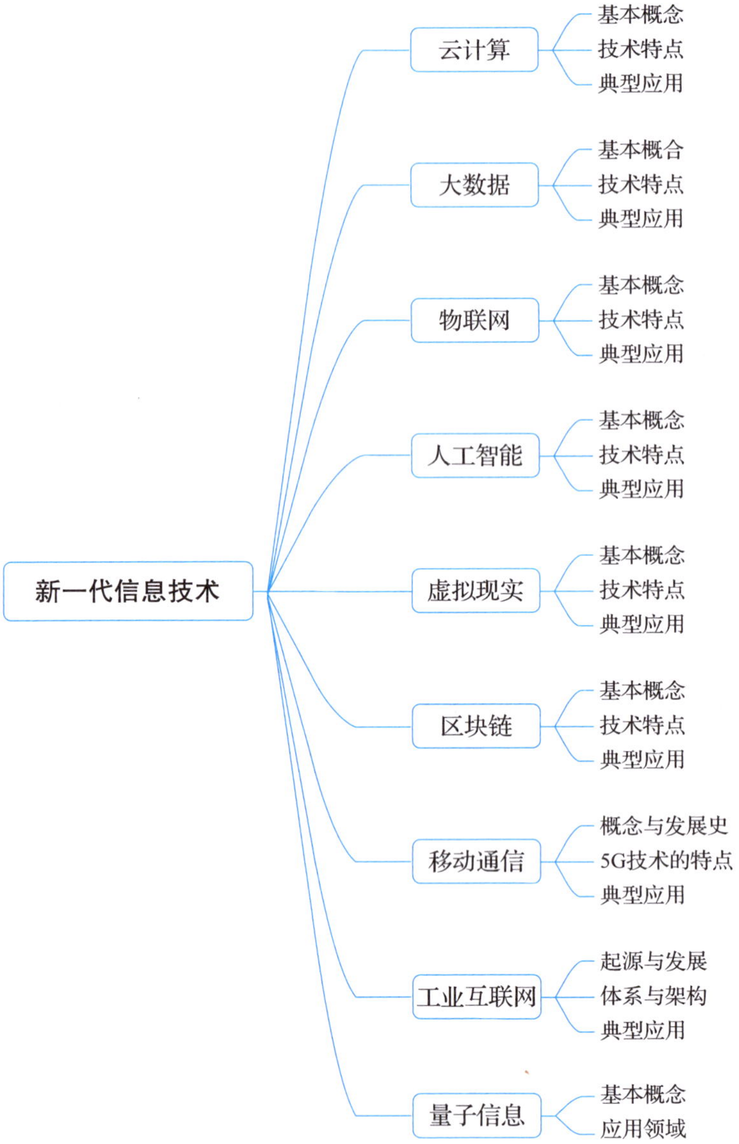
新一代信息技术
云计算
基本概念
技术特点
典型应用
大数据
基本概合
技术特点
典型应用
物联网
基本概念
技术特点
典型应用
人工智能
基本概念
技术特点
典型应用
虚拟现实
基本概念
技术特点
典型应用
区块链
基本概念
技术特点
典型应用
移动通信
概念与发展史
5G技术的特点
典型应用
工业互联网
起源与发展
体系与架构
典型应用
量子信息
基本概念
应用领域

# 工作任务一 云计算

## 任务目标

（1）掌握云计算的概念。
（2）了解云计算的发展现状。

## 任务描述

理解云计算的基本特征；了解云计算的发展方向，云计算与其他技术的关系，云计算的案例。

### 训练 1 云计算的基本概念

云计算（cloud computing）是分布式计算的一种，指的是通过网络“云”将巨大的数据计算处理程序分解成无数个小程序，然后，通过多部服务器组成的系统处理和分析这些小程序得到结果并返回给用户。云计算早期，简单地说，就是简单的分布式计算，解决任务分发问题，并进行计算结果的合并。因而，云计算又称为网格计算。利用这项技术，可以在很短的时间内（几秒钟）完成对数以万计的数据的处理，实现强大的网络服务功能。

美国国家标准与技术研究院（NIST）定义：云计算是一种模型，它可以随时随地地、便捷地、随需应变地从可配置计算资源共享池中获取所需的资源，这些资源能够快速供应并释放，使管理资源的工作量和与服务提供商的交互减小到最低限度。

### 训练 2 云计算的技术特点

云计算是一种新的大规模分布式计算模式，通过网络和资源、虚拟技术，实现计算及存储资源集中管理，面向用户提供服务，如图 5－1－1 所示。

图 5－1－1 云计算

云计算的优势在于高灵活性、可扩展性和高性价比等，与传统的网络应用模式相比，云计算具有以下特点。

（1）虚拟化。

虚拟化技术是云计算的核心技术，突破了时间、空间的界限。虚拟化是云计算最为显著的特点。

（2）动态可扩展。

云计算具有高效的运算能力，在原有服务器的基础上增加云计算功能能够使计算速度迅速提高，最终实现动态扩展虚拟化的层次，达到对应用进行扩展的目的。

（3）按需服务。

云计算采用按需服务模式，用户可以根据需求自行购买，从而降低用户的费用投入，并使用户获得更好的服务。

（4）灵活性高。

云计算让企业的业务部门能够快速制作大量临时性应用，以支持其核心业务，如快速创建一个一两天内使用的应用原型，完成在网上征求民众意见的工作。基于云计算的群众外包服务，具有较高的灵活性，有助于社区管理和传媒发布。

（5）可靠性高。

云计算对可靠性的要求很高，在软硬件层面采用了诸如数据多副本容错、心跳检测和计算节点同构可互换等措施来保障服务的高可靠性，还在设施层面上的能源、制冷和网络连接等方面采用了冗余设计来进一步确保服务的可靠性。

（6）性价比高。

云计算采用自动化集中式管理，将资源放在虚拟资源池中统一管理，在一定程度上优化了物理资源。

## 训练 3　云计算的典型应用

### 一、云计算的服务类型

云计算的服务类型分为三类，即基础设施即服务（IaaS）、平台即服务（PaaS）和软件即服务（SaaS）。这三种云计算服务有时也被称为云计算堆栈。

#### 1. 基础设施即服务

基础设施即服务（IaaS）是主要的云计算服务类别之一，它通过互联网按即用即付的方式向个人或组织提供虚拟化计算资源，如虚拟机、存储、网络和操作系统。

IaaS 的作用就是提供场外的服务器、存储和网络资源，用户只要租用就可以，即将虚拟机或者其他资源作为服务提供给用户，大大节省了维护成本。

#### 2. 平台即服务

平台即服务（PaaS）的主要作用是为开发人员提供通过全球互联网构建应用程序和服务的平台。

#### 3. 软件即服务

软件即服务（SaaS）是最常接触的一类云计算服务，其作用是将应用作为服务提供给用户，一般通过网页的浏览器来进行接入。

## 二、云计算的应用

作为基础技术，云计算应用的领域很多，应用范围很广，最为常见的就是网络搜索引擎和网络邮箱。

### 1. 存储云

存储云，又称云存储，是在云计算技术基础上发展起来的一种新型存储技术。云存储是一种网上在线存储的模式，即把数据存放在通常由第三方托管的多台虚拟服务器中，而非专属的服务器中。

百度云盘是由百度公司出品的一款云服务产品，在百度云盘里可以上传自己的图片、文档、音乐、电影等。此外，阿里云、微云也提供云存储的服务。

### 2. 医疗云

医疗云，是指在云计算、移动技术、多媒体、5G 通信、大数据以及物联网等新技术基础上，结合医疗技术，使用“云计算”来创建医疗健康服务云平台，实现医疗资源的共享和医疗范围的扩大。

云计算可以帮助医护人员和医疗机构等为患者提供优质、经济、高效的服务。

### 3. 金融云

金融云，是指利用云计算的模型，将信息、金融和服务等功能分散到由庞大分支机构构成的互联网“云”中，旨在为银行、保险和基金等金融机构提供互联网处理和运行服务，同时共享互联网资源，从而解决现有问题并且达到高效、低成本的目标。

### 4. 教育云

教育云，包括了教育信息化所必需的一切硬件计算资源，这些资源在虚拟化之后，向教育机构、教育从业人员和学员提供了一个良好的平台，该平台的作用就是为教育领域提供云服务。

例如，国家中小学智慧教育平台（见图 5 - 1 - 2）就是为深入实施国家教育数字化战略行动，更好落实“双减”工作而创建的，它推进了各地区教育的均衡发展和教育现代化的发展进程。

还有，中国大学 MOOC（见图 5 - 1 - 3）是国内优质的中文 MOOC 学习平台。MOOC 即慕课，指的是大规模开放的在线课程。

图 5－1－2　国家中小学智慧教育平台

图 5－1－3　中国大学 MOOC

# 工作任务二 大数据

## 任务目标

在掌握大数据相关知识的基础上，了解大数据技术的最新发展。

## 任务描述

学习大数据的基本概念、技术特点、典型应用。

### 训练 1 大数据的基本概念

大数据（big data），是指无法在一定时间范围内用常规软件工具进行捕捉、管理和处理的数据集合，是需要新处理模式才能具有更强的决策力、洞察力和流程优化能力的海量、高增长率和多样化的信息资产。

根据互联网数据中心（Internet Data Center，简称 IDC）的估测，人类社会产生的数据一直都在以每年 50% 的速度增长，也就是说，大约每两年就增加一倍，这被称为“大数据摩尔定律”。这意味着，人类在最近两年产生的数据量相当于之前产生的全部数据量之和。数字存储单位之间的换算关系见表 5-2-1。

表 5-2-1 数字存储单位之间的换算关系

| 单位 | 换算关系 |
| --- | --- |
| Byte（字节） | 1 Byte = 8 bit |
| KB（kilobyte，千字节） | 1 KB = 1 024 Byte |
| MB（megabyte，兆字节） | 1 MB =1 024 KB |
| GB（gigabyte，吉字节） | 1 GB =1 024 MB |
| TB（trillionbyte，太字节） | 1 TB =1 024 GB |
| PB（petabyte，拍字节） | 1 PB =1 024 TB |
| EB（exabyte，艾字节） | 1 EB =1 024 PB |
| ZB（zettabyte，泽字节） | 1 ZB =1 024 EB |

“大数据”具有的特征有：

（1）数据体量大（volume），数据的采集、计算、存储量都非常的庞大。

（2）数据种类繁多（variety），有结构化、半结构化和非结构化数据等，来源于生物大数据、交通大数据、医疗大数据、电信大数据、电力大数据、金融大数据等。

（3）数据价值密度低（value），从大量信息中只能获得小部分有价值的信息。

（4）数据处理速度快（velocity），数据增长和获取速度也快。

大数据技术的意义不在于掌握庞大的数据信息，而在于对这些具有一定意义的数据进行专业化处理，在于提高对数据的“加工能力”，通过“加工”实现数据的“增值”。

## 训练 2　大数据的技术特点

从技术上看，大数据与云计算的关系密不可分。大数据无法用单台的计算机进行处理，必须采用分布式架构。它的特色在于对海量数据进行分布式数据挖掘。但它必须依托云计算的分布式处理、分布式数据库以及云存储、虚拟化技术。大数据的处理流程一般有以下几个环节：

（1）数据收集。

（2）数据预处理。

（3）数据处理。

（4）数据分析。

（5）数据可视化。

一般地，在大数据收集、处理等一系列操作之前，要对应用情境进行充分调研，对管理决策的需求进行深入分析，明确大数据处理与分析的目标，为大数据收集、存储、处理、分析等过程提供明确的方向，保障大数据分析结果的可用性、价值性，满足用户的需求。

## 训练 3　大数据的典型应用

大数据已应用于各个行业，如金融、汽车、餐饮、电信、娱乐等。

### 一、智能推荐系统

互联网行业借助大数据技术可以分析客户行为，进行商品推荐，有针对性地投放广告。

目前推荐系统已广泛应用于电子商务在线视频、在线音乐、社交网络等各类网站和应用中。例如淘宝网利用用户的浏览记录进行相关产品推荐，如图 5－2－1 所示，推荐的主要是用户浏览过、可能感兴趣且有购买可能的商品；网易云音乐根据用户的音乐收藏记录来分析用户的音乐偏好，以推荐同一风格的歌曲，或是推荐同一歌手的其他歌曲，如图 5－2－2 所示。

### 二、智慧城市管理

在智慧城市的建设中可以利用大数据实现智能交通、智能环保监测、城市规划和智能安防。

#### 1. 智能交通

运用大数据技术整理和分析信息，可以全面、及时地了解城市中各路段的交通情况。

例如，作为普通市民，结合大数据技术，能及时掌握城市路段交通情况，避开拥堵时间段和易发生交通事故的路段，确保安全、便捷、高效出行。

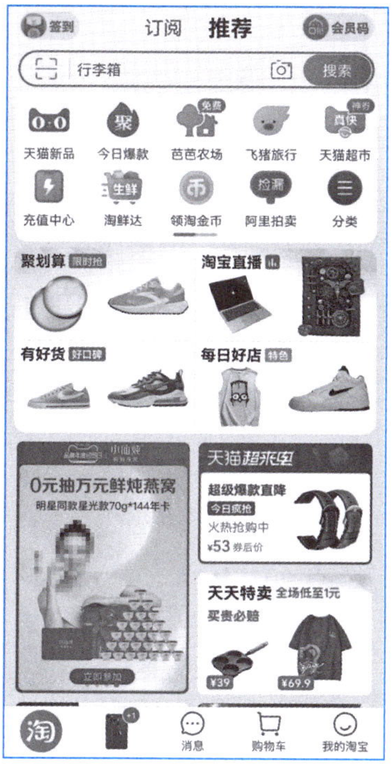


图 5－2－1　淘宝网

图 5－2－2　网易云音乐

### 2. 智能环保监测

在智慧城市环境保护领域中使用大数据技术进行环境污染源的监测与预警，有助于工作人员更全面地掌握城市污染状况，并结合城市污染情况作出环境管理的相应策略。

## 三、智慧物流

近年来随着电子商务的迅速发展，网购人群的急剧膨胀，物流行业得到了飞速发展，同时客户也越来越重视物流服务的体验。物流行业中的大数据技术就是通过海量的物流数据，即运输、仓储、搬运装卸、包装及流通加工等物流环节中涉及的数据、信息等，挖掘出新的增值价值，通过大数据分析可以提高运输与配送效率，减少物流成本，从而更好地服务于客户。

# 工作任务三 物联网

## 任务目标

（1）了解物联网的起源。
（2）掌握物联网的体系结构和主要特点。
（3）了解物联网的应用。

## 任务描述

学习物联网的基本概念、技术特点、典型应用。

### 训练 1 物联网的基本概念

#### 一、物联网的起源

1995 年比尔·盖茨创作了《未来之路》一书，书中描述了某些物联网运用的场景，但并未引起广泛重视。

1998 年，美国麻省理工学院创造性地提出了当时被称作 EPC 系统的“物联网”的构想。

1999 年，美国自动识别中心（Auto-ID）首先提出“物联网”的概念，主要建立在物品编码、射频识别（RFID）技术和互联网的基础上。我国过去称物联网为传感网。中科院早在 1999 年就启动了对传感网的研究，并取得了一些科研成果，建立了一些适用的传感网。同年，在美国召开的移动计算和网络国际会议中提出“传感网是下一个世纪人类面临的又一个发展机遇”。

2003 年，美国《技术评论》提出传感网络技术将是未来改变人们生活的十大技术之首。

2005 年 11 月 17 日，在突尼斯举行的信息社会世界峰会（WSIS）上，国际电信联盟（ITU）发布了《ITU 互联网报告 2005：物联网》，正式提出了“物联网”的概念。报告指出，无所不在的“物联网”通信时代即将来临，世界上所有的物体，从轮胎到牙刷、从房屋到纸巾都可以通过因特网主动进行交换。射频识别技术、传感器技术、纳米技术、智能嵌入技术将得到更加广泛的应用。

2021 年 7 月 13 日，中国互联网协会发布了《中国互联网发展报告（2021）》，物联网市场规模达 1.7 万亿元，人工智能市场规模达 3 031 亿元。

2021 年 9 月，工信部等八部门印发《物联网新型基础设施建设三年行动计划（2021—2023 年）》，明确到 2023 年底，在国内主要城市初步建成物联网新型基础设施，社会现代化治理、产业数字化转型和民生消费升级的基础更加稳固。

#### 二、物联网的定义

物联网是新一代信息技术的重要组成部分，物联网（internet of things，IoT）在 IT 行业又称泛互联，意指物物相连，万物万联。因此，物联网就是物物相连的互联网，其中有两层意思：第一，物联网的核心和基础仍然是互联网，是在互联网基础上进行延伸和扩展的网络；第二，其用户端延伸和扩展到了任何物品与物品之间，实现在任何时间、任何地点，人、机、物的互联互通，从而进行信息交换和通信。

因此，物联网的定义是通过利用条码、射频识别、传感器、全球定位系统、激光扫描器等信息传感设备，按约定的协议，实现人与人、人与物、物与物在任何时间、任何地点的连接，从而进行信息交换和通信，以实现智能化识别、定位、跟踪、监控和管理的庞大网络系统。

## 训练 2　物联网的技术特点

### 一、物联网的关键技术

物联网的核心关键技术主要包括射频识别技术、传感器技术、无线网络技术、人工智能技术、云计算技术等。

#### 1. 射频识别技术

射频识别技术是物联网“让物说话”的关键技术。物联网中的射频识别标签存储标准化的、可互操作的信息，并通过无线数据通信网络自动采集到中心信息系统中，实现物品的识别。

#### 2. 传感器技术

在物联网中，传感器主要负责接收对象的“语音”内容。传感器技术是从自然源中获取信息并对其进行处理、转换和识别的多学科现代科学与工程技术。它涉及传感器的规划、设计、开发、制造和测试，信息处理和识别，改进活动的应用和评估等。

#### 3. 无线网络技术

在物联网中，要与人无障碍地通信，必然离不开能够传输海量数据的高速无线网络。无线网络不仅包括允许用户建立远距离无线连接的全球语音和数据网络，还包括短距离蓝牙技术、红外线技术和 ZigBee 技术。

#### 4. 人工智能技术

人工智能是一种用计算机模拟人的某些思维过程和智能行为（如学习推理、思考和规划等）的技术。在物联网中，人工智能技术主要是对物体的“语音”内容进行分析，从而实现计算机的自动处理。

#### 5. 云计算技术

云计算旨在通过网络把多个成本相对较低的计算实体整合成一个具有强大计算能力的完美系统，并借助先进的商业模式让终端用户可以得到这些强大计算能力的服务。

### 二、物联网的体系

物联网体系结构可以分为三个层面：应用层、网络层和感知层。

（1）应用层：位于云端的主机会接收到大量的使用信息，经过大数据的分析后，做出反应并给予各装置相对的指令，如同人类的大脑中枢。

（2）网络层：透过网络技术，将信息传递至位于云端的主机，网络就相当于人体的神经网络，而网络层的主要任务是处理下层传来的信息，判断是要送往云端，还是直接采取适当的动作。

（3）感知层：主要分为自动感知设备和人工生成信息设备两类，自动感知设备能够自动感知外部物理信息，包括传感器、智能家电等；人工生成信息设备包括智能手机、个人数字助理（PDA）、计算机等。物体透过辨识系统、感应技术，侦测外界环境的变化，接收各类的信息，就像人体的五官各自接受不同的外界刺激。小至家庭及个人的衣、食、住、行需求，大至工业、农业、医疗、学习、政府治理所需的环境监控、交通控管、资源管理等，都能与物联网产生关系并将网络层收集到的信息进行后置处理。

## 训练 3 物联网的典型应用

物联网提出至今已发展多年，从零星的设备接入，到现在的万物互联，尤其是无人零售行业和车联网的应用，更是将物联网的发展推向了一个高潮。在这漫长的发展过程中，物联网给生活带来便利，其在生活中的应用场景有智慧物流、智能交通、智能安防、智慧能源等。

### 一、智慧物流

智慧物流是指以物联网、大数据、人工智能等信息技术为支撑，在物流的运输、仓储、包装、装卸、配送等各个环节实现系统感知、全面分析及处理等功能的现代化物流模式。智慧物流的实现能大大地降低各行业的运输成本，提高运输效率，提升整个物流行业的智能化和自动化水平。

物联网应用于物流行业中，主要体现在三个方面，即仓储管理、运输监测和智能快递柜。

（1）仓储管理：通常采用物联网仓库管理信息系统，完成收货入库、盘点调拨、拣货出库，以及整个系统的数据查询、备份、统计、报表生产及报表管理等任务。

（2）运输监测：实时监测货物运输中的车辆行驶情况以及货物运输情况，包括货物位置、状态环境，以及车辆的油耗、油量、车速及刹车次数等驾驶行为。

（3）智能快递柜：将云计算和物联网等技术相结合，实现快件存取和后台中心数据处理，通过射频识别技术或摄像头实时采集、监测货物收发等数据。

二十大报告指出，面对突如其来的新冠疫情，我们坚持人民至上、生命至上。我国相关的科技创新层出不穷，无人送货车出现在街头，或运送药品、食品等物资，或进行自动消杀，对疫情防控下的人民生活保障发挥了作用，如图 5－3－1 所示。

图 5－3－1 无人送货车

## 二、智能交通

智能交通被认为是物联网所有应用场景中最有前景的应用之一。智能交通使人、车和路能够紧密配合，改善交通运输环境，保障交通安全以及提高资源利用率。

交通行业应用较多的五大场景是智能公交车、共享单车、汽车联网、智慧停车以及智能红绿灯，除此之外还包括汽车电子标识、充电桩和高速无感收费等。

（1）智能公交车：结合公交车辆的运行特点，建设公交智能调度系统，对线路、车辆进行规划调度，实现智能排班。

（2）共享单车：运用带有 GPS 或 NB-IoT 模块的智能锁，通过 App 相连，实现精准定位、实时掌控车辆状态等。

（3）汽车联网：利用先进的传感器及控制技术等实现自动驾驶或智能驾驶，实时监控车辆运行状态，降低交通事故发生率。

（4）智慧停车：通过安装地磁感应，连接进入停车场的智能手机，实现停车自动导航、在线查询车位等功能。

（5）智能红绿灯：依据车流量、行人及天气等情况，通过动态调控信号灯，来控制车流，提高道路承载力。

（6）汽车电子标识：采用射频识别技术，实现对车辆身份的精准识别、车辆信息的动态采集等功能。

（7）充电桩：通过物联网设备，实现充电桩定位、充放电控制、状态监测及统一管理等功能。

（8）高速无感收费：通过摄像头识别车牌信息，根据路径信息进行收费，提高通行效率、缩短车辆等候时间等。

## 三、智能安防

传统安防对人员的依赖性比较大，非常耗费人力，而智能安防能够通过设备实现智能判断。智能安防的核心在于智能安防系统，一个完整的智能安防系统主要包括门禁、报警和监控三大部分，其中以视频监控为主。

由于采集的数据量足够大，且时延较低，目前城市中大部分的视频监控采用的是有线的连接方式，而对偏远地区以及移动性物体的监控则采用的是 4G 等无线技术。

（1）门禁系统：主要有感应卡、指纹、虹膜以及面部识别等形式，具有安全、便捷和高效的特点，以及联动视频抓拍、远程开门、手机位置探测及轨迹分析等功能。

（2）报警系统：主要通过报警主机进行报警，同时，部分研发厂商会将语音模块以及网络控制模块置于报警主机中，缩短报警反应时间。

（3）监控系统：以视频形式为主，分为警用和民用两种。通过视频实时监控，使用摄像头抓拍记录，将视频和图片进行数据存储和分析，实时监测，确保安全。

## 四、智慧能源

物联网技术应用于能源领域，主要表现在对水表、电表、燃气表等的远程监测以及根据外界天气对路灯的远程控制等方面，基于环境和设备进行物体感知，通过监测，提升利用效率，减少能源损耗。根据实际情况，智慧能源分为四大应用场景：智能水表、智能电表、智能燃气表、智慧路灯。

（1）智能水表：可利用先进技术，远程采集用水量，以及提供用水提醒等服务。

（2）智能电表：自动化、信息化的新型电表，具有远程监测用电情况并及时反馈等功能。

（3）智能燃气表：通过网络技术，将用气量传输到燃气集团，无须入户抄表，且能显示燃气用量及用气时间等数据。

（4）智慧路灯：通过搭载传感器等设备，实现远程照明控制以及故障自动报警等功能。

## 五、智能医疗

在智能医疗领域，新技术的应用必须以人为中心。而物联网技术是获取数据的主要途径，能有效地帮助医院实现对人和物的智能化管理。对人的智能化管理指的是通过传感器对人的生理状态（如心跳频率、体力消耗、血压高低等）进行捕捉，将它们记录到电子健康文件中，方便个人或医生查阅。对物的智能化管理指的是通过射频识别技术对医疗物品进行监控与管理，实现医疗设备、用品可视化管理。

智能医疗的两大主要应用场景：医疗可穿戴和数字化医院。

（1）医疗可穿戴：通过传感器采集人体及周边环境的参数，经传输网络传到云端，进行数据处理后，反馈给用户。

（2）数字化医院：将传统的医疗设备进行数字化改造，实现数字化设备远程管理、远程监控以及电子病历查阅等功能。

## 六、智慧建筑

建筑是城市的基石，技术的进步促进了建筑的智能化发展，物联网技术的应用，让建筑向智慧建筑方向演进。物联网应用于建筑领域主要体现在环保节能方面，对建筑内设备在消防、用电、照明等多方面进行感知、传输，从而实现远程监控，不仅能节约能源，还可以减少运维的楼宇人员。而对于古建筑，也可以进行白蚁监测，进而达到保护古建筑的目的。

智慧建筑越来越受到人们的关注，是集感知、传输、记忆、判断和决策于一体的综合智能化解决方案。

## 七、智能制造

智能制造领域的市场体量巨大，是物联网的一个重要应用领域，主要体现在工厂的数字化以及工厂的智能化上。

工厂智能化包括工厂机械设备监控和工厂环境监控。工厂机械设备监控是指在设备上加装物联网装备，使设备厂商可以随时随地对设备进行远程监控、升级和维护等操作，更好地了解产品的使用状况，完成产品全生命周期的信息收集，指导产品设计和售后服务；而工厂环境监控主要包括对空气温湿度、烟感等的监控。

工厂数字化的核心特点是：产品的智能化、生产的自动化、信息流和物资流合一。

## 八、智能家居

物联网应用于智能家居领域，主要表现为使用各种技术和设备，对家居类产品的位置、状态、变化进行监测，分析其变化特征，同时根据人的需要，在一定的程度上进行反馈，以改变人们的生活方式，使家庭生活更舒适、安全和高效。智能家居的发展阶段主要包括：单品连接、物物联动、平台集成。

（1）单品连接：这个阶段是将各个产品通过传输网络，如 Wi-Fi、蓝牙、ZigBee 等进行连接，对每个单品单独控制。

（2）物物联动：目前，各个智能家居企业将自家的所有产品进行联网、系统集成，使得各产品间能联动控制，但不同企业的单品之间还不能联动。

（3）平台集成：这是智能家居发展的最终阶段，根据统一的标准，各企业单品能相互兼容，目前还没有发展到这个阶段。

## 九、智能零售

智能零售依托于物联网技术，通过将传统的售货机和便利店进行数字化升级、改造，打造无人零售模式。通过数据分析，并充分运用门店内的客流和活动信息，提升商家的经营效率，为用户提供更好的服务。智能零售主要有两大应用场景，即自动售货机和无人便利店。

（1）自动售货机：自动售货机也叫无人售货机，分为单品售货机和多品售货机，通过物联网平台进行数据传输、客户验证、购物车提交以及扣款回执。

（2）无人便利店：采用射频识别技术，用户扫码开门，便可进行商品选购，关门之后系统会自动识别所选商品，并自动完成扣款结算。

## 十、智慧农业

智慧农业指的是利用物联网、人工智能、大数据等现代信息技术与农业进行深度融合，实现农业生产全过程的信息感知、精准管理和智能控制的一种全新的农业生产方式，可实现农业可视化诊断、远程控制以及警示等功能。智慧农业主要包括播种、施肥、灌溉、除草以及病虫害防治五个部分，通过传感器、摄像头和卫星等收集数据，实现数字化和智能机械化发展。

以上只是物联网典型应用的一部分，物联网还能应用在桥梁、隧道等领域。物联网将是下一个推动世界高速发展的“重要生产力”，不仅能提高人们的生活水平，也能为企业创造更多价值。

# 工作任务四 人工智能

## 任务目标

了解人工智能的基础知识，包括人工智能的历史、应用、分支等。

## 任务描述

学习人工智能的基本概念、技术特点、典型应用。

### 训练 1　人工智能的基本概念

#### 一、人工智能的含义

人工智能，也就是常说的 AI。它是研究、开发用于模拟、延伸和扩展人的智能的理论、方法、技术及应用系统的一门新的技术科学。

人工智能从诞生以来，理论和技术日益成熟，应用领域也不断扩大，可以设想，未来人工智能带来的科技产品，将会是人类智慧的“容器”。

#### 二、人工智能的研究内容

人工智能学科研究的主要内容包括知识表示自动推理和搜索方法、机器学习和知识获取、知识处理系统、自然语言理解、计算机视觉、智能机器人自动程序设计等方面。

用来研究人工智能的主要物质基础以及能够实现人工智能技术平台的机器就是计算机，人工智能的发展历史是和计算机科学技术的发展史联系在一起的。除了计算机科学以外，人工智能还涉及信息论、控制论、自动化、仿生学、生物学、心理学、数理逻辑、语言学、医学和哲学等多门学科。

#### 三、人工智能的提出与发展

1956 年夏季，以麦卡赛、明斯基、罗切斯特和申农等为首的一批有远见卓识的年轻科学家在一起聚会，共同研究和探讨用机器模拟智能的一系列有关问题，并首次提出了“人工智能”这一术语，它标志着“人工智能”这门新兴学科的正式诞生。IBM 公司“深蓝”计算机击败了人类的国际象棋世界冠军更是人工智能技术的一个完美表现。

从 1956 年被正式提出，人工智能学科取得了长足的发展，成为一门广泛的交叉和前沿科学。总的来说，人工智能的目的就是让计算机这台机器能够像人一样思考。

## 训练 2　人工智能的技术特点

### 一、人工智能的研究途径与方法

人工智能的研究途径与方法主要有以下几个方面：

（1）结构模拟，神经计算。

（2）功能模拟，符号推演。

（3）行为模拟，控制进化。

### 二、人工智能的特征

#### 1. 通过计算和数据，为人类提供服务

从根本上说，人工智能系统必须以人为本，这些系统是人类设计出的机器，按照人类设定的程序逻辑或软件算法通过人类发明的芯片等硬件载体来运行或工作，其本质体现为计算，通过对数据的采集、加工、处理、分析和挖掘，形成有价值的信息流和知识模型，为人类提供延伸人类能力的服务，实现对人类期望的一些“智能行为”的模拟。

#### 2. 对外界环境进行感知，与人类交互互补

人工智能系统具有能借助传感器等器件对外界环境（包括人类）进行感知的能力，可以像人一样通过听觉、视觉、嗅觉、触觉等接收来自环境的各种信息，对外界输入产生文字、语音、表情、动作（控制执行机构）等必要的反应，甚至影响到环境或人类。这样，人工智能系统能够帮助人类做人类不擅长、不喜欢但机器能够完成的工作，而人类则适合去做更需要创造性、洞察力、想象力、灵活性、多变性，以及要用心领悟或需要感情的一些工作。

#### 3. 拥有适应和学习特性，可以演化迭代

人工智能系统在理想情况下应具有一定的自适应特性和学习能力，即具有一定的随环境、数据或任务变化而自适应调节参数或更新优化模型的能力。

## 训练 3　人工智能的典型应用

人工智能在机器人、医疗、金融、安防、教育和生活等领域得到了深入的应用和发展。

### 一、机器人领域

机器人是自动执行工作的机器装置。它既可以接受人类指挥，又可以运行预先编排好的程序，也可以根据人工智能技术制定的原则纲领行动。

随着机器人技术的不断发展，工业、军事、海洋探测、航天、医疗、农业等各个领域也都开始使用机器人。

### 二、医疗领域

随着社会进步和人们健康意识的觉醒，人口老龄化问题的不断加剧，人们对于提升医疗技术、延长寿命、提高健康水平的需求也更加急迫。人工智能在智能药物研发、智能诊疗、智能影像识别中的应用推动了医疗产业变革升级浪潮的兴起。

智能诊疗的实质是融合了自然语言处理、认知技术、自动推理、机器学习、信息检

索等技术，并给予假设认知和大规模的证据搜集、分析、评价的人工智能系统。

### 三、金融领域

互联网在金融领域的应用，主要是通过机器学习、语音识别、视觉识别等方式来分析、预测、辨别交易数据、价格走势等信息，从而为客户提供理财投资、股权投资等信息服务，同时规避金融风险，提高金融监管力度。

### 四、安防领域

在各级政府大力推进“平安城市”建设的过程中，监控点位越来越多，视频和卡口产生了海量的数据。尤其是高清监控的普及，使得整个安防监控领域的数据量都在爆炸式增长，依靠人工来分析和处理这些信息变得越来越困难，以计算机视觉为核心的安防技术具有海量的数据源以及丰富的数据层次，同时安防业务的本质诉求与人工智能的技术逻辑高度一致，既可以应用于事前的预防，也可以应用于事后的追查。

### 五、教育领域

人工智能打破了权威对知识的垄断，让教育从封闭走向开放，人人都能够创造知识、共享知识，也都能够获取和使用知识。在教育开放的大背景下，全球性的知识库正在加速形成，优质教育资源正得到极大程度的充实和丰富，这些资源通过互联网连接在一起，使得人们随时随地都可以获取想要的学习资源。知识获取的效率大幅提高，获取成本大幅降低，这也为建设终身学习的学习型社会奠定了坚实的基础。

### 六、生活领域

人工智能语音助手基于语音识别、语音合成、声纹识别等技术来提升服务质量，它可以理解并执行用户的语音意图，通过语音交互获取信息，控制智能设备。人工智能语音助手广泛应用于大屏操控、驾驶、家庭娱乐、景区旅游等场景。

智能出行是人工智能在汽车行业、交通领域的延伸与应用，逐渐改变着人们的出行方式。导航、快递信息跟踪、物流线路优化、路况实时查询等系统，都已经在生活中被普遍应用。通过对地图数据、摄像头数据进行智能分析，并智能调节红绿灯，可提升车辆通行速度，改善出行体验。

城市系统是将交通、能源、供水等基础设施全部数据化，将散落在城市各个角落的数据进行汇聚，再通过超强的分析、超大规模的计算，实现对整个城市的全局实时分析，让城市智能地运行起来。

天气预测专家系统可以先通过手机的 GPRS 系统，定位到用户所处的位置，再利用算法，对覆盖全国的雷达图进行数据分析并预测，从而使用户可以随时随地查询自己所在地的天气走势。

虽然很难预测未来人工智能还会出现哪些新型的应用，但可以肯定的一点是，人工智能技术的应用必然会推动人类社会的不断发展，人工智能帮助人类减少在程式化的、重复性事务上所花费的工作时间和精力，解放人类的双手和大脑，去完成更多有意义和有价值的事情。

# 工作任务五 虚拟现实

## 任务目标

（1）了解虚拟现实的含义。
（2）掌握虚拟现实的基本特征和技术特点。
（3）了解虚拟现实的应用。

## 任务描述

学习虚拟现实的基本概念、技术特点、典型应用。

### 训练 1 虚拟现实的基本概念

#### 一、虚拟现实的含义

虚拟现实（virtual reality，VR）技术是一种可以创建和体验虚拟世界的计算机仿真技术，它利用计算机生成一种模拟环境，使用户沉浸到该环境中。虚拟现实技术就是利用现实生活中的数据，将通过计算机技术产生的电子信号与各种输出设备相结合，使其转化为能够让人们感受到的现象，这些现象可以是现实中真真切切的物体，也可以是肉眼所看不到的物质，它们通过三维模型表现出来。因为这些现象不是能够直接被看到的，而是通过计算机技术模拟出来的现实中的世界，所以称为虚拟现实。

#### 二、虚拟现实的基本特征

**1. 沉浸性**

沉浸性是虚拟现实技术最主要的特征，就是让用户感受到自己是计算机系统所创造的环境中的一部分。

**2. 交互性**

交互性是指用户对模拟环境内物体的可操作程度和从环境得到反馈的自然程度。用户进入虚拟空间，相应的技术让用户跟虚拟空间环境产生相互作用。

**3. 多感知性**

多感知性是指计算机技术拥有很多感知方式，如听觉，触觉、嗅觉等。

**4. 构想性**

构想性也称想象性，用户在虚拟空间中，可以与周围物体进行互动，拓宽认知范围，创造客观世界不存在的场景或不可能发生的环境。

**5. 自主性**

自主性是指在虚拟环境中物体依据物理定律动作的程度，例如，当受到力的推动时，物体会向力的方向移动或翻倒等。

## 训练 2 虚拟现实的技术特点

虚拟现实是多种技术的综合，包括动态环境建模技术、实时三维图形生成技术、立体显示和传感器技术、应用系统开发工具以及系统集成技术等。

### 一、动态环境建模技术

虚拟环境的建立是虚拟现实系统的核心内容，目的是获取实际环境的三维数据，并根据应用的需要建立相应的虚拟环境模型。

### 二、实时三维图形生成技术

三维图形生成技术已经较为成熟，因此实时三维图形生成技术的关键在于“实时”生成。为保证实时性，要求图形的刷新频率不低于 15 帧 /s，最好高于 30 帧 /s。

### 三、立体显示和传感器技术

虚拟现实的交互能力依赖于立体显示和传感器技术的发展，现有的设备不能满足交互需要，对力学和触觉传感装置的研究也有待进一步加强，虚拟现实设备的跟踪精度和跟踪范围也有待提高。

### 四、应用系统开发工具

虚拟现实应用的关键是寻找合适的场合和对象，选择适当的应用对象可以大幅度提高生产效率，减轻劳动强度，提高产品质量。想要达到这一目的，则需要研究虚拟现实的开发工具。

### 五、系统集成技术

由于虚拟现实系统中包含大量的感知信息和模型，因此系统集成技术起着至关重要的作用。系统集成技术包括信息的同步技术、模型的标定技术、数据转换技术、数据管理模型、识别与合成技术等。

## 训练 3 虚拟现实的典型应用

### 一、在影视娱乐领域的应用

近年来，由于虚拟现实技术在影视业中的广泛应用，应用虚拟现实技术建立的第一现场 9DVR 体验馆得以实现。第一现场 9DVR 体验馆自建成以来，在影视娱乐市场中的影响力非常大，此体验馆可以让观影者体会到置身于真实场景之中的感觉，沉浸在影片所创造的虚拟环境之中。同时，随着虚拟现实技术的不断创新，此技术在游戏领域也得到了快速发展。

### 二、在教育领域的应用

虚拟现实应用于教育领域是教育技术发展的一个飞跃。它营造了“自主学习”的环境，使传统的“以教促学”的学习方式转变为学习者通过自身与信息环境的相互作用来得到知识、技能的新型学习方式。

网络虚拟教学环境，可以实现虚拟远程教学、培训和实验，既可以满足不同层次学生的需求，也可以使缺少学校、专业教师和昂贵实验仪器的偏远地区的学生能够更好地学习。

### 三、在设计领域的应用

虚拟现实不仅仅是一个演示媒体，还是一个设计工具。虚拟现实技术以视觉形式反映设计者的思想。例如室内设计，运用虚拟现实技术，设计者可以完全按照自己的构思去构建装饰“虚拟”的房间，这样既节省了时间，又节省了做模型的费用。

### 四、在医学领域的应用

医学专家们利用计算机模拟出人体组织和器官，学生在这个虚拟空间中进行模拟操作，感受到手术刀切入人体肌肉组织、触碰到骨头的感觉，从而能够更快地掌握手术要领。除此之外，主刀医生们在手术前，也可以建立一个病人身体的虚拟模型，在虚拟空间中先进行一次手术预演，这样能够大大提高手术的成功率，减小手术风险。

### 五、在军事领域的应用

在军事方面，人们将地图上的山川地貌、海洋湖泊等数据通过计算机进行编写，利用虚拟现实技术，将原本平面的地图变成一幅三维立体的地形图，再通过全息技术投影出来，有助于进行军事演习等训练。

### 六、在航空航天领域的应用

航空航天是一项耗资巨大、非常烦琐的工程，所以，人们利用虚拟现实技术和计算机的统计模拟，可以在虚拟空间中重现现实中的飞行器与飞行环境，使飞行员在虚拟空间中进行飞行训练和实验操作，极大地降低实验经费和实验的危险系数。

### 七、在工业领域的应用

虚拟现实已经被世界上一些大型企业广泛地应用于工业的各个环节，对企业提高开发效率，加强数据采集、分析、处理能力，减少决策失误，降低企业风险起到了重要的作用。虚拟现实技术的引入，将使工业设计的手段和思想发生质的飞跃，更加符合社会发展的需要，可以说在工业中应用虚拟现实技术是可行且必要的。

### 八、在演练培训领域的应用

防患于未然是各行各业尤其是具有一定危险性的行业（消防、电力、石油、矿产等）的关注重点，如何在事故来临之时尽可能减少损失，定期执行应急演练是一种传统且有效的方式，但其弊端也相当明显，即投入成本高，每一次演练都要投入大量的人力、物力，大量的投入使其不可能频繁执行。虚拟现实的产生为应急演练提供了一种全新的开展模式，将事故现场模拟到虚拟场景中去，在这里可以人为地制造各种事故情况，组织参演人员做出正确响应。这样的演练大大降低了投入成本，提高了演练频率，从而保证了人们面对事故灾难时的应对能力，并且可以打破空间的限制，组织各地人员进行演练。这样的技术已有应用，且必将是今后应急演练的一个趋势。

# 工作任务六 区块链

## 任务目标

（1）了解区块链的起源。
（2）掌握区块链的含义和类型。
（3）了解区块链的应用。

## 任务描述

学习区块链的基本概念、技术特点、典型应用。

## 训练 1 区块链的基本概念

### 一、区块链的起源

区块链起源于比特币，2008 年 11 月，一位自称中本聪的人发表了《比特币：一种点对点的电子现金系统》一文，阐述了基于 P2P 网络技术、加密技术、时间戳技术、区块链技术等的电子现金系统的构架理念，这标志着比特币的诞生。2009 年 1 月第一个序号为 0 的创世区块诞生，随后出现序号为 1 的区块，并与序号为 0 的创世区块相连接形成了链，这标志着区块链的诞生。

### 二、区块链的含义

从科技层面来看，区块链涉及数学、密码学、互联网和计算机编程等很多科学技术问题。从应用视角来看，简单地说，区块链是一个分布式的共享账本和数据库，具有去中心化、不可篡改、全程留痕、可以追溯、集体维护、公开透明等特点。

### 三、区块链的类型

#### 1. 公有区块链

公有区块链是最早的区块链，也是应用最广泛的区块链。世界上任何个体或者团体都可以发送交易，且交易能够获得该区块链的有效确认。

#### 2. 行业（联合）区块链

行业区块链由某个群体内部指定多个预选的节点为记账人，每个块的生成由所有的预选节点共同决定（预选节点参与共识过程），其他接入节点可以参与交易，但不过问记账过程（本质上还是托管记账，只是变成分布式记账），其他人可以通过该区块链开放的 API 进行限定查询。

#### 3. 私有区块链

私有区块链仅仅使用区块链的总账技术进行记账，可以是一个公司，也可以是个人独享该区块链的写入权限。私有区块链与其他的分布式存储方案没有太大区别。公有区块链的应用已经工业化，而私有区块链的应用产品还在摸索当中。

## 训练 2　区块链的技术特点

### 一、区块链的特征

**1. 去中心化**

区块链技术不依赖额外的第三方管理机构或硬件设施，没有中心管制，通过分布式核算和存储，各个节点实现了信息自我验证、传递和管理。去中心化是区块链最突出最本质的特征。

**2. 开放性**

区块链技术基础是开源的，除了交易各方的私有信息被加密外，区块链的数据对所有人开放，任何人都可以通过公开的接口查询区块链数据和开发相关应用，因此整个系统信息高度透明。

**3. 独立性**

基于协商一致的规范和协议（类似比特币采用的哈希算法等各种数学算法），整个区块链系统不依赖第三方，所有节点能够在系统内自动安全地验证、交换数据，不需要任何人为的干预。

**4. 安全性**

只要不能掌控全部数据节点的 51%，就无法任意操控修改网络数据，这使区块链本身变得相对安全，避免了主观人为的数据变更。

**5. 匿名性**

除非有法律规范要求，单从技术上来讲，各区块节点的身份信息不需要公开或验证，信息传递可以匿名进行。

### 二、区块链的核心技术

**1. 分布式账本**

分布式账本指的是交易记账由分布在不同地方的多个节点共同完成，而且每一个节点记录的都是完整的账目，因此它们都可以参与监督交易的合法性，同时也可以共同为其作证。

**2. 非对称加密**

存储在区块链上的交易信息是公开的，但是账户身份信息是高度加密的，只有在数据拥有者授权的情况下才能访问到，从而保证了数据和个人隐私的安全。

**3. 共识机制**

共识机制是指所有记账节点之间达成共识、认定一个记录有效性的方式，这既是认定的手段，也是防止篡改的手段。区块链提出了四种不同的共识机制，适用于不同的应用场景，用以在效率和安全性之间取得平衡。

区块链的共识机制具备“少数服从多数”以及“人人平等”的特点，其中“少数服从多数”并不完全指节点个数，也可以是计算能力、股权数或者其他计算机可以比较的特征量。“人人平等”是指当节点满足条件时，所有节点都有权优先提出共识结果，直接被其他节点认同后有可能成为最终共识结果。

**4. 智能合约**

智能合约是基于这些可信的、不可篡改的数据，自动地执行一些预先定义好的规则和条款。

## 训练 3 区块链的典型应用

### 一、金融领域

区块链在国际汇兑、信用证、股权登记和证券交易所等金融领域有着巨大的潜在应用价值。将区块链技术应用在金融行业中，能够省去第三方中介环节，实现点对点的直接对接，从而能在大大降低成本的同时，快速完成交易支付。2018 年 8 月，全国首张区块链电子发票落地深圳，如图 5－6－1 所示。区块链电子发票跟普通发票唯一的区别就是普通发票的密码区被换成了区块链的哈希值，这是区块链在网络上唯一的标志。通过区块链技术管理发票，大大节省了商户在时间、硬件和人员方面的成本，有效规避了假发票，推动了税收管理服务质量和效率的双提升。

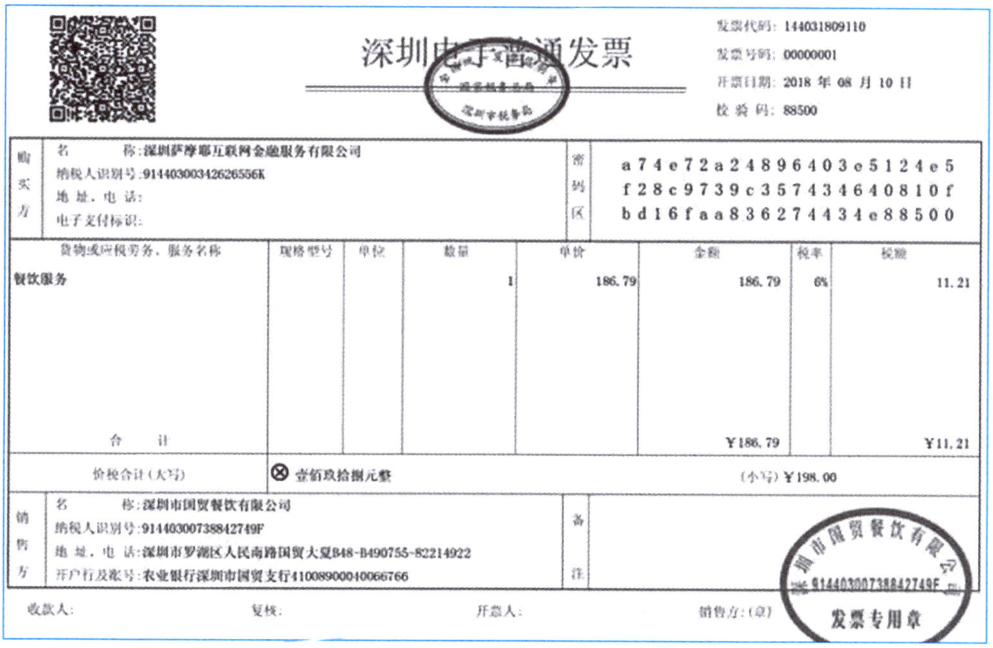

深圳电子普通发票

发票代码：144031809110
发票号码：00000001
开票日期：2018 年 08 月 10 日
校 验 码：88500

购买方　名　　称：深圳萨摩耶互联网金融服务有限公司
纳税人识别号：91440300342626556K
地 址、电 话：
电子支付标识：

密码区：
a74e72a24896403e5124e5
f28c9739c357434640810f
bd16faa836274434e88500

| 货物或应税劳务、服务名称 | 规格型号 | 单位 | 数量 | 单价 | 金额 | 税率 | 税额 |
|---|---|---|---|---|---|---|---|
| 餐饮服务 | | | 1 | 186.79 | 186.79 | 6% | 11.21 |
| 合　　计 | | | | | ¥186.79 | | ¥11.21 |

价税合计（大写）　⊗ 壹佰玖拾捌元整　（小写）¥198.00

销售方　名　　称：深圳市国贸餐饮有限公司
纳税人识别号：91440300738842749F
地 址、电 话：深圳市罗湖区人民南路国贸大厦B48-B490755-82214922
开户行及账号：农业银行深圳市国贸支行41008900040066766

备注

收款人：　复核：　开票人：　销售方：（章）

图 5－6－1 全国首张区块链电子发票

### 二、物联网和物流领域

区块链可以与物联网和物流领域相结合。通过区块链可以降低物流成本，追溯物品的生产和运送过程，并且提高供应链管理的效率。该领域被认为是区块链一个很有前景的应用方向。

区块链通过节点连接的散状网络分层结构，在整个网络中实现信息的全面传递，并能够检验信息的准确程度。这种特性在一定程度上提高了物联网交易的便利性和智能化。“区块链＋大数据”的解决方案就利用了大数据的自动筛选过滤模式，在区块链中建立信用资源，从而双重提高交易的安全性，并提高物联网交易的便利程度，为智能物流模式的应用节约时间成本。区块链节点具有十分自由的进出能力，可独立参与或离开区块链体系，而不对整个区块链体系有任何干扰。

### 三、公共服务领域

区块链在公共管理、能源、交通等领域都与民众的生产生活息息相关，但是这些领域的中心化特质也带来了一些问题，可以用区块链进行改造。区块链提供的去中心化完全分布式 DNS 服务通过网络中各个节点之间点对点的数据传输服务就能实现域名的查询和解析，可用于确保某个重要基础设施的操作系统和固件没有被篡改，可以监控软件的状态和完整性，及时发现数据篡改现象，并确保使用了物联网技术的系统所传输的数据没有被篡改。

### 四、数字版权领域

通过区块链技术，可以对作品进行鉴权，证明文字、视频、音频等作品的存在，保证权属的真实性、唯一性。作品在区块链上被确权后，后续交易都会有实时记录，实现数字版权全生命周期管理，也可作为司法取证中的技术性保障。

### 五、保险领域

在保险行业里对可信数据的依赖和对每个投保者个人隐私的数据保护是非常重要的。利用区块链技术，从数据管理的角度去切入，再结合着移动互联网、大数据、人工智能等信息化的手段，就能够有效地帮助保险公司提高产品服务和风险管理的能力。

在保险理赔方面，保险机构负责资金归集、投资、理赔，往往管理和运营成本较高。而运用智能合约，既无须投保人申请，也无须保险公司批准，只要触发理赔条件，就可实现保单自动理赔。

### 六、公益领域

区块链上存储的数据，可靠且不可篡改，适合用于社会公益场景。公益流程中的相关信息，如捐赠项目、募集明细、资金流向、受助人反馈等，均可以存放于区块链上，并且有条件地进行公示，方便社会监督。

# 工作任务七 移动通信

## 任务目标

（1）了解移动通信的概念与发展史。
（2）掌握移动通信的技术特点。
（3）了解移动通信的应用。

## 任务描述

学习移动通信的概念与发展史、5G 技术的特点和三大应用场景。

### 训练 1 移动通信的概念与发展史

移动通信是移动体之间的通信，或移动体与固定体之间的通信，即通信双方有一方或两方处于运动中。移动体可以是人，也可以是汽车、火车、轮船、收音机等在移动状态中的物体。移动通信可以包括陆、海、空移动通信。

移动通信技术经过第一代（1G)、第二代（2G)、第三代（3G)、第四代（4G）技术的发展，目前，已经迈入了第五代技术（5G 移动通信技术）发展的时代。5G 移动通信技术是当前移动通信技术的制高点，也是新一代信息技术的重要支柱。

20 世纪 70 年代，蜂窝移动通信技术出现。20 世纪 80 年代，1G 进入大众生活。20 世纪 80 年代初期中国在移动通信产业还属于一片空白，直到 20 世纪 80 年代末才正式开通蜂窝移动通信网络。我国移动通信的起步相对于世界领先国家是较晚的。

1992 年，2G 时代开始。2G 采用的是数字调制技术，比 1G 多了数据传输的服务，这样手机就不仅可以接打电话，还可以收发短信。1995 年，我国开始建设 2G 网络，彩信、手机报、壁纸和铃声的在线下载成了热门业务。1G 技术采用模拟电路，2G 技术采用数字电路，在数字电路的应用下，一个小小的芯片就能够替代模拟电路的几十个芯片，因此 2G 时代的手机变小了，更加便携了。我国在 2G 时代大力发展移动通信，移动网络覆盖率和用户普及率快速提升，并尝试推出自主产品，让普通老百姓也能用上手机。

2001 年，3G 正式登上历史的舞台。2G 虽然大大提升了效率，但是满足不了人们对图片和视频传输的要求，这时，3G 应运而生。这个阶段，除了北美和欧洲，中国也开发出了自己的标准。中国拥有自主知识产权的 TD-SCDMA 标准成为 3G 三大国际标准之一，实现了我国百年通信史上零的突破。

4G 时代，我国建成了全球最大的 4G 网络，移动通信全产业链发展壮大，华为、中兴成为全球领先的移动通信设备供应商，中国电信、中国移动、中国联通也走在全球运营商前列。2008 年发布的第四代网络 4G，中国是其标准的制定者之一，4G 能够满足游戏服务、高清移动电视、视频会议、3D 电视等对高速性能的需求。4G 时代的来临，给予一些新兴公司发展的机会，包括移动支付领域的支付宝；设备商、终端商的华为和小米；移动互联网的头条、抖音、美团外卖等，各种各样的新型公司如雨后春笋般争相出现。

5G 出现在互联网发展最需要的时候。中国互联网用户数增长速度在下降，移动电话用户普及率接近天花板，社会生活的快节奏激活了网民对短平快新业态的追求，提速降费减轻了宽带上网的资费压力，短视频、小程序风头正起，但还是很难担当互联网新业态的大任。

第五代移动通信技术的发展几乎遵循“每十年一代”的规律。截至 2018 年 3 月，中国提交的 5G 国际标准文稿占全球总数的 32%，牵头标准化项目占比达 40%，推进速度、推进质量均位居世界前列。值得自豪的是，中国打造了相对完整的 5G 产业生态。

相比前四代移动通信技术，5G 最重要的变化是从面向个人扩展到面向产业。如果说 5G 的商用前期还是以消费互联网为主，扩大移动互联网在消费领域的优势，那么，5G 商用后期将发力产业互联网领域，在工业等各行各业大展身手。5G 将与实体经济产业协同发展，实现共赢。

## 训练 2　5G 技术的特点

5G 是最新一代蜂窝移动通信技术，特点是高速率、大连接、低时延。和 4G 相比，5G 峰值速率提高了 20 倍，用户体验速率提高了 10 倍，频谱效率提升了 3 倍，移动性能可以支持时速 500km 的高铁，无线接口延时减少了 90%，连接密度提高了 10 倍，能效和流量密度各提高了 100 倍，能支持移动互联网和产业互联网的各方面应用。5G 主要技术有网络切片、大规模天线、移动边缘计算等。

### 一、网络切片

5G 网络是需要面向多连接和多样化业务的，要求其能灵活部署，方便进行新业务的上线或下线，以满足不同的需求。网络切片是一种按需组网的方式，可以让运营商在统一的基础设施上分离出多个虚拟的端到端网络，每个网络切片从无线接入网、承载网再到核心网上进行逻辑隔离，以适配各种类型的应用。

网络切片技术的核心是网络功能虚拟化，从传统网络中分离出硬件和软件部分，硬件由统一的服务器部署，软件由不同的网络功能承担，从而满足灵活组装业务的需求。

### 二、大规模天线

多入多出（multiple-input multiple-output，MIMO）技术，亦称多天线技术，通过在通信链路的收发两端设置多个天线来充分利用空间资源，提供分集增益以提升系统的可靠性，提供复用增益以增加系统的频谱效率，提供阵列增益以提高系统的功率效率，近 20 年来一直是无线通信领域的主流技术之一。在大规模 MIMO 系统中，基站配置数十至数百个天线，较传统 MIMO 系统天线数增加 1 ～ 2 个数量级；基站充分利用系统的空间自由度，在同一时频资源上同时服务若干用户。大规模天线技术简单讲就是安装了几十根天线，实现大量天线同时发送数据，多根天线再同时接收数据功能的技术。大规模天线技术已经在无线接入系统中得到了广泛的标准化与商业应用。面对未来移动通信系统的迅猛发展和更为严苛的性能需求，大规模天线技术的理论研究和标准化推进仍然在向着更高的目标发展。

### 三、移动边缘计算

移动边缘计算（mobile edge computing，MEC）可利用无线接入网络就近提供电信用户所需的服务和云端计算功能，从而创造出一个具备高性能、低延迟与高带宽的电信级服务环境，加速网络中各项内容、服务及应用的快速下载，让消费者享有不间断的高质量网络体验。移动边缘计算就是在更靠近数据源或用户的地方进行计算、存储。

在未来，移动边缘计算将会提供一个强大的平台解决未来网络的延迟、拥塞和容量等问题。除此之外，根据各大设备厂商、运营商发布的报告，5G 将会是一个集合了计算和通信技术的平台，而移动边缘计算将是其中不可缺少的一个重要环节。

## 训练 3　5G 技术的三大应用场景

5G 技术目前主要有三大应用场景：一是增强移动宽带（eMBB），提供大带宽高速率的移动服务，面向 3D/ 超高清视频、AR/VR（增强现实 / 虚拟现实）云服务等应用；二是大规模机器类通信（mMTC），主要面向大规模物联网业务，如智能家居、智慧城市等应用；三是超高可靠低延时通信（uRLLC），将大大助力工业互联网、车联网中的新应用。

### 一、增强移动宽带

增强移动带宽业务，由于无线侧频谱利用率和频谱带宽技术的重大突破，5G 可以实现 1GB/s 以上的传输速率，比 4G 快 10 倍。而 5G 作为新一代移动宽带传输技术，构成各种信息技术与各类垂直产业技术无缝融合的通道，大大扩展了移动通信的应用广度与深度，成为新技术应用的关键基础设施和新技术发展的催化剂。

超高清视频和 AR/VR 因为 5G 而被激活，如把应用 5G 技术的 VR 摄像头放在镜子上，人们可以“试穿”衣服，从而大大优化网络购物体验；“5G+ 云端搜索匹配”可以使用户在很短时间内知晓心仪商品的生产公司、价格，甚至打折信息；就餐时对着菜谱“扫一扫”，可以看到厨师加工菜品的过程；2022 年北京冬奥会上，在运动员头盔、雪橇等装备中布置 5G 终端传感器，以更好地捕捉实时场景，让观众直观感受冰雪运动的“速度与激情”。

### 二、大规模机器类通信

通过多用户共享接入、超密集异构网络等技术，5G 可以支持每平方千米接入 100 万个设备。

近年来智慧城市快速发展，路灯、井盖、水表等公共设施都已经拥有了网络连接能力，可以进行远程管理，而 5G 会带来更多的革新。基于 5G 网络的强大连接能力可以把城市中各个行业的公共设施都接入智能管理平台。这些公共设施将不再单独工作，而是协同工作。只要少量的维护人员，就可以管理整个城市的公共设施，大大提高城市的运营效率。

### 三、超高可靠低延时通信

通过超高可靠低时延通信，5G 实现了控制面和用户面的分离，将用户面下沉，并引入移动边缘计算，让云服务更加接近用户，从而进一步降低时延。

人开车的时候，从发现情况到脚踩刹车，大脑的反应时间一般是 10ms 到 50ms，而 5G 可以将时延降低到 1ms。在以后的自动驾驶场景中，车对车、人对车、车对人、车对基础设施等多路通信同时进行，需要瞬间进行大量的数据传输和处理决策，因此需要网络提供大带宽与低时延的业务保障，唯有 5G 才能同时提供这两项保障。

需要看到，5G 商用处于大数据、人工智能、云计算、区块链等新技术发展势头正旺时期。信息技术作为通用技术已经渗透到社会生活和生产的方方面面，其中移动通信技术的使用普及率最高。

5G 的出现，对我国科技和经济发展来说是难得的机遇，围绕 5G 技术和产业的国际竞争，对我国也是严峻的挑战。5G 技术是我国迈进新时代的代表性成果，相信在科学技术方面，会有更多这样的技术产生，从而为高质量发展赋能。

# 工作任务八 工业互联网

## 任务目标

（1）了解工业互联网的起源与发展。
（2）掌握工业互联网的体系与架构。
（3）了解工业互联网的应用。

## 任务描述

学习工业互联网的起源与发展、体系与架构、典型应用场景。

## 训练 1　工业互联网技术概述

迄今为止，人类社会已经历了三次工业革命，第一次工业革命是 18 世纪末工业 1.0 蒸汽机时代，用机械取代人力；第二次工业革命是 20 世纪初工业 2.0 电气化时代，电力系统大大增强了生产能力，大批量生产取代单件流生产；第三次工业革命是 20 世纪 70 年代初工业 3.0 信息时代，电子信息技术进一步提高了生产自动化水平，自动取代手动，使人类科技领域得到又一次重大飞跃，生产力进一步提高。如今，以新一代信息技术为驱动的数字浪潮正深刻重塑着经济社会的各个领域，推动着生产方式、产品形态、商业模式、产业组织的深刻变革，加快了第四次工业革命的孕育与发展，将自动化升级为智能化，工业互联网正是实现这一数字化转型的关键路径，并构筑了第四次工业革命的发展基石。

## 训练 2　工业互联网的起源与发展

### 一、工业互联网的起源

世界经济危机及经济增长乏力之后，全球新一轮产业变革蓬勃兴起。发达国家都在对优质的资产进行重新配置。2012 年，通用电气公司提出了关于产业设备与 IT 融合的概念，要为大量的工业、航空、医疗装备提供运维服务，传统的数据获取、计算分析和决策优化分离方式，以及围绕历史数据分析的结果难以实时、精准作用到设备运行过程中。工业互联网借助互联网、大数据可以实现设备、人和数据的互联，三个过程实时、并行开展，数据分析同步反映设备状态，实时控制设备动作，精确优化运行效率，可以显著提高服务质量，实现增值。2013 年，德国政府依托雄厚的自动化基础在汉诺威工业博览会上正式提出了“工业 4.0”战略。

### 二、我国工业互联网的发展

2015 年 3 月 5 日，“中国制造 2025”的宏大计划首次在全国两会上被提出。2015 年

5月19日，国务院正式印发《中国制造2025》。2018年6月初，中国工业和信息化部正式发布《工业互联网发展行动计划（2018—2020年）》和《工业互联网专项工作组2018年工作计划》。我国工业互联网市场规模有望达到万亿级别。工业互联网建立在传统工业与信息通信技术基础之上，实现应用融合与技术创新，构建新型产业体系。2018年，工业互联网首次被写入政府工作报告，报告中专门提及“发展工业互联网平台”。

2023年国务院政府工作报告中提出“支持工业互联网发展，有力促进了制造业数字化智能化”。从“发展工业互联网平台”提升为更加全面的“支持工业互联网发展”，这也意味着国家对于工业互联网建设的推动和支持力度在不断加大。工业互联网在“互联网+工业”的基础上充分理解工业客户的应用场景和需求痛点，已经成为中国制造企业转型升级的必然选择，也是我国数字经济发展的重要组成部分。

## 训练3 工业互联网的体系与架构

为促进工业互联网平台有序健康发展，由工业和信息化部信息化和软件服务业司指导，工业互联网产业联盟启动了工业互联网平台标准体系框架的研究。其基于《工业互联网标准体系（版本1.0）》和《工业互联网平台白皮书（2017）》等研究成果对工业互联网平台标准体系进行细化，提出了工业互联网平台标准体系框架，如图5-8-1所示。

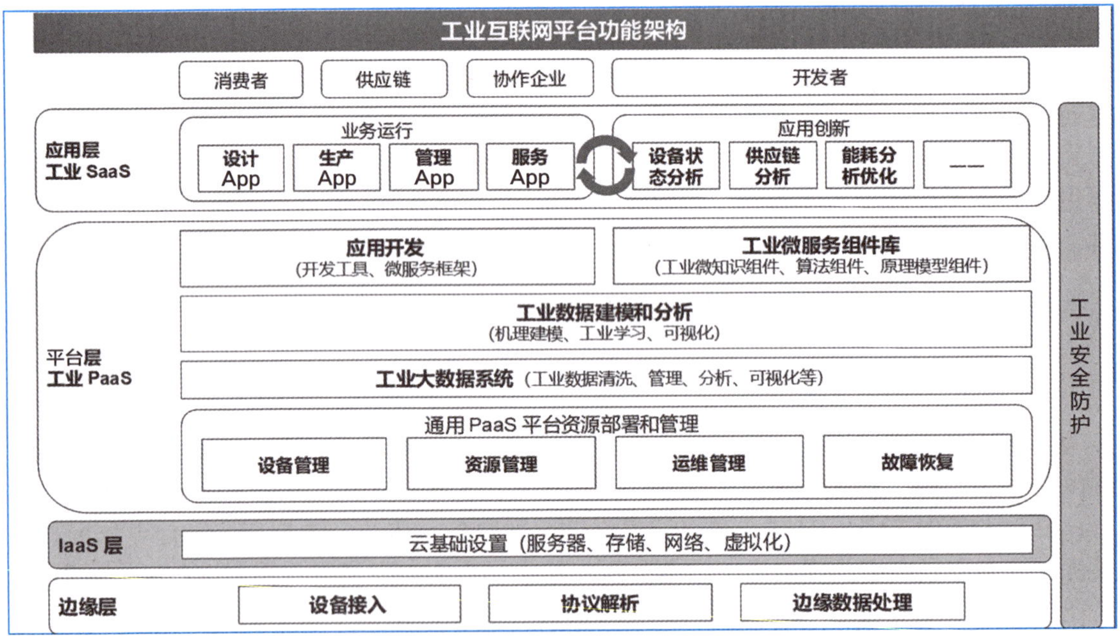


图5-8-1 工业互联网平台标准体系框架

边缘层和IaaS层利用泛在感知技术对多源设备、异构系统、运营环境、人等要素信息进行实时高效采集和云端汇聚，因此数据采集是基础。

平台层（工业PaaS）是在现有成熟的IaaS平台上构建一个可扩展的操作系统，为工业应用软件开发提供一个基础平台，因此工业PaaS是核心。

应用层（工业 SaaS）面向特定工业应用场景，激发全社会资源推动工业技术、经验、知识和最佳实践的模型化、软件化、再封装（即工业 App），用户通过对工业 App 的调用实现对特定制造资源的优化配置。因此工业 App 是工业互联网的关键。

## 训练 4　工业互联网平台应用场景

目前，工业互联网平台应用给企业带来的成效主要体现在成本降低、效率提升、产品和服务能力提升、业务和模式创新等。下面以海尔卡奥斯 COSMOPlat 为例介绍工业互联网平台的应用。

COSMOPlat 是中国独创、全球引领的首家将用户引入全流程最佳体验的工业互联网平台，COSMOPlat 的核心是互联工厂推动大规模生产向大规模定制转变，实现高精度下的高效率；而平台本身是一个开放的生态圈，通过持续与用户交互，将硬件体验变为场景体验，将用户由被动的购买者变为参与者、创造者，将企业的生产模式由原来的以自我为中心变成以用户为中心。

荣成康派斯是中国房车制造业的经典企业，海尔 COSMOPlat 跨行业赋能房车制造业，通过交互定制、创新设计、精准营销、模块采购、智能制造、智慧物流、智慧服务七大节点为房车制造转型升级助力。

2017 年，荣成康派斯通过 COSMOPlat 搭建房车行业首家工业互联网平台，将房车用户社群交互的碎片化需求整合成大规模定制需求，引入国际知名房车设计师与客户进行交互，第一时间通过系统获取订单，并通过 COSMOPlat 采购模块采购所需物料，控制生产过程，应用全新设计。

在产品上，COSMOPlat 通过引入交互设计资源，完全满足客户个性定制需求，将海尔的智慧家庭场景结合到房车中，通过灯光、智能空调、智能电视、智能音箱、智能灯光、智能车辆控制的联动等让房车迅速走入智能时代，给用户带来全新、成熟的智能房车生活体验。

在房车全产业链上，COSMOPlat 通过应用 App 不仅可以控制房车内的所有功能，还可以将人、车、营地、服务联结到一起，用户只需通过 App 就可以完成整个出行路线的规划、门票的预订，预知加油站位置，了解营地周边吃喝玩乐场所；在紧急情况下，COSMOPlat 还能为用户提供报警、救援等服务。总的来说，COSMOPlat 能为用户提供“车、行、游、住”综合的智慧出行解决方案定制服务。

# 工作任务九 量子信息

## 任务目标

（1）了解量子信息的基本概念。
（2）了解量子信息的应用。

## 任务描述

学习量子信息的基本概念和应用领域。

### 训练 1 量子信息基本概念

量子信息是以量子力学基本原理为基础，将量子系统全部物理资讯，进行计算、编码和信息传输的全新信息方式，是量子物理与信息技术相结合而发展起来的新学科，主要包括量子计算、量子通信等领域。量子计算主要研究量子计算机和适用于量子计算机的量子算法；量子通信是由量子携带信息，主要研究量子密码、量子隐形传态、远距离量子通信的技术等。

### 训练 2 量子信息应用领域

#### 一、量子计算

在过去的几十年里，量子计算只存在于理论上，但近些年的研究已经开始出现有意义的结果，开发并验证了多种量子算法，研制出了量子计算机实验原型机，未来的 5 ～ 15 年里，很有可能制造出一款有实用意义的量子计算机。

量子计算机的出现将给气候模拟、药物研究、航空航天、汽车交通、材料科学等科研领域带来巨大的进步。不过，最令人期待的还是量子密码学。一台量子计算机将可以破解目前所有的加密方式，而量子加密也将真正无懈可击。

#### 二、量子通信

美国在 2005 年建成了 DARPA 量子网络，连接美国 BBN 公司、哈佛大学和波士顿大学 3 个节点。中国在 2008 年研制了 20km 级的 3 方量子电话网络，2009 年构建了一个 4 节点全通型量子通信网络，大大提高了安全通信的距离和密钥产生速率，同时保证了绝对安全性。2012 年，“金融信息量子通信验证网”在北京正式开通，这是世界上首次将量子通信技术应用于金融信息安全传输领域。2016 年 8 月 16 日，中国发射了第一颗量子科学实验卫星“墨子号”，连接地面光纤量子通信网络，我国将力争在 2030 年前后建成全球量子通信网。2017 年“京沪干线”正式开通，这是世界上第一条量子通信保密干线，传输距离达 2 000 多千米，途经北京至上海的多个城市，主要承载重要信息的保密传输工作。

## 三、量子雷达

量子雷达属于一种新概念雷达，是指将量子信息技术引入经典雷达探测领域，以提升雷达的综合性能。量子雷达具有探测距离远、可识别和分辨隐身平台及武器系统等的突出特点，未来可进一步应用于导弹防御和空间探测领域，具有极其广阔的应用前景。根据利用量子现象和光子发射机制的不同，量子雷达主要可以分为三个类别：一是量子雷达发射非纠缠的量子态电磁波；二是量子雷达发射纠缠的量子态电磁波；三是雷达发射经典态的电磁波。2008 年美国麻省理工学院的劳埃德（Lloyd）教授首次提出了量子远程探测系统模型。2013 年意大利的洛帕耶娃（Lopaeva）博士在实验室中达成量子雷达成像探测，证明其有实战价值的可能性。中国首部基于单光子检测的量子雷达系统由中国电科 14 所研制，中国科学技术大学、中国电科 27 所以及南京大学协作完成。不过专家表示，量子雷达想要实现工程化可能还有比较漫长的路要走。

## 四、量子博弈

量子博弈是艾泽特（Eisert）等人在 1999 年提出的，游戏者可以利用量子规律摆脱所谓的囚徒困境，防止某一玩家因背叛而获利。

总之，量子通信可以从根本上解决国防、金融、政务、商业等领域的信息安全问题。

# 项目六 信息素养与社会责任

信息素养与社会责任是指在信息技术领域，通过对信息行业相关知识的了解，内化形成的职业素养和行为自律能力。信息素养与社会责任对个人在各自行业内的发展起着重要作用。本主题包含信息素养、信息技术发展史、信息伦理与职业行为自律等内容。

## 能力目标

（1）了解信息素养的基本概念及主要要素；

（2）了解信息技术发展史及知名企业的兴衰变化过程，树立正确的职业理念；

（3）了解信息安全及自主可控的要求；

（4）掌握信息伦理知识并能有效辨别虚假信息，了解相关法律法规与职业行为自律的要求；

（5）了解个人在不同行业内发展的共性途径和工作方法。

## 素养目标

（1）提升学生独立思考能力和分析解决问题的能力；

（2）增强学生安全防范意识和忧患意识；

（3）提升学生信息素养。

## 知识导图

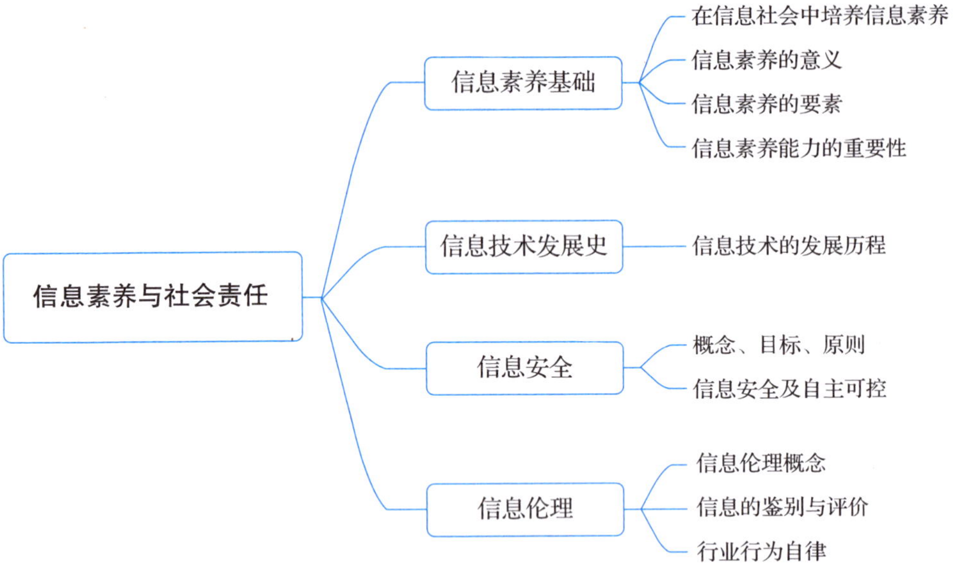
信息素养与社会责任
信息素养基础
在信息社会中培养信息素养
信息素养的意义
信息素养的要素
信息素养能力的重要性
信息技术发展史
信息技术的发展历程
信息安全
概念、目标、原则
信息安全及自主可控
信息伦理
信息伦理概念
信息的鉴别与评价
行业行为自律

## 工作任务一 信息素养基础

### 任务目标

（1）具备获取和利用信息的敏锐性。
（2）培养信息素养，提高信息素养水平。
（3）具备行业行为自律能力。
（4）能熟练运用信息意识指导自己的学习与日常生活。

### 任务描述

在信息社会中培养信息素养；学习掌握信息素养的意义和要素。

### 训练 1 在信息社会中培养信息素养

#### 一、信息社会

信息社会也称信息化社会，是脱离工业化社会以后，信息将起主要作用的社会。所谓信息社会，是以电子信息技术为基础，以信息资源为基本发展资源，以信息服务性产业为基本社会产业，以数字化和网络化为基本社会交往方式的新型社会。中国互联网络信息中心（CNNIC）在京发布的第 51 次《中国互联网络发展状况统计报告》显示，截至 2022 年 12 月，我国网民规模达 10.67 亿，较 2021 年 12 月增长 3 549 万；互联网普及率达 75.6%。在网络基础资源方面，截至 2022 年 12 月，我国域名总数达 3 440 万个，IPv6 地址数量达 67 369 块 /32，较 2021 年 12 月增长 6.8%；IPv6 活跃用户数达 7.28 亿。在信息通信业方面，截至 2022 年 12 月，累计建成并开通 5G 基站 231.2 万个，全年新增 5G 基站 88.7 万个；有全国影响力的工业互联网平台达到了 240 个，全国“5G+ 工业互联网”项目超过 4 000 个。城乡上网差距继续缩小，老年群体加速融入网络社会，我国网民人均上网时长保持增长，即时通信等应用基本实现普及。

二十大报告指出，“我们加快推进科技自立自强”，到 2035 年，“实现高水平科技自立自强，进入创新型国家前列”。在 2022 年末公布的全球超算 TOP 500 强中，我国总上榜台数达到 162，力压欧洲、美国，获得了总榜第一。除此之外，我国在超算能力和超算应用方面都位于世界前列。

#### 二、后信息时代

后信息时代，又称比特时代或数字化时代，是继工业时代和信息时代之后的一个新时代。这是美国麻省理工学院教授尼葛洛庞帝在《数字化生存》一书中提出的新概念。后信息社会是从工业化社会进入信息社会 25 年以后，以开发和利用信息资源为目的信息经济活动迅速扩大，逐渐取代工业生产活动而成为国民经济活动的主要内容，信息资源和智能资源已经在国家五大资源（物质资源、能量资源、信息资源、智能资源、生态资源）中占据主导地位，并在社会信息化和国民经济信息化中起先导作用和战略作用的富强民主文明社会。

### 三、信息时代的要求与准备

互联网的开放使亿万普通民众步入了信息时代，开启了真正意义上的全球化信息时代。信息时代的大学生必须掌握和学习更多的知识和技能。面对海量信息，需要学习如何有效地管理和控制信息。面对不断发展的世界和不断变化的环境，原有的知识和素养已不再符合要求，因此作为新时代的学生，应该具备相应的信息素养能力。

## 训练 2　信息素养的意义

### 一、素养

素养是一种习惯，一种准备就绪的状态，或一个特定行为方式的倾向。《后汉书·袁绍刘表列传》中提出："越有所素养者，使人示之以利，必持众来。"英语对素养（literacy）的解释则偏重结果，一是指有学识、有教养，多用于学者；二是指能够阅读、书写，有文化，对象是普通大众。

### 二、信息素养

信息素养（information literacy）的本质是全球信息化需要人们具备的一种基本能力。信息素养这一概念是信息产业协会主席保罗·泽考斯基于 1974 年在美国提出的。简单的定义来自 1989 年美国图书协会（American Library Association，ALA），它包括文化素养、信息意识和信息技能三个层面，能够判断什么时候需要信息，并且懂得如何去获取信息，如何去评价和有效利用所需的信息。

信息素养更确切的名称应该是信息文化。

信息素养是一种基本能力，是一种对信息社会的适应能力。美国教育技术 CEO 论坛 2001 年第 4 季度报告提出 21 世纪的能力素质，包括基本学习技能（指读、写、算）、信息素养、创新思维能力、人际交往与合作精神、实践能力。信息素养是其中一个方面，它涉及信息的意识、信息的能力和信息的应用。

信息素养包括关于信息和信息技术的基本知识和基本技能，运用信息技术进行学习、合作、交流和解决问题的能力，以及信息的意识和社会伦理道德问题。具体而言，信息素养应包含以下五个方面的内容：

（1）热爱生活，有获取新信息的意愿，能够主动地从生活实践中不断地查找、探究新信息。

（2）具有基本的科学和文化常识，能够较为自如地对获得的信息进行辨别和分析，正确地加以评估。

（3）可灵活地支配信息，较好地掌握选择信息、拒绝信息的技能。

（4）能够有效地利用信息，表达个人的思想和观念，并乐意与他人分享不同的见解或资讯。

（5）无论面对何种情境，都能够充满自信地运用各类信息解决问题，有较强的创新意识和进取精神。

### 三、信息素养的意义

信息素养是人们有效参与信息社会的一个先决条件，是在个人、企业、地区和国家竞争中取得优势的关键要素，是发展当代社会经济，提高教育、健康和人类服务质量等的重要支撑，是数字化生存的基础。信息素养是终身学习的核心，是适应学习、工作和生活需求的必要基础，它能使人在一生中有效地寻求、评价、利用和创造信息，以实现个人的、社会的、职业的和教育的目标。

## 训练 3　信息素养的要素

信息素养是一个内容丰富的概念。它不仅包括利用信息工具和信息资源的能力，还包括选择、获取、识别信息，加工、处理、传递信息，以及创造信息的能力。大学生的信息素养是学生根据社会信息环境和信息发展的要求，在接受学校教育和自我提高的过程中形成的对信息活动的态度，以及利用信息和信息手段去解决问题的能力。它既应该包括学生对信息基本知识的了解，对信息工具使用方法的掌握以及对在未来教学中所包含的信息知识的学习，还应该包括对信息道德伦理的了解与遵守。

具体来说，信息素养主要包括四个方面。

### 一、信息知识

信息素养所涉及的基础知识是指学习者平日所积累的学习知识和生活知识，基础知识起着一种潜移默化的作用。

### 二、信息意识

看一个人有没有信息素养、有多高的信息素养，首先要看他有没有信息意识，信息意识有多强。通俗地讲，面对不懂的事物，能积极主动地去寻找答案，并知道到哪里、用什么方法去寻求答案，这就是信息意识。

### 三、信息能力

发现信息、捕获信息，想到用信息技术去解决问题，是信息意识的表现。但能不能采取适当的方式方法，选择适合的信息技术及工具，通过恰当的途径去解决问题，则取决于信息能力。

信息能力是指运用信息知识、技术和工具解决信息问题的能力。它包括人们利用信息工具识别获取、评价判断、加工处理及生成创造新信息的能力，即硬能力和软能力，前者是指使用工具的能力，后者是指独立学习、协作学习、终身学习的能力，以及思维能力，特别是批判性思维能力。

### 四、信息道德

培养学生具有正确的信息伦理道德修养，要让学生学会对媒体信息进行判断和选择，自觉地选择对学习、生活有用的内容，自觉抵制不健康的内容，不组织和参与非法活动，不利用计算机网络从事危害他人信息系统和网络安全、侵犯他人合法权益的活动。这也是学生信息素质的一个重要体现。

信息能力是信息素养的核心和基本内容，信息意识是信息能力的基础和前提，并渗透到信息能力的全过程。只有具有强烈的信息意识才能促进信息能力的提升。信息能力的提升，也促进了人们对信息及信息技术作用和价值的认识，进一步增强了应用信息的意识。信息道德则是信息意识和信息能力正确应用的保证，它关系到信息社会的稳定和健康发展。

## 训练 4　信息素养能力的重要性

面对学习和就业压力，一些学生更愿意沉溺在虚拟的网络世界中寻找暂时的心灵安慰，理想信念较弱，更关注眼下，这也使得信息意识更加缺乏，不善于捕捉信息点，信息积淀非常贫乏，不能充分利用信息，自主学习能力不足；还有一些学生缺乏信息免疫力，不能有效抵制不良信息，信息道德和信息修养亟待提高。

### 一、信息素养与日常生活

信息素养与人们的生活密切相关，具备了一定的信息素养，就能及时发现和获取生活信息，提高生活质量，就可以利用网上提供的各类信息和服务。大学生要在大学期间逐步自觉形成时代的信息观，坚定决心不断提高信息素养，毕业后随时发挥强大的信息技能，实现远大抱负。

### 二、信息素养与专业学习

计算机普及之前，大学生的专业学习主要是依靠图书馆中的图书和期刊。学生们频繁地往返于图书馆、宿舍和教室之间，形成“三点一线”的生活学习模式。这种模式中，对图书馆的利用存在种种不便，如占位难、图书副本有限、摘录不便等。而现在的图书馆已不限于提供纸质的信息资料，还通过购买各种类型的数据库，将大量信息资源通过网络服务提供给师生。只要有网络的地方，都可以获取电子资源，收集资料，进行专业学习。专业资料的获取、数字资源的使用，都需要具备一定的信息素养才能完成，如果想在专业学习上有突破，也需要有较高的信息素养。

### 三、信息素养与择业求职

就业信息收集能力不强、处理与甄别能力欠缺，就不能很好地实现自身价值，而具有较强信息素养的毕业生能够通过多个渠道获得就业信息。

信息素养在信息查找和组织方面的技能和优势，使得求职者在求职过程中会拥有更多的信息资源和求职机会。例如：通过学校就业主管部门获取信息；通过社会实践实习获取信息；通过人才市场和洽谈会获取信息；通过新闻媒介获取信息；通过互联网获取信息。

## 工作任务二 信息技术发展史

### 任务目标

了解信息技术革命的内容。

### 任务描述

学习信息技术的发展历程。

### 训练 信息技术的发展历程

#### 一、第一次信息技术革命：语言的产生和使用

语言的产生是从猿进化到人类的重要标志，是人脑对信息的存储和加工。语言主要是利用声波传递信息，语言的产生和应用使人类的信息能力有了一个质的飞跃。

#### 二、第二次信息技术革命：文字的出现和使用

文字作为信息的载体，使信息的存储和传递取得重大突破，文字的发明和使用使信息的存储和传递突破了时间和空间的限制。

#### 三、第三次信息技术革命：造纸术和印刷术的发明和应用

公元 105 年蔡伦改进了造纸术，11 世纪中叶毕昇发明活字印刷术，造纸术和印刷术的发明和应用改进了信息存储和传播的方式，提高了信息存储的质量，扩大了信息交流的范围。

#### 四、第四次信息技术革命：电报、电话、电视及其他通信技术的发明和应用

1837 年美国人莫尔斯（Morse）研制了世界上第一台有线电报机。1844 年 5 月 24 日，人类历史上的第一份电报从美国国会大厦传送到了巴尔的摩城。1864 年英国著名物理学家麦克斯韦发表了一篇论文，预言了电磁波的存在。1876 年，美国人贝尔用自制的电话同他的助手通了话。1895 年俄国人波波夫和意大利人马可尼分别成功地进行了无线电通信实验。1894 年电影问世。1925 年英国首次播映电视，这些电器的发明改进了信息的传递方式，使信息的传递进一步突破了时间和空间的限制。

#### 五、第五次信息技术革命：电子计算机和现代通信技术的应用

1946 年第一台电子计算机诞生，电子计算机的发明以及计算机与通信技术相结合的现代通信技术的出现，使信息的处理和传递速度得到惊人的提高，人类利用信息的能力也得到空前发展，第五次信息技术革命使人类社会步入数字化时代。手机、电子地图、导航等的应用为人类生活带来了极大的方便。

# 工作任务三 信息安全

## 任务目标

树立社会主义核心价值观，树立国家网络安全的使命感，培养学生“不忘初心，牢记使命”的民族担当精神。

## 任务描述

学习信息安全的概念、目标、原则及自主可控。

### 训练 1 信息安全的概念、目标、原则

#### 一、概念

习近平总书记在党的二十大报告中提出“推进国家安全体系和能力现代化，坚决维护国家安全和社会稳定”。信息安全是国家安全体系的重要组成部分。

信息安全是指信息网络的硬件、软件及系统中的数据受到保护，不因偶然和恶意的原因而遭到破坏、更改和泄露，系统能够连续可靠正常地运行，信息服务不中断。

当前，世界各国信息化快速发展，信息技术的应用促进了全球资源的优化配置和发展模式的创新，互联网对政治、经济、社会和文化的影响更加深刻，信息化渗透到国民生活的各个领域，网络和信息系统已经成为关键基础设施乃至整个经济社会的神经中枢，围绕信息获取、利用和控制的国际竞争日趋激烈，保障信息安全成为各国的重要议题。

#### 二、目标

所有的信息安全技术都是为了达到一定的安全目标，其核心包括保密性、完整性、可用性、可控性和不可否认性五个安全目标。

（1）保密性（confidentiality）是指阻止非授权的主体阅读信息。它是信息安全一诞生就具有的特性，也是信息安全主要的研究内容之一。更通俗地讲，就是未授权的用户不能够获取敏感信息。

（2）完整性（integrity）是指防止信息被未经授权地篡改，保护信息保持原始的状态，使信息保持其真实性。如果这些信息被蓄意地修改、删除等，形成虚假信息，将带来严重的后果。

（3）可用性（availability）是指授权主体在需要信息时能及时得到服务的能力。可用性是在信息安全保护阶段对信息安全提出的新要求，也是在网络化空间中必须满足的一项信息安全要求。

（4）可控性（controllability）是指对信息和信息系统实施安全监控管理，防止非法利用信息和信息系统。

（5）不可否认性（non-repudiation）是指在网络环境中，信息交换的双方不能否认其在交换过程中发送信息或接收信息的行为。

### 三、原则

为了达到信息安全的目标，各种信息安全技术的使用必须遵守一些基本的原则。

（1）最小化原则。受保护的敏感信息只能在一定范围内被共享，履行工作职责和职能的安全主体，在法律和相关安全策略允许的前提下，为满足工作需要，仅被授予访问信息的适当权限则。敏感信息的“知情权”一定要加以限制，仅在“满足工作需要”的前提下进行限制性开放。可以将最小化原则细分为知所必须（need to know）和用所必须（need to use）的原则。

（2）分权制衡原则。在信息系统中，对所有权限应该进行适当划分，使每个授权主体只能拥有其中的一部分权限，使他们之间相互制约、相互监督，共同保证信息系统的安全。如果一个授权主体分配的权限过大，无人监督和制约，就存在着滥用权限的安全隐患。

（3）安全隔离原则。隔离和控制是实现信息安全的基本方法，而隔离是进行控制的基础。信息安全的一个基本策略就是将信息的主体与客体分离，按照一定的安全策略，在可控和安全的前提下实施主体对客体的访问。

在这些基本原则的基础上，人们在生产实践过程中还总结出一些实施原则，它们是基本原则的具体体现和扩展，包括整体保护原则、谁主管谁负责原则、适度保护的等级化原则、分域保护原则、动态保护原则、多级保护原则、深度保护原则和信息流向原则等。

## 训练 2　信息安全及自主可控

在加入世贸组织以后，我国的经济水平得到了更大的飞跃，逐渐发展成为世界第二大经济体。在高速发展的同时，我国面临的贸易形势愈发严峻，国家安全与信息安全也迎来新的挑战。因此应不断提升我国自主可控技术水平，实现社会经济的稳定发展。

现阶段，全球信息产业的发展使得其市场份额越来越大，在这样的信息计算终端产业链上，虽然我国占据的产值十分庞大，但主要的优势仍然集中于整机制造等价值量较低的环节当中，而核心芯片、操作系统以及办公软件研发等利润率高、产值大的环节则被英特尔体系垄断。与此同时，在我国发展的过程中，信息安全一直以来都占据了十分关键的地位，同时也进一步成为国家整体安全体系中的重要环节。例如 2013 年爆发的棱镜门事件就突显了信息发达国家对其他国家信息安全侵犯；而 2018 年还有多个国家对我国境内实施 APT 攻击，这些事件都进一步说明了提升我国信息安全水平的重要意义。在这样的环境下，发展自主可控意味着进一步提升安全防护水平、在发现问题与漏洞的同时主动打补丁等，从而将信息安全防范提升到一个新的高度。

提升信息安全在我国发展过程中占据了十分关键的作用，同时随着信息安全形势的发展，对自主可控也提出了更高的要求。在实际发展的过程中，应建立起安全可靠的自主可控体系，保证可以充分满足信息防泄露的运行要求。

# 工作任务四 信息伦理

## 任务目标

强化信息伦理教育，增强伦理道德，加强隐私保护和行业行为自律。

## 任务描述

学习信息伦理的概念、鉴别、评价。

### 训练 1 信息伦理的概念

信息伦理又称信息道德，是指涉及信息开发、信息传播、信息管理和利用等方面的伦理要求、伦理准则、伦理规约，以及在此基础上形成的新型的伦理关系，它是调整人与人之间以及个人和社会之间信息关系的行为规范的总和。

1986 年，美国管理信息科学专家梅森提出信息时代有 4 个主要伦理议题：信息隐私权、信息准确性、信息产权、信息资源存取权，通常被称为 PAPA 议题。20 世纪 90 年代，“信息伦理学”这一概念在国外出现，信息社会的伦理问题，特别是网络环境下的信息伦理问题受到全球的关注。

信息伦理不是由国家强行制定和强制执行的，而是在信息活动中以善恶为标准，依靠人们的内心信念和特殊的社会手段维系的，是对信息法律的补充。信息伦理结构的内容可概括为两个方面、三个层次。

#### 一、两个方面

所谓两个方面，即主观方面和客观方面。前者指人类个体在信息活动中以心理活动形式表现出来的道德观念、情感、行为和品质，如对信息劳动的价值认同，对非法窃取他人信息成果的鄙视等，即个人信息道德；后者指社会信息活动中人与人之间的关系以及反映这种关系的行为准则与规范，如扬善抑恶、权利义务、契约精神等，即社会信息道德。

#### 二、三个层次

所谓三个层次，即信息道德意识、信息道德关系、信息道德活动。信息道德意识是信息伦理的第一个层次，包括与信息相关的道德观念、道德情感、道德意志、道德信念、道德理想等。它是信息道德行为的深层心理动因。信息道德意识集中地体现在信息道德原则、规范和范畴之中；信息道德关系是信息伦理的第二个层次，包括个人与个人的关系、个人与组织的关系、组织与组织的关系。这种关系建立在一定的权利和义务的基础上，并以一定信息道德规范形式表现出来，如联机网络条件下的资源共享，网络成员既有共享网上资源的权利（尽管有级次之分），也要承担相应的义务，遵循网络的管理规则。成员之间的关系是通过大家共同认同的信息道德规范和准则维系的。信息道德关系是一种特殊的社会关系，是被经济关系和其他社会关系所决定、所派生出的人与人之间的信息关系；信息道德活动是信息伦理的第三层次，包括信息道德行为、信息道德评价、信息道德教育和信息道德修养等。这是信息道德的一个十分活跃的层次。信息道德行为即人们在信息交流中所采取的有意识的、经过选择的行动。根据一定的信息道德规范对人们的信息行为进行善恶判断，即信息道德评价。按一定的信息道德理想对人的品质和性格进行陶冶就是信息道德教育。信息道德修养则是人们对个人信息意识和信息行为的自我解剖、自我改造。信息道德活动主要体现在信息道德实践中。

总的来说，作为意识现象的信息伦理，它是主观的东西；作为关系现象的信息伦理，它是客观的东西；换言之，信息伦理是主观方面（个人信息伦理）与客观方面（社会信息伦理）的有机统一。

我国的信息伦理，必须坚持习近平新时代中国特色社会主义思想，增强文化自信。信息伦理的发展要面向现代化、面向世界、面向未来，成为民族的、科学的、大众的，为实现中华民族伟大复兴贡献力量。

## 训练 2　信息的鉴别与评价

在信息时代，报纸、书籍、电视、手机、计算机网络等各种媒体每时每刻都在提供着各种各样的信息。信息给人带来了巨大的物质和精神财富，但是各类信息纷繁芜杂、鱼龙混杂、真伪难辨，因此，有效地鉴别与评价所获得的信息，是利用信息的前提。

### 一、从信息的来源进行判断

可以从信息的来源判断信息是否真实。

（1）可以通过查看信息来源，判断各项要素是否齐全，运用逻辑推理和查阅资料的方法进行考证和深入调查，来判断信息中涉及的事物是否客观存在，构成信息的各个要素是否真实。

（2）可以通过把获取的信息与同类信息相互比较，考查信息来源是否具有权威性，其研究方法是否科学，研究信息是否具有代表性、普遍性。

**案例：**李明平时喜欢上网。一天他无意中进入了一个网站。该网站介绍说，如果接收它发过来的带有广告内容的电子邮件，上网就可以免费。李明在网站登记时留下了自己的姓名、地址、电子邮箱等个人资料。没过几天，他收到一封信件，说他中了 10 万元现金大奖，只要他立即电汇 1 500 元手续费，两天内就可以将现金送到他手上。很显然这是一起诈骗案件，目的是骗取这一定数量的手续费。

### 二、从信息的价值取向进行判断

真实的信息不一定对自己有用，要会判断什么信息对自己是有用的。一个人不可能接收所有的信息，通常只关心与自己有关的信息。信息对每个人的价值各不相同，社会角色、个人喜好等方面的差异决定了信息价值取向的多样性，因而对信息会有不同的评价结果。社会角色的不同也决定了信息价值取向的多样性。

**案例：**中央气象台发布降温天气预报，很明显这是一条真实的信息，但是不同的社会角色对这条信息的反应和处理是多样的，如妈妈会给孩子添衣保暖，医院会加强感冒门诊的工作，农民会为田地里的庄稼做好保暖措施，社会福利院为老人送去保暖设备等。

### 三、从信息的时效性进行判断

要及时地捕捉需要的真实信息，对于突发性或跃进性的事实，在第一时间做的报道有很强的时效性（如某地发生严重自然灾害），对于渐进式的事实，应在事情的变动中找到一个最新最近的时间点来判断其时效性（如天气预报）。

## 训练 3　行业行为自律

行业行为自律的作用是规范行业行为，协调同行利益关系，维护行业间的公平竞争和正当利益，促进行业发展。行业行为自律包括两个方面：一方面是行业内对国家法律、法规政策的遵守和贯彻，另一方面是行业内的行规行约制约自己的行为。每一方面都包含对行业内成员的监督和保护的机能。因此行业行为自律就是指职业人员在职业岗位上要严格遵守和贯彻国家法律、法规政策，严格按照行业内的行规行约制约自己的行为。

行业自律的内涵主要包括以下五个方面。

（1）严格执行相关的法律、法规，如行业管理办法、合同法、其他相关法律、法规。

（2）制定并认真执行行规行约。行规和行约是行业内部自我管理、自我约束的一种措施。行规和行约的制定和执行对会员无疑起到一种自我监督的作用，会推动本行业规范健康的发展。

（3）向客户提供优质、规范服务。

（4）行业自律可以维护本行业和企业的利益，避免恶性竞争，维护本行业持续健康的发展。

（5）行业协会是行业自律的监督机构之一。行业自律是建立在行业协会的基础之上的，如果一个行业没有一个行之有效的行业协会的话，行业自律也就无从谈起。行业自律是市场经济体制的必然产物。每个行业只有认真地做好了行业自律的工作，本行业才能得以在竞争激烈的市场中生存，我们也才能有一个健康有序的市场。

**案例：** 小张和小刘从同一所高等职业学校毕业，又在同一家单位的同一部门工作。小张在校时就严格按照职业道德的要求约束自己，工作后，严格遵守单位各项规章制度和岗位道德规范，工作扎扎实实，业务日益纯熟，年终绩效考核连年创优，很快成为业务骨干，三年后被提升为小组领导。小刘在校时就排斥各种道德规范，认为规矩太多，扼杀了自己的个性，约束了自己的自由，参加工作后总是马马虎虎，经常触犯单位各项规章制度，没有行业行为自律意识，有一次还差点酿成事故，同事对他有意见，领导多次批评无效，只好将他辞退。

从上述案例中可以看出小张和小刘在校时接受的道德教育是基本相同的，但进入社会走上工作岗位后在单位的表现却截然不同，小张在自己的职业道路上硕果累累，反观小刘虽然没有触碰到国家法律、法规底线，但最终被单位辞退。究其原因是小刘的职业道德欠缺，没有严格按照行业内的行规行约制约自己的行为。因此要在实践中养成良好的职业道德和职业行为习惯，把自己培养成一名坚守健康的生活情趣、培养良好的职业态度、秉承端正的职业操守、维护核心的商业利益、规避行业的不良记录的合格大学生。

# 参考文献

1. 赵凤．大数据时代信息伦理问题研究．成都：成都理工大学，2019.
2. 董娟，杨百灵，刘姝玉．新一代信息技术通识教程．北京：高等教育出版社，2021.
3. 许先胜．大学计算机基础．北京：中国人民大学出版社，2021.